우리 아이 사회성 키우기

**부모와 초등학생 아이가 함께
성장하는 마음 수업**

우리 아이
사회성 키우기

서울아산병원 사회성 클리닉
김주연 김혜진 김효원 유고은 임연신 지음

글항아리

머리말

저는 어릴 때 사회성이 뛰어난 아이는 아니었습니다. 제 부모님은 친구관계보다는 공부와 성적을 중요하게 여기는 분이었고, 저도 주로 가까운 친구 몇 명과 어울리면서 공부하고 도서관에서 책 읽는 것을 더 좋아했습니다. 고등학교 2학년 때 같은 반 친구 한 명이 저를 따라다니면서 '눈치 없고 잘난 척한다'고 놀렸는데요, 그때 '내가 정말 눈치가 없나' 싶어 스스로의 말과 행동이 다른 사람에게 어떤 영향을 미치는지 고민하기 시작했습니다.

소아청소년정신건강의학과 의사가 되면서 아이들은 친구를 어떻게 만들고 관계를 유지하는지, 아이들의 사회성은 어떻게 자라는지에 대해 오랫동안 고민하고 공부했습니다. 진료실에서 만나는 부모님들은 아이가 친구 사귀기 어려워할 때, 혹은 친구들과 갈등이 있을 때 부모가 나서야 하는지, 개입한다면 어떻게 도와야 할지 질문을 많이 하십니다. 주의력결핍과잉행동장애ADHD가 있는 아이들은 다른 친구들이 하는 말을 귀 기울여 듣지 못해 대화에 잘 섞이지 못하기도 하고, 쉽게 욱하는 것 때문에 친구들과 자주 다툽니다. 자폐스펙트럼장애가 있는 아이들은 다른 사람의 감정이나 생각, 의도를 이해하는 힘이 부족해서 친구들을 배려하거나 함께 어울리기 어려운 일이 종종 생깁니다. 불안이 높고 긴장하는 아이들은 먼저 다가가서 말 걸고 사회적 관계를 시작하기 어려워합니다. 그런데 이렇게 특별한 어려움이 있는 아이가 아니라 해도 요즘에는 친구 사귀는 걸 힘들어하거나 또래관계 문제 때문에 상처받는 아이가 많습니다. 예전처럼 아이들이 골목과 놀이터, 운동장에서 쉽게 친구를 만나고 사귈 기회가 없어져서인 것 같기도 합니다.

진료실에서 부모님들과 함께 어떻게 하면 친구를 잘 사귈 수 있는지, 그 관계의 어려움을 잘 이겨낼 수 있는지, 부모가 뭘 해줄 수 있는지 고민하는 것과 더불어 실제로 아이들에게 직접 친구들과 잘 지내는 법을 가르치고 사회성을 길러주기 위해 서울아산병원에 사회성 클리닉을 열고 사회성 그룹 치료를 해온 지 벌써 15년 가까이 되었습니다. 매번 나이와 성별, 성향이 맞는 아이들의 팀을 구성하고, 그에 맞는 커리큘럼을 새로 짜고 있습니다. 사회성 그룹 치료에 참여하는 아이들은 대부분 치료하러 오는 것을 무척 좋아합니다. 평소에 학교나 놀이터에서 갈등과 어려움이 생겨 놀이가 중단되곤 하는데, 사회성 클리닉에서는 관계를 시작하고 쌓아가고 갈등을 해결하고 놀이를 끝까지 이어가는 경험을 하기 때문입니다. 한번은 초등학교 6학년 아이가 학교에서 괴롭힘을 당한 날, 그룹 치료실이 있는 서울아산병원 신관 1층 대기실에서 한참 동안 울다 가기도 했습니다. 사회성 그룹 치료 때처럼 친구들과 보내는 즐거운 시간이 현실에서도 이어졌으면 하는 소망 때문이었겠지요.

친구를 잘 사귀고 관계를 잘 이어가고 싶은 아이들의 소망과 자녀의 사회성 발달을 돕고 싶어하는 부모님들의 바람을 담아서 책을 썼습니다. 이 책에서는 부모가 아이의 사회성 발달을 이해하고 도울 방법에 대해서 매우 실제적이고도 구체적으로 말하고 있습니다. 원고 속에서 선생님들이 치료 마친 뒤 부모님들에게 구체적인 치료를 전하는 목소리가 들리는 것만 같았습니다. 부모님들이 자녀와 함께할 수 있는 활동, 나누면 좋은 이야기, 갈등 상황에서 물어봐야 하는 것들이 구체적인 예시 문장과 함께 담겨 있습니다. 더불어 아이 친구 부모님이나 선생님과 어떻게 관계 맺으면 좋을지에 대한 내용도 담았습니다.

임연신 선생님은 저와 15년 동안 사회성 클리닉을 함께 운영하면서 초등학생을 위한 사회성 치료 프로그램을 개발하고 시행해온 분입니다. 김혜진 선생님은 중고등학생이나 대학생을 위한 그룹 사회성 훈련 프로그램, 청소년을 위한 개별 사회성 치료를 지속해왔고, 유고은 선생님은 특히 불안한 아이들을 위한 사회성 훈련 프로그램을 담당해왔습니다. 현장에서 실제로 아이들과 함께하면서 쌓아온 경험이 부모님들이 자녀의 사회성 발달을 돕는 데 보탬이 되기를 바래봅니다. 김주연 선생님은 초등학교 교사로 일했던 경험을 가진 소아청소년정신건강의학과 의사라는 아주 특이한 이력의 소유자입니다. 이런 특별한 경험을 바탕으로 학교 현장에서 일어나는 일을 다양한 측면에서 이해하는 데 도움을 주실 겁니다.

사회성은 아이의 나이에 따라 여러 모습으로 나타납니다. 따라서 사회성 발달을 돕기 위한 부모의 역할도 그에 따라 달라야 합니다. 이 책은 처음으로 자기만의 친구를 사귀기 시작하는 만 5~6세 유아 혹은 초등 저학년 아이들을 도와주는 데 가장 적합합니다. 이때는 아이의 사회성 발달의 기초가 형성되는 시기이기도 하고, 부모의 역할이 가장 중요한 시기이기도 합니다. 이 책을 통해 우리 아이가 또래들과의 작은 사회 속에서 조화롭게 어울리며, 친구들과 함께 성장하는 소중한 경험을 만들어가기를 진심으로 바랍니다.

2025년 8월
저자들을 대표하여 김효원 씀

| 차례 |

머리말 _4

1장 사회성의 기초가 되는 다섯 가지 능력_임연신

1. 사회성, 매일 조금씩 나아지는 기술 _15
사회성이란 무엇일까요? | 사회성에 대한 오해, 네 가지 |
사회성이 중요한 이유 | 사회성은 경험을 통해 배우고 자라납니다

2. 기초가 되는 다섯 요소 _29
사회 인지와 공감 | 의사소통 | 감정 조절 | 협력 | 갈등 해결

3. 우리 아이, 사회성 키우기 _46
다른 사람의 마음을 이해하는 공감 능력을 키워주세요 | 의사소통 능력을 키워주세요 | 감정을 잘 다루는 능력을 키워주세요 | 함께하는 힘을 키워주세요 | 갈등 해결 능력을 키워주세요

4. 사회성만큼 중요한 아이의 자조 기술 _93

2장 우리 아이 좋은 친구로 준비시키기: 플레이 데이트_유고은

1. 플레이 데이트, 꼭 해야 할까요? _107
사회성도 가르치고 배우는 시대 | 플레이 데이트의 장점 |
초등학교 저학년의 플레이 데이트

2. 좋은 친구가 되는 준비 과정 _115

함께 좋아하는 것 찾도록 도와주기 | 함께할 수 있는 놀이 찾기 | 가족 안에서 놀이 연습하기

3. 플레이 데이트 계획하기 _128

누구랑 놀 것인가? | 언제 놀 것인가? | 어디서 놀 것인가? | 어떻게 놀 것인가?

4. 플레이 데이트 시작하기 _149

약속 잡기 | 부모의 역할 | 플레이 데이트 점검하기

5. 플레이 데이트를 현실로 연결하기 _164

놀이에 참여하는 법 연습시키기 | 거절에 대처하기

3장 화, 놀림, 괴롭힘에 대처하는 아이들: 갈등과 함께 성장하기 _김혜진

1. 부모가 알아야 할 갈등 해결의 기본 원칙 _179

부모 마음 다스리기 | 사실관계 확인하기 | 아이의 감정에 공감하기 | 상대방의 관점을 이해하도록 돕기 | 다른 사람을 비난하지 않기 | 아이가 피해를 입었을 때 상대편 부모나 담임에게 연락하기 | 아이가 피해를 주었을 때 사과하기 | 자신을 지키는 방법 가르치기 | 전문가와 협력하기 | 꾸준히 연습하고 지지하기

2. 사례로 알아보는 갈등 대처 방법 _201

갈등 상황에서 화나면 과격하게 표현하는 아이 | 친구의 잘못을 지적해서 미움받는 아이 | 놀림에 쿨하게 대처하는 법 | 남을 괴롭히는 아이 | 신체 폭력에 대처하는 방법 | 다른 어른이 우리 아이를 함부로 대할 때

4장 엄마들 모임, 잘하는 방법_김효원

1. 학부모 모임에 꼭 가야 할까요? _243

학부모 모임, 왜 중요한가? | 학부모 모임에 안 나가면 아이가 친구를 사귀기 어려운가요? | 성격에 안 맞는데도 나가야 하나요?

2. 학부모 모임에서 엄마들과 어떻게 지내야 할까요? _253

스몰토크 | 어떤 엄마와 가까워지면 좋을까? | 엄마들 사이에서도 적당한 거리는 필수 | 부모마다 양육 철학은 다르다 | 워킹맘이 엄마들 모임에서 잘 지내려면

3. 엄마들과의 관계에서 주의할 점 _264

기본적인 예의를 지킨다 | 아이와 가족에 대한 자랑과 과시는 금물 | 개인사 캐묻지 않기 | 학원 정보와 선행 정도를 캐지 않기 | 뒷담화하지 않기 | 편 가르지 않기 | 상대 아이의 문제점 지적하지 않기 | 상대 아이에 대한 요란스러운 칭찬은 하지 않기 | 아이 친구 엄마에게 너무 의지하지 않기

4. 아이들이 다툴 때 부모들이 할 일 _282

싸움이 일어나기 전부터 관찰하고 있어야 합니다 | 아이들끼리 싸우는 것을 봤을 때 부모의 역할 | 부당한 일을 당해도 말하지 못하는 엄마 | 무슨 일만 생기면 단톡방에 올리는 엄마 | 아이들 싸움이 부모 싸움이 되지 않도록

5. 엄마들 모임에서 잊지 말아야 할 것 _292

우리 아이를 잘 키우는 것이 가장 중요 | 우리 아이를 가장 잘 아는 사람은 나!

6. 아빠가 학부모 모임에서 살아남으려면 _297

7. 아이의 발달이 느리거나 장애가 있다면 _302

5장 선생님, 아이의 가장 훌륭한 조력자_김주연

1. 선생님, 공동의 양육자 _309
선생님은 어떤 분인가요? | 선생님을 바꿀 수 있나요?

2. 선생님과 잘 지내려면 부모는 어떻게 하는 게 좋을까요? _317
학교 선생님과 대화하는 법 | 학교생활에 관심을 가져주세요 | 적절한 거리가 필요합니다 | 선생님이 아이의 문제에 대해 말할 때

3. 학부모 상담 _328
언제 연락하면 좋을까요? | 대면 상담 vs 전화 상담 | 무슨 내용을 어떻게 물어봐야 할까요? | 아이에 대해 선생님께 알려드려야 할 것

4. 공개수업 _343

5. 학부모 참여 활동 _348
아이가 임원이면 엄마가 학교 일을 적극적으로 해야 할까요? | 봉사활동은 꼭 해야 할까요?

6. 학교생활 _353
학교 적응에 어려움 있는 아이, 대안학교가 좋을까요? | 학교와 가정, 어떻게 협력해야 할까요?

1장
사회성의 기초가 되는 다섯 가지 능력

_임연신

"초등학교 입학을 축하합니다." 이 한마디에는 설렘, 기대 그리고 응원이 담겨 있습니다. 새로운 환경으로 첫발을 내딛는 아이를 바라보며, 부모님 또한 "우리 아이가 잘 적응할 수 있을까?" "친구들과 잘 지낼 수 있을까?" 하는 기대와 함께 왠지 모를 긴장감도 느끼실 텐데요.

초등학교 입학은 아이에게 더 넓은 세상으로 나아가는 첫걸음입니다. 새로운 배움과 경험이 시작되는 이 시기, 아이는 교실이라는 작은 사회에서 또래들과 어울리고, 때로는 갈등을 겪고 해결해나가며 사회성을 본격적으로 키워갑니다. 특히 초등학교 때 형성된 사회성은 단지 '친구 잘 사귀는 기술'을 넘어서, 중·고등학교의 또래관계와 학업, 나아가 성인이 되어 살아가는 삶의 기반이 됩니다.

사회성은 아이가 세상을 살아가는 힘입니다. 그리고 이 힘을 기르는 데 가장 중요한 것은 부모님의 관심과 따뜻한 지지입니다. 그럼, 이 장에서는 사회성이 왜 중요한지 그리고 일상에서 아이의 사회성을 어떻게 자연스레 키워갈 수 있을지 함께 나누고자 합니다.

1.
사회성, 매일 조금씩 나아지는 기술

사회성이란 무엇일까요?

우리가 맞는 하루하루는 크고 작은 관계들로 이루어져 있습니다. 아침에 가족에게 "잘 잤어?"라고 인사하고, 카페에서 커피를 주문하며, 학교나 직장에서 동료들과 웃으면서 인사하는 모든 순간이 다른 사람들과의 연결 속에서 이루어집니다. 사회성이란 바로 이렇게 나와 연결된 사람들과 눈 맞추고, 인사 건네고, 대화하는 모든 상호작용을 뜻합니다. 마치 윤활유가 기계를 부드럽게 움직이고 오래 사용하도록 돕는 것처럼 사회성은 사람들과의 관계를 원활하게 하고 유지하도록 돕습니다. 한마디로 사회성이란 나와 다른 사람이 건강한 관계를 맺으며 함께 살아가는 능력입니다. 이 능력은 타고나는 것이 아니라, 일상 속 작은 경험과 연습의 반복을 통해 자연스럽게 길러지는 기술입니다.

그러나 흔히 사회성이라 하면 친구들과 싸우지 않고 두루두루 무난하게 잘 어울리는 모습을 떠올립니다. 친구들과 어우러져 노는 모습만 보고 '사회성이 좋다'고 단정 짓기도 하죠. 하지만 쉽게 친해지고 잘 놀면 사회성이 좋은 걸까요? 친구랑 안 싸우면 과연 사회성이 좋은 걸까요? 이제부터 사회성에 대한 오해를 풀어보겠습니다.

사회성에 대한 오해, 네 가지

친구가 많으면 사회성이 좋은 걸까요?

"민수는 친구가 많고 두루두루 잘 어울려서 걱정 없겠어요. 부러워요. 우리 아이는 친구가 없는 것 같아 고민이에요"라며 누군가 내 아이를 칭찬하는 이야기를 들으면, 부모 마음에 '우리 아이는 사회성이 좋구나' 하며 안심할 수 있습니다. 과연 그럴까요?

흔히 친구가 많으면 사회성이 좋다고 오해합니다. 예를 들어 어떤 아이가 친구들과 잘 어울리지만, 놀이 중 견해차가 생겼을 때 상대방 입장을 이해 못 하고 "내가 하고 싶은 대로 할 거야"라며 고집 부리고 "나 너랑 안 놀아"라면서 갈등을 잘 해결하지 못한다면 그 관계는 유지되기 어려울 수 있습니다. 반면 많은 수는 아니더라도 몇몇 친구와 깊은 관계를 맺고, 서로의 감정을 이해하며 갈등을 원만하게 해결할 수 있다면, 이는 사회성이 잘 발달된 모습이라고 할 수 있습니다. 사회성은 단순히 사람과 어울리는 능력을 넘어, 관계를 유지·발전시키는 힘이기 때문입니다. 그렇기에 친구의 많고 적음, 즉 숫자로 판단하는 것이 아니라 맺어진 관계를 얼마나 잘 지속하는지, 또 그 안에서 불거지는 갈등을 얼마나 잘 해결하는지를 보는 것이 중요합니다.

친구를 쉽게 사귀면 사회성이 좋은 걸까요?

"우리 아이는 어딜 가나 먼저 말 걸고, 새로운 애들과 쉽게 친해지더라고요. 다른 건 몰라도 사회성 하나는 좋은 거 같아요." 과연 그럴까요?

흔히 친구를 쉽게 사귀면 사회성이 좋다고 오해합니다. 하지만 이런 능력은 사교성일 뿐, 우리가 이야기하고 있는 사회성과는 다릅니다. 예를 들어 어떤 아이가 새로운 친구들에게 거리낌 없이 다가가 말 걸고 놀이를 제안하지만, 상대방의 감정이나 의견을 고려하지 않고 자기 생각만 고집한다면, 이는 사교성이 높더라도 사회성은 부족한 것일 수 있습니다. 반대로 낯을 가려 친구를 사귀는 데 시간이 걸리지만, 친해진 뒤로는 서로의 감정을 잘 이해하고 안정적인 관계를 유지한다면, 사교성은 낮아도 사회성이 발달한 것이라 볼 수 있습니다. 다시 말해, 사교성이란 다른 사람과 관계를 시작하는 능력이고, 사회성은 관계를 시작한 후 이를 유지하고 발전시키는 데 필요한 의사소통, 공감, 갈등 해결과 같은 사회적 기술 및 태도를 포함하는 더 넓은 개념입니다. 즉, 사교성은 사회성의 일부일 뿐, 사교성이 높다고 해서 반드시 사회성이 뛰어난 것은 아닙니다.

갈등이 없는 게 좋은 걸까요?

"우리 아이는 친구들과 싸우지 않아요. 양보도 잘하고 다툼 없이 놀아서 사회성은 좋은 거 같아요." 과연 그럴까요?

흔히 친구들과 갈등을 일으키지 않으면 사회성이 좋다고 오해합니다. 하지만 사회성이 좋다는 게 갈등이 없음을 의미하진 않습니다. 오히려 사회성은 갈등이 생겼을 때 회피하지 않고 '아, 나랑 친구의 생각이 다르구나'를 알아차리며, 거기서 생긴 갈등을 원만히 해결하는 능력을 의미합니다. 예를 들어 친구와 놀이 중에 서로 장난감을 먼저 사용하려다 다툼이 일어난다면, "네가 먼저 써, 나는 그다음에 쓸게"라면서 양보만 하는 아이는 속마음과는 다르게 자기 의사를 잘 표현하지 못하고 있을 수 있습니다. 불편해서 갈등에서 벗어나려는 거죠. 반면 같은 상황에서 "우리 가위바위보 해서 먼저 사용할 사람 정하자"라며 자기 생각을 표현하고 상대방 입장도 고려한다면, 이는 사회성이 잘 발달된 모습입니다. 그러니 친구들과 갈등이 없다고 해서 사회성이 좋다고 단정 짓기보다는 아이가 갈등 상황에서 문제를 어떻게 풀어나가는지를 살펴보는 것이 더 중요합니다.

사회성, 시간이 지나면 저절로 좋아질까요?

"애들은 원래 다 그래. 크면 저절로 친구도 많아지고 잘 놀게 될 거야. 걱정 말고 내버려둬." 과연 그럴까요?

흔히 사회성은 시간이 지나면 저절로 좋아진다고 오해합니다. 하지만 이 능력은 노력 없이 길러지지 않습니다. 아이가 친구와 놀다가 다투는 상황을 떠올려볼까요? 이때 부모가 "애들은 다 싸우면서 크는 거야"라며 그냥 넘긴다면, 아이는 갈등 해결 방법을 배울 중요한 기회를 놓칩니다. 또한 "싸우지 말고 그냥 네가 양보해"라고만 한다면, 아이는 갈등을 피하거나 무조건 참아야 한다고 느낄 수 있습니다. 반면 부모가 갈등 상황에서 "어떻게 하면 둘 다 장난감을 재미있게 가지고 놀 수 있을까?" "번갈아가며 놀면 어떨까?"라면서 해결책을 찾도록 이끌어준다면, 아이는 자기감정을 조절하는 법, 상대방의 입장을 이해하는 법, 함께 문제를 해결하는 법을 배우게 됩니다. 자연스럽게 익힐 거라고 기대하기보다, 아이가 경험하고, 배우고, 성장하는 과정에서 길러진다는 점을 꼭 기억해주세요.

사회성이 중요한 이유

다른 사람과 깊이 연결되어 있는 느낌 — 정서적 안정

사회성은 자존감, 자신감, 정서적 안정과 서로 긴밀히 연결되어 있습니다. 예를 들어 체육 시간에 친구들과 팀 게임을 하던 한 아이가 공을 멋지게 패스하고 골까지 성공시켰다고 해볼게요. 그 순간 친구들이 "네 덕분에 우리가 이길 수 있었어"라고 칭찬한다면, 아이는 자연스레 자신은 팀에서 중요한 역할을 하고 있다고 느끼며, "나는 가치 있는 사람이구나"라는 긍정적인 자기 인식을 갖게 됩니다. 또 다른 예로, 수업 중 한 아이가 준비해온 내용을 또박또박 발표했을 때 선생님이 "발표를 아주 잘했어. 훌륭해"라고 칭찬한다면 아이는 자신의 노력이 인정받았다는 성취감을 느끼며 자신감을 얻을 것입니다. 일상에서 이러한 긍정적 상호작용은 아이가 스스로 소중한 존재임을 깨닫고, 자존감과 자신감을 키우는 중요한 밑거름이 됩니다. 앤더슨과 첸의 연구[1]에서도, 사회성이 발달된 사람들은 긍정적인 상호작용을 통해 자신의 가치를 확인하고, 타인의 인정과 지지를 받으면서 자존감과 자신감을 키울 수 있다고 했습니다. 또 높은 자존감과 자신감은 단순히 개인적인 만족감에 그치지 않고, "내가 속한 환경에서 나는 중요한 존재다"라는 생각으로 이어져, 다른 사람들과의 연결감과 소속감을 강하게 느끼게 만드는데요. 우리는 다들 힘든 일에 부딪혔을 때 진심 어린 공감을 통해 위로받은 경험이 있을 겁니다. 예컨대 상대방이 특별한 해결책을 주지도 않았는데 "정말 힘들었겠다"라는 말 한마디와 함께 이야기를 들어주는 것만으로도 마음이 한결 가벼워졌던 기억 말입니다. 그런 순간들은 우리가 혼자가 아님을 깨닫게 하고, 다른 사람과 깊이 연결되어 있다는 정서적 안정감을 안겨주지요. 이렇게 사회성은 자존감과 자신감을 키우는 것은 물론, 정서적인 안정을 더해 우리가 더 편안하고 자연스럽게 사람들과 어울리도록 돕습니다.

사회성이 좋은 아이는 공부도 잘한다 — 학습 능력 향상

사회성은 학습과 어떤 관련이 있을까요? 겉보기에는 전혀 관련 없을 것 같지만, 사실 사회성은 학습에 깊은 영향을 미칩니다. 메건 매클렐런드의 연구[2]에 따르면, 사회성이 발달한 아이들은 학습에서 더 나은 성과를 거둘 가능성이 크다고 합니다. 특히 선생님의 지시를 잘 따르고, 집단 활동에 적극적으로 참여하는 능력이 학업 성취에 중요한 역할을 한다고 강조했는데요. 예를 들어 초등학교 1학년 수학 시간에 선생님이 "짝과 함께 주사위를 굴려서 나온 숫자를 더해보세요. 합이 가장 큰 짝이 이기는 거예요"라고 설명하는 상황을 떠올려볼게요. 사회성이 발달한 아이들은 선생님의 지시를 잘 이해하고, 짝과 협력하며 규칙을 지켜 활동에 참여합니다. 친구가 계산하는 걸 어려워하면 "3 더하기 5는 이렇게 하면 돼"라면서 도와주고, 주사위 굴리는 차례를 두고 "이번엔 네가 굴려"라며 배려하기도 합니다. 활동이 끝난 뒤에는 "우리 정말 잘했어!"라며 학습을 단순한 과제가 아닌 즐거운 경험으로 받아들이고, 덧셈에 대한 재미를 키워갑니다. 배우는 과정을 즐거워하는 아이들은 학습에 대한 흥미를 보이며, 스스로 더 나은 학습 환경을 만들어갑니다. 또한 친구들과 협력하면서 관계의 소중함을 배우고, 선생님의 격려를 통해 자신감을 얻으며, 새로운 것을 알아가는 과정에서 기쁨을 느낍니다. 더불어 시험과 같은 스트레스가 높은 상황에서 부모의 따뜻한 격려와 지지는 아이들에게 큰 힘이 될 텐데요. 부모가 "괜찮아, 네가 노력한 것만으로도 충분해"라고 말해준다면, 아이는 정서적 안정감을 느끼며 학습에 더 집중할 마음의 여유를 갖게 될 것입니다. '사회성이 좋은 아이는 공부도 잘한다'라는 말처럼, 사회성이 발달한 아이는 사람들과의 관계에서 안정감과 편안함을 느끼며, 학업 성과도 더 잘 낼 가능성이 높습니다.

행복은 관계에서 온다 — 삶의 만족도 향상

우리는 세상에 태어나는 순간부터 가족, 친구, 이웃 등 다양한 관계 속에서 사회 구성원의 한 명으로 더불어 살아가야 합니다. 왜냐하면 우리는 다른 사람과의 상호작용을 통해 정서적 안정과 행복감을 느끼는, 본질적으로 사회적인 존재이기 때문입니다. 1938년부터 70년 이상에 걸쳐 진행된 세계에서 가장 오래된 성인 발달 연구 중 하나인, 사회성이 인간의 삶에 얼마나 중요한 영향을 미치는가에 대한 연구Harvard Study of Adult Development[3]에 따르면, 사람을 가장 행복하게 해주는 요소는 가족, 친구, 이웃 등 주변 사람과의 좋은 관계이며, 그들과 깊은 유대감을 갖고 긍정적인 상호작용을 할 때 안정감을 느끼면서 행복하게 살아갈 수 있다고 합니다. 에드 디너(2008)[4]의 연구에서도 우리의 행복감은 물질적 조건이나 일의 성공보다는 사회적 관계의 성공에서 더 큰 영향을 받는다고 했습니다. 이러한 연구들은 중요한 메시지를 전달하고 있는데요. 우리는 혼자서 살아갈 수 없고, 다른 사람들과 관계를 맺고 어울리는 과정의 중심에는 바로 사회성이라는 능력이 있다는 것입니다. 달라이 라마[5]는 'Happiness is not something ready-made. It comes from your own actions'라고 했습니다. 즉, 행복은 우리의 태도와 노력, 그리고 사람들과의 관계 속에서 스스로 만들어가는 것이라고요. 바로 사회성은 이러한 관계를 형성하고 유지하며, 더 깊고 의미 있는 관계로 발전시키는 가장 중요한 힘이라 할 수 있습니다.

사회성은 경험을 통해 배우고 자라납니다

사회성은 연습으로 키울 수 있는 기술이다

사회성은 기기, 걷기, 뛰기와 같은 신체 발달과 달리 눈에 보이지 않습니다. 그렇다고 하루아침에 이루어지는 것도 아니며, 책 몇 권 읽는다고 단기간에 완성할 수 있는 것도 아닙니다. 그래서 부모 님께는 더 막연하고 어렵게 느껴질 수 있는데요. 하지만 핵심을 이해하고 나면 훨씬 더 쉽게 접근할 수 있습니다. 사회성의 핵심은 타고나는 것이 아니라, 학습과 연습을 통해 발달시킬 수 있는 기술 이라는 점입니다. 왜냐하면 사회성은 추상적인 개념이 아니라 의사소통, 감정 조절, 갈등 해결, 협력과 같은 구체적인 행동과 기술로 이루어져 있기 때문입니다. 이해를 돕고자 아이가 친구들과 축구 하는 상황을 떠올려볼게요. 한 친구는 골을 넣고 싶어하고, 다른 친구는 수비를 하고 싶어할 수 있습니다. 이럴 때 아이는 친구와 대화하며(의사소통 기술), "그럼 네가 먼저 공격하고, 다음엔 내가 공격할게"라고 제안해 역할을 나누며 모두가 경기를 즐길 수 있습니다(협력 기술). 경기 중 공을 차다가 한 친구가 실수로 상대편에게 넘겨 속상해할 때도 마찬가지입니다. 이런 상황에서 서로를 탓하며 다투는 대신, "괜찮아. 공이 넘어가서 속상하지만 이제 더 열심히 막아보자"(갈등 해결 기술)라고 말하며 친구를 위로하고 힘을 모으는 모습(감정 조절 기술, 공감 기술, 갈등 해결 기술, 협력 기술)을 보일 수 있습니다. 이 과정 하나하나에 사회성을 구성하는 핵심적인 기술들이 숨어 있습니다. 그래서 우리가 아이에게 영어, 수학을 가르치듯 사회성도 기술마다 가르칠 수 있습니다. 미국의 심리학자 앨버트 밴듀라의 사회학습 이론 Social Learning Theory[6]에 따르면, 타고난 성향뿐 아니라 관찰, 모방, 경험을 통해 아이는 사회적 행동을 배우며 발전시킨다고 했습니다. 즉 아이들은 부모와 또래, 교사와 같은 주변 사람들의 행동을 관찰하면서 사회적 기술을 익히고, 실제 상황에서 이를 적용하고 연습하면서 사회성이 점차 발달한다는 것이죠. 아이와 친구들이 함께 노는 순간, 갈등을 해결하는 과정, 협력과 배려를 실천하는 모든 순간이 바로 사회성을 배우는 살아 있는 교과서인 셈입니다. 이렇게 사회성은 특별한 상황이 아닌, 일상에서 조금씩 학습을 통해 자라나는 기술입니다.

사회성의 속도는 저마다 다르다

사회성은 학습 가능한 기술로, 연습과 경험을 통해 점차 발달할 수 있다고 설명했지요. 그런데 우리 모두는 생김새와 성격이 다르듯, 사회성도 저마다의 모습으로 나타납니다. 어떤 아이는 처음 만난 친구와 금세 친해지기도 하지만, 어떤 아이는 친구를 사귀는 데 시간이 오래 걸립니다. 또 어떤 아이는 혼자 있는 시간을 좋아하고 조용히 자신의 활동을 할 때 편안함을 느끼는 반면, 어떤 아이는 사람들과 어울리며 에너지를 얻고 활발하게 대화하거나 함께 활동할 때 즐거움을 느낍니다. 이럴 때 부모는 '다른 아이들은 잘하는데, 왜 우리 아이는 친구들과 못 어울릴까?' 하고 걱정될 수도 있을 텐데요. 꼭 기억해주세요. 사회성의 기준은 다른 아이가 아니라, 바로 우리 아이 자신에게 있다는 걸요. 그래서 다른 아이와 비교하며 불안해하기보다는, 어제의 우리 아이와 오늘의 우리 아이를 견주며 바라보는 게 더 중요합니다. 어제는 친구에게 먼저 말 걸지 못했던 아이가 오늘은 작은 인사를 건넸다면, 또 어제는 갈등 상황에서 울음을 터뜨렸던 아이가 오늘은 자기감정을 말로 표현해보려 했다면 큰 발전인 거예요. 사회성은 마치 나무를 키우는 과정과도 비슷한데요. 어떤 나무는 빠르게 자라 풍성한 잎을 내고, 어떤 나무는 천천히 자라면서 더 단단한 뿌리를 내리지요. 빠르게 자라는 나무가 더 대단한 것도 아니고, 느리게 자라는 나무가 부족한 것도 아닙니다. 중요한 건 나무들이 자기만의 속도로 성장하고 있다는 사실입니다. 우리 아이도 마찬가지입니다. 사회성은 모든 아이가 가진 고유의 능력이자, 우리 아이만의 특별함이니까요. 세상에 우리 아이와 똑같은 사람은 한 명도 없습니다. 그러니 다른 아이와 비교하기보다는, 우리 아이의 사회성을 있는 그대로 이해하고 그에 맞는 관심과 지지를 보내주는 게 중요하답니다. 그러면 아이는 자기만의 속도로, 자기만의 색깔로 빛나는 사회성을 키워나갈 것입니다.

작은 갈등은 사회성을 배울 기회다

잠깐, 아이들이 좀더 어렸던 유치원 시절로 돌아가볼게요.

그때 아이들은 블록 놀이나 공놀이를 하다 다툼이 생기면 부모나 선생님의 도움을 받아 "왜 싸우게 됐을까?"를 되짚으며 잘못한 점이 있으면 사과하고, 문제 해결법을 찾도록 배웠습니다. 또한 친구와 잘 지내기 위해 차례를 기다리고, 물건을 나누는 등 규칙을 익히며 사회성의 기초를 쌓아왔죠. 초등학교에 들어가면 이야기가 조금 달라집니다. 아이의 행동반경이 넓어지고, 더 많은 시간을 독립적으로 보내면서 부모나 선생님의 직접적인 도움은 자연스레 줄어듭니다. 이제는 아이 스스로 친구와의 문제를 해결해야 하는 상황에 부딪힐 텐데요. 처음에는 아이에게 학교에서 있었던 일에 대해 듣거나, 선생님과 주변 친구 엄마를 통해 상황을 전해 들으면 우리 아이의 서툰 모습에 부모로서 안타깝고 답답한 마음이 들 수 있습니다. 하지만 서툰 건 당연한 거예요. 왜냐하면 아이는 이제 막 더 넓은 사회로 한 걸음 내디딘 것이니까요. 여기서 중요한 점은 바로 이 순간들이 사회성을 배울 학습의 기회라는 것입니다. 예를 들어 아이가 친구와의 갈등 상황에서 잘 해결하지 못한 이야기를 들었을 때 부모가 할 수 있는 일은 그걸 문제로만 바라보지 않고, 해결 방법을 함께 고민하는 것입니다. "왜 그런 일이 있었을까?" "그럴 땐 어떻게 하면 더 좋았을까?"와 같은 질문을 통해 아이 스스로 상황을 돌아보고, 더 나은 방법을 찾도록 돕는 것입니다. 이 과정을 통해 아이는 "아, 내가 하고 싶은 것만 고집하면 문제가 생길 수 있구나"라며 자연스럽게 깨닫고, 상대방의 입장을 존중하면서 갈등을 푸는 방법도 배웁니다. 또 아이가 긍정적인 행동을 했을 때 따뜻한 칭찬과 인정을 해주면 "아, 이렇게 행동하는 게 옳은 거구나"라고 느끼면서 그런 행동을 더 자주 반복하게 되지요. 이런 경험의 효과는 단지 어린 시절에만 머무르지 않습니다. 아이가 성인이 되었을 때, 직장이나 사회에서 책임 있는 행동과 성숙한 의사결정을 해야 하는 더 복잡한 상황에서도 밑거름이 되어줄 것입니다. 친구와의 작은 갈등을 풀어본 경험이 직장 동료와의 협업 능력으로 이어지고, 자기감정을 솔직하게 표현해본 용기가 관계 속에서 건강한 소통으로 연결되니까요. 사회성은 어릴 때부터 점차 배우고 익혀야 하는 중요한 삶의 기술입니다. 심지어 작은 갈등조차 사회성을 키울 수 있는 배움의 순간이 되는 거죠. 그래서 아이가 어려움을 겪을 때 "우리 아이는 왜 이럴까?" "그것도 알아서 못 해?" 하고 속상해하기보다는 "이 순간이 아이가 배우고 성장할 기회구나"라고 생각해주세요. 부모의 기다림과 온화한 지지가 아이에게 사회성을 키워나가는 든든한 힘이 되어줄 테니까요.

2.
기초가 되는 다섯 요소

사회 인지와 공감

사회 인지와 공감이란 무엇인가?

사회 인지와 공감, 이 두 개념이 조금 어렵게 느껴질 수 있지만, "눈치가 빨라" 혹은 "분위기 파악을 잘해"와 같은 말의 의미를 한번 떠올려볼게요. 여기서 '눈치' '분위기 파악'은 한마디로, 말하지 않아도 알아서 상황에 맞게 행동하는 것을 뜻하는데요. 예를 들어 친구가 속상해 보일 때 굳이 이유를 묻지 않고도 다독여주거나, 웃어야 할 상황과 조용히 해야 할 상황을 자연스레 구분하는 것이 바로 이런 능력에서 나옵니다. 우리는 주변에서 눈치 없이 행동하거나 분위기를 읽지 못하는 사람 때문에 당황하고 마음이 불편했던 적이 있습니다. 반대로, 눈치 있게 행동하고 상황을 잘 읽는 센스 있는 사람 덕분에 모두가 웃고, 곤란한 상황을 부드럽게 넘긴 일을 다들 겪었죠.

사회 인지란 다른 사람의 감정·의도·생각을 이해하고, 상황을 파악해 적절하게 행동하는 능력을 말합니다. 예를 들어 친구가 수업 중 틀린 답을 말했을 때 웃는 대신 '지금 친구가 실수해서 부끄러워하고 있을 거야. 내가 웃지 않으면 친구가 덜 속상하겠지'라고 생각하며 조용히 넘어가거나, 수업 중 선생님이 갑자기 목소리를 낮추면 '아, 선생님이 목소리를 낮추셨네. 우리가 너무 시끄럽게 해서 그런가보다. 조용히 해야겠다'라고 판단하고 행동하는 것입니다. 공감이란 다른 사람의 감정을 이해하고, 그 마음을 함께 느끼는 능력을 뜻합니다. 예를 들어 놀이 중 친구가 넘어졌을 때 '어! 친구가 넘어졌네. 표정을 보니 울 것 같다'라고 생각하고는 다가가서 "괜찮아? 아프겠다. 어디 다쳤어? 나랑 보건실 같이 가자"라거나 친구가 기뻐할 때 함께 기뻐하며 마음을 나누는 행동, 즉 친구의 기분을 이해하고 걱정하며 위로해주는 행동입니다.

상황에 맞게 행동하고, 다른 사람의 마음을 이해하는 것은 왜 중요한가?

사람들과의 관계에서 적절한 말과 행동을 하고, 상대방의 감정과 상황을 잘 이해하며 공감하는 것은 매우 중요한 사회적 기술입니다. 친한 친구가 슬퍼하거나 속상해하는 상황에서 이를 알아차리지 못하고 옆에서 농담하거나 웃고 있으면 어떨까요? 친구가 어떤 주제에 대해서 이야기할 때, 내가 불편해하는 표정을 보여도 친구가 이를 눈치채지 못하고 계속한다면 어떨까요? 이 모든 상황은 의도치 않았더라도 상대방을 불쾌하게 하거나 갈등을 일으키고, 관계를 어색하게 만들 수 있습니다. 하지만 친구가 슬퍼할 때 그 마음을 알아차리고 말과 행동으로 위로하거나, 친구가 기뻐할 때 진심으로 축하한다면, 두 사람의 관계는 신뢰로 더 깊어질 수 있습니다. 또한 내가 불편해하는 표정을 알아차리고 친구가 놀림이나 웃음을 멈춰준다면, 순간 '나를 이해하고 배려해주는구나'라고 느낄 것입니다. 이처럼 상대방의 표정, 몸짓, 말투와 같은 비언어적 신호를 잘 읽어내는 태도는 갈등을 줄이고, 더 좋은 관계를 맺는 데 큰 도움이 됩니다. 또 상대방이 불편해하거나 화가 난 상황을 빨리 파악한다면, 부적절한 말이나 행동 때문에 갈등이 일어나는 일을 줄일 수 있습니다. 특히 초등학생 시기는 유치원과 달리 다양한 규칙과 구조 안에서 생활해야 하기 때문에, 사회적 맥락에 맞는 말을 하고 행동을 배우는 데 중요한 때입니다.

초등학교 저학년, 아이들은 어떤 모습일까?

초등학교 저학년 시기는 다른 사람의 감정과 행동을 이해하고 공감하는 능력이 발달하는 때입니다. 아이들은 다른 사람의 표정, 목소리, 몸짓과 같은 단서를 통해 기쁨, 슬픔, 화남과 같은 기본적인 감정을 알아차릴 수 있습니다. 그렇지만 아직 자기중심적 사고에서 완전히 벗어나진 않아 더 복잡하고 미묘한 감정이나 다른 사람의 입장을 완벽히 이해하지 못하기도 합니다. 예를 들어 선생님의 목소리가 크고 단호하게 들릴 때 자신이 잘못하지 않았는데도 혼나는 것이라 오해할 수 있고, 친구가 야단맞는 모습을 보고 자신도 야단맞을까봐 불안해합니다. 아직 상황과 감정을 세밀하게 구분하거나, 다른 사람의 의도를 정확히 파악하는 게 익숙하지 않기 때문이지요. 공감 능력 또한 발달하는 중이어서 다른 사람의 감정을 충분히 이해하지 못하거나, 적절히 반응하지 못하는 일이 종종 있는데요. 그렇다고 저절로 좋아지겠지 하고 놔두는 것은 바람직하지 않습니다. 부모님들은 아이가 다른 사람의 감정을 더 잘 이해하고, 말과 행동에 담긴 의도를 정확히 파악하도록 함께 감정에 대해 이야기하고, 다양한 상황에서 어떻게 행동하면 좋을지 대화하며 공감 능력과 사회성을 키우는 데 도움을 주어야 합니다. 이러한 과정이 쌓이면서 아이는 더 깊은 공감 능력을 갖게 될 테니까요.

의사소통

의사소통이란 무엇인가?

의사소통 능력은 우리가 일상에서 다른 사람과 관계 맺고 이를 유지하는 데 꼭 필요한 것입니다. 사전에서는 언어나 몸짓 등을 통해 생각이나 감정을 주고받는 것이라고 정의하지만, 단순히 말을 잘하는 것과 의사소통을 잘하는 건 다릅니다. 보통 말을 잘한다고 하면 유창하게 끊임없이 하는 걸 떠올리지만, 의사소통은 한쪽만 계속 이야기하는 게 아니라 서로 생각과 감정, 관심사를 주고받으며 자연스럽게 대화를 이어가는 거예요. 내가 하고 싶은 말을 정확하게 전달하는 것도 중요하지만, 다른 사람의 말을 잘 듣고 그 의도를 알아차리는 것도 중요하지요. 게다가 의사소통은 꼭 말로만 이루어지는 게 아니며, 다른 사람의 몸짓, 표정, 눈맞춤과 같은 비언어적 방식도 있습니다. 예를 들어 친구가 슬퍼 보일 때 "괜찮아?"라고 물어볼 수도 있지만, 옆에 휴지를 살짝 놓거나, 눈물을 닦아주는 것, 친구가 넘어져서 아파할 때 손 잡고 일으켜주는 것 역시 의사소통의 한 방법입니다. 따라서 어떤 말을 하느냐보다 어떻게 말하느냐가 중요하고, 서로의 감정과 태도를 이해하면서 주고받는 대화가 진정한 의사소통이라고 할 수 있습니다.

친구들 사이에서 의사소통은 왜 중요한가?

의사소통은 우리가 살아가면서 자기 의사를 분명히 드러내고 다른 사람과 교류하며 관계를 형성하고 유지하는 데 꼭 필요한 도구입니다. 예를 들어 체육 수업 중에 친구가 공을 세게 던져 맞았을 때 화내거나 울기보다는 "내가 조금 아팠어. 다음에는 조심해서 던져줄래?"라면서 감정을 솔직하게 표현한다면, 불필요한 오해 없이 상황을 정리할 수 있습니다. 또 친구가 속상해 보일 때 "괜찮아? 무슨 일 있어? 내가 도와줄까?"라면서 다가가는 말과 행동은 친구에게 큰 위로와 지지가 될 수 있습니다. 의사소통은 잘못을 인정하고 사과할 때도 중요한 역할을 하는데요. 자기 잘못이 있다면 "내가 미안해. 다음부터 조심할게"라고 사과하는 모습도, 의견이 다를 때면 "나는 이렇게 생각해. 너는 어때?"라고 묻는 태도가 상대방과 오해 없이 대화를 이어가는 데 도움이 됩니다. 뿐만 아니라 이야기를 주의 깊게 듣는 경청은 상대방의 의도와 감정을 더 잘 이해할 수 있게 하며, 더 깊이 있는 대화를 가능하게 만듭니다. 의사소통이 원활하면 친구들과의 관계를 더 깊이 이어갈 수 있으며, 일어나는 갈등도 잘 풀어 궁극적으로 관계를 원만히 유지하는 데 크게 도움이 됩니다.

초등학교 저학년, 아이들은 어떤 모습일까?

저학년은 의사소통 능력이 빠르게 발달하는 시기입니다. 언어적 표현뿐 아니라 표정, 몸짓, 목소리의 톤과 같은 비언어적 표현도 함께 발달하지요. 그러나 아이들은 종종 정보를 생략해 단순한 문장으로 자기 생각을 드러내곤 합니다. 예를 들어 "나 오늘 그거 재미있었어"라고 말할 때, '그거'가 뭔지 상대방은 이해하지 못할 수 있습니다. 또한 휴지가 필요한 상황에서 "나 휴지……"처럼 불완전한 문장으로 상대방이 알아서 해주길 바라는 표현을 할 수도 있습니다. 공놀이 이야기를 하다가 갑자기 "아 맞다! 오늘 엄마가 과자 사줬어"라면서 주제를 갑자기 바꾸는 일도 자주 있습니다. 또 눈을 마주치지 않고 대화하거나, 너무 바짝 다가가거나, 반대로 너무 멀리 떨어져 있어서 의사소통이 원활하지 않은 상황도 일어날 수 있습니다. 이런 모습은 초등학교 저학년에서 흔히 볼 수 있는 자연스러운 발달 과정의 일부지만, 아이에게 '그거'와 같은 모호한 표현 대신 이야기하려는 바를 좀더 구체적으로 설명하는 방법을 가르쳐주는 게 좋습니다. 누군가에게 필요한 것을 요청할 때는 불완전한 문장 대신 명확하게 요구를 표현하는 방법을 알려주는 것도 중요합니다. 더불어 다른 사람과 대화할 때는 자연스럽게 눈을 마주치고, 적절한 거리를 유지하는 방법도 함께 알려주세요. 그러면 아이는 점차 자신의 생각과 감정을 더 명확하고 효과적으로 전달하는 의사소통 능력을 키워갈 것입니다. 여기서 중요한 것은 이 모든 과정이 연습과 경험을 통해 자연스럽게 익혀진다는 점입니다. 그리고 부모님의 따뜻한 관심과 꾸준한 지도가 아이의 성장에 큰 힘이 되어줄 것입니다.

감정 조절

먼저 느끼고, 그다음 표현하기

감정 조절은 두 단계로 이루어집니다. 먼저 자신이 어떤 감정을 느끼고 있는지 알아차리는 것, 그리고 그 감정을 상황에 맞게 표현할 방법을 선택하는 것입니다. 이것이 감정 조절의 핵심이라고 할 수 있는데요. 예를 들어 친구가 물건을 허락 없이 사용해서 우리 아이가 화난 상황을 떠올려볼게요. 이때 아이는 먼저 '지금 내가 화나 있는 상태구나'라며 자기감정을 알아차리는 것이 중요합니다. 그다음 '내가 이 화를 어떻게 표현할까?'를 선택해야 합니다. 여기서 감정을 참는 것이 아니라, 적절하게 표현하는 것이 핵심입니다. 다만 화났다고 친구에게 무작정 소리 지르는 대신, "내 물건을 마음대로 가져가서 기분 나빴어. 다음엔 꼭 물어보고 써줘"라며 차분히 자신의 기분을 언어로 전달해야 하는 것이지요. 그렇다고 감정 조절이 화, 슬픔과 같은 부정적인 감정만 다스리는 것은 아닙니다. 기쁨과 같은 긍정적인 감정도 상황에 맞게 적절히 표현하는 것이 중요한데요. 예를 들어 반에서 혼자만 받아쓰기 100점을 맞은 아이가 너무 기뻐하며 자랑한다면, 다른 친구들은 위축되거나 속상해할 수 있습니다. 이는 의도하지 않았더라도 관계를 어색하게 하거나 친구들과의 거리감을 만들 수 있죠. 반면 분위기를 살핀 후 속으로 '나 이번엔 잘했네'라며 만족한다면, 자신의 기쁜 감정을 인식하고 상황에 맞게 잘 표현한 것이라 할 수 있습니다. 또 새로운 친구와 친해지기 전 긴장하거나 불안을 느끼는 것도 아주 자연스러운 감정인데요. 이때 '아, 나 좀 떨리네. 그래도 내가 먼저 다가가보면 괜찮을 거야'라고 스스로 다독이면서 살짝 미소 지으며 가까이 간다면, 이 또한 자신의 불안을 알아차리고 감정을 잘 조절한 행동이라고 볼 수 있죠. 감정 조절은 화나 기쁨을 억누르는 게 아니라, 그 감정을 알아차리고, 상황에 맞게 표현하는 것을 뜻합니다.

감정을 잘 다스리는 것은 왜 중요한가?

우리는 모두 수많은 감정을 느끼며 살아갑니다. 하루라는 짧은 시간 동안 웃기도 하고, 놀라기도 하며, 화를 내기도 하지요. 바다 한가운데의 폭풍처럼 감정은 끊임없이 일어나는 마음의 움직임이라고 할 수 있는데요. 만약 감정이 상황에 맞지 않게 과도하거나 부적절하게 드러난다면 주변 사람들에게 불편함을 줄 수 있습니다. 왜냐하면 감정이 우리 생각과 행동에 큰 영향을 미치기 때문이죠. 그래서 감정이 일어날 때 이를 어떻게 다루느냐가 매우 중요합니다. 예를 들어 수업 중 선생님이 질문했을 때 답을 모르는 상황을 떠올려봅시다. 이때 당황하며 울기보다는 자신의 감정을 알아차리고 이를 다스려 "선생님, 잘 모르겠어요. 다시 생각해볼게요"라고 말하면 선생님도 '아, 이 문제가 어려운가보다'라면서 아이의 상황을 더 잘 이해하게 되어 그냥 '우는 아이'로만 여기지는 않을 것입니다. 운동장에서 축구 하다가 골키퍼를 맡고 있는 아이가 실수로 골을 놓쳤을 때 "나 때문에 우리 팀이 졌어. 나 안 해"라고 속상해하며 포기하는 대신, "괜찮아. 다음 골은 잘 잡아야지"라며 자기감정을 다스릴 수 있다면, 축구 경기는 중단 없이 끝까지 이어질 수 있습니다. 우리 감정은 말이나 행동을 통해 다른 사람에게 전달됩니다. 따라서 자기감정을 이해하고 상황에 맞게 표현하는 것은 다른 사람과 긍정적으로 상호작용하고 건강한 관계를 유지하는 데 매우 중요합니다.

초등학교 저학년, 아이들은 어떤 모습일까?

초등학교 저학년생은 아직 자기감정을 잘 조절하지 못합니다. "슬퍼" 혹은 "화나"와 같은 단순한 감정은 비교적 잘 인식하고 표현하지만, 실망, 분노, 억울함, 지루함, 서운함, 죄책감, 배신감처럼 복잡하고 미묘한 감정을 이해하고 표현하는 것은 쉽지 않습니다. 또한 예상치 못한 상황에서 쉽게 화내거나 소리 지르고 울음을 터뜨리는 등 감정이 폭발하기도 합니다. 아이들 역시 자기감정을 정확히 말로 표현하지 못할 때 답답함을 느끼는데요, 바로 익숙하지 않아서입니다. 이럴 때 부모의 역할이 중요합니다. 예를 들어 친구와 약속이 깨져 아이가 속상해할 때, 부모가 "지금 친구랑 약속이 깨져서 서운하구나"라며 감정을 대신 말해주면, 아이는 자신의 감정을 더 쉽게 알아차릴 수 있습니다. 또 아이가 '화'를 느낄 때는 숨을 크게 쉬며 호흡하는 방법을 가르치고, '슬픔'을 느낄 때는 함께 나누고 이야기함으로써 마음이 나아진다는 것을 구체적으로 알려줄 수 있습니다. 아이는 자기감정을 이해하고 표현하는 방법을 배우면, 점점 자연스럽게 다스리는 능력을 키워나갈 것입니다.

협력

협력이란 무엇인가?

협력이란 친구와 함께 활동하는 것으로, 흔히 말하는 '공동체 의식'과 비슷한 개념이에요. 구체적으로는 서로의 생각과 의견을 나누고 각자 맡은 바를 책임감 있게 해내면서 공동의 목표를 이루고자 노력하는 과정이라고 할 수 있는데요. 예를 들어 모둠활동 시간에 함께 그림 그릴 때 밑바탕을 담당하는 사람, 색칠을 맡는 사람, 아이디어를 내는 사람처럼 각자의 역할을 정하고 거기에 충실하면서 모두가 힘을 모아 하나의 결과물을 만들어내는 과정입니다. 이때 내 뜻대로 잘 되지 않거나 친구들과 견해차가 생길 수 있습니다. 또 '다른 친구들이 하니까 나는 가만히 있어도 되겠다'며 뒤로 살짝 물러나는 아이도 있을 수 있습니다. 그러나 협력은 혼자만 잘하면 되는 것이 아니며, '나 하나쯤 빠져도 티 나지 않겠지'라며 손을 놔서도 안 됩니다. 나, 너, 우리가 함께 마음을 모으고 힘을 합해 무언가를 하는 것이 바로 협력이니까요. 여기서는 단지 함께 행동하는 것만이 아니라, 서로 정한 규칙을 지키고 각자의 역할을 책임감 있게 수행하는 것이 중요합니다. 또 협력을 통해 목표를 달성했을 때, 참여한 모두가 "우리가 함께 해냈다"라는 성취감을 느낄 수 있습니다.

친구들과 함께하는 것은 왜 중요한가?

최근 학교에서는 모둠 과제, 팀별 체육 활동 등 아이들이 협력하며 과제를 해결하는 방식이 점점 더 강조되고 있습니다. 개별 점수뿐만 아니라 모둠 점수가 평가에 포함되면서, 개인에게 모둠의 성과가 영향을 미치는 구조로 바뀌고 있습니다. 과거에는 혼자 잘하고 경쟁하는 데 교육의 초점이 맞춰졌다면, 이제는 아이들이 소통하는 기술을 배우며 공동체 의식을 키우는 것이 중요하게 여겨지고 있습니다. 예를 들어 국어 시간에는 단어 퍼즐이나 문장 만들기 게임을 통해 친구들과 의견을 나누며 배우고, 수학 시간에는 계산 게임이나 숫자 퍼즐을 함께 풀며 학습합니다. 미술 시간에는 모둠별로 공동의 작품을 완성하며 창의성을 나누고, 체육 시간에는 피구나 축구 같은 팀 스포츠를 통해 서로의 역할을 존중하며 협력의 가치를 배웁니다. 또한 협력은 학교에서뿐만 아니라 친구와의 놀이 시간이나 놀이터에서도 매우 중요한데요. 예를 들어 숨바꼭질, 이어달리기, 팀을 나누어 하는 경찰과 도둑 게임에서는 친구들과 역할을 나누고 규칙을 지키며 함께 즐기는 과정에서 협력이 필요하고, 놀이를 통해 아이들은 자신의 의견을 조율하고, 친구의 생각을 존중하며, 공동으로 문제를 해결하는 경험을 쌓죠. 이렇게 일상 속 작은 놀이에서도 협력은 중요한 배움의 기회가 됩니다. 누군가와 함께하는 능력은 단순히 학교 안에서의 학습을 넘어, 아이들이 더 넓은 사회에서 조화를 이루며 살아가기 위해 반드시 필요한 기술입니다.

초등학교 저학년, 아이들은 어떤 모습일까?

초등학교 저학년 아이들은 협력의 중요성을 배우고 익히는 과정에 있습니다. 그렇기에 규칙을 지키기보다는 자신이 원하는 대로 행동하거나, 협력보다는 개인의 성취를 우선시하는 모습을 보일 수 있습니다. 예를 들어 함께 긴 도미노 줄을 쌓는 놀이를 하다가 실수로 무너졌을 때, 처음에는 "너 때문에 무너졌잖아"라며 서로를 탓하거나 자신의 책임을 회피하려 하기도 합니다. 하지만 협력을 배우고 익히면서 점차 친구와 함께 상황에 긍정적으로 대처하는 방법을 배웁니다. 도미노가 무너졌을 때 "어떻게 하면 빨리 다시 쌓을 수 있을까?" 혹은 "이번에는 더 튼튼하게 쌓아보자"라면서 문제 해결에 초점을 맞추는 것이죠. 아이들은 협력을 통해 성취감을 느끼고, 타인의 입장을 이해하며, 조화를 이루는 법을 점차 익혀나갑니다. 이처럼 협력은 단순한 과제나 놀이를 넘어, 아이들이 건강한 사회적 관계를 형성하고 더불어 살아가는 데 소중한 밑거름이 될 것입니다.

갈등 해결

갈등 해결이란 무엇인가?

갈등 자체가 나쁜 것은 아닙니다. 중요한 점은 갈등이 생겼을 때 감정적으로 반응하거나 피하는 것이 아니라, 어떻게 조화롭게 해결하느냐는 것이지요. 예를 들어 친구와 장난감을 두고 다투었을 때를 떠올려볼게요. 이때 아이가 화나서 자리를 뜨거나, 혹은 짜증을 내며 장난감을 억지로 뺏으려 한다면 갈등은 더 커질 수 있습니다. 이것을 해결하는 시작점은 "우리 차례대로 가지고 놀까?"라고 제안하며 조화로운 방법을 찾아가는 것입니다. 이런 경험을 통해 아이는 '친구들과 의견이 다를 수 있다'는 사실을 자연스럽게 받아들이고, 갈등이 생겼을 때 문제를 피하거나 두려워하지 않고 자신감 있게 대처할 힘을 기르게 됩니다. "싸워봐야 화해하는 법도 안다"는 흔한 말처럼, 아이는 친구와 다투고 그 문제를 해결하는 과정을 통해 상대방을 이해하며, 갈등을 푸는 방법을 점차 배울 것입니다. 그러니 갈등은 단순한 다툼이 아니라, 서로를 더 깊이 이해하고 함께 성장할 소중한 기회라는 것을 기억하세요. 이러한 해결 능력은 친구관계뿐만 아니라 가족, 학교, 나아가 성인이 되어 사회 속에서 건강한 관계를 형성하고 유지하는 데 중요한 역할을 합니다.

친구들 사이에서 생긴 문제를 잘 해결하는 것은 왜 중요한가?

초등학교 1학년 교실을 떠올려볼게요. 친구들과 갈등이 생겼을 때 바로 선생님께 가서 "얘가 저한테 이렇게 했어요!"라며 이르는 친구도 있고, 화가 나서 버럭 소리 지르는 친구도 있으며, 속상한 마음에 말없이 눈물을 터뜨리는 친구도 있을 겁니다. 또 다른 예로, 복도에서 한 친구가 급히 뛰어가다가 다른 친구와 부딪쳤어요. 뛰어가던 친구는 "미안해" 하고 지나쳤지만, 부딪친 친구는 "일부러 나를 밀었어"라고 오해하면서 충돌이 시작될 수 있습니다. 사실 갈등은 친구, 가족과 생활하면서 흔히 발생하는 자연스러운 일이죠. 하지만 제대로 풀지 못하면 오해가 생기거나 관계가 멀어질 수 있습니다. 갈등을 잘 해결하면 서로의 입장을 더 잘 이해할 수 있고, 나와 친구가 다를 수 있다는 점을 깨달으며, 상대방의 감정을 이해하고 배려하는 마음도 배우게 됩니다. 또한 같은 상황이 반복되지 않도록 더 조심스럽게 행동하는 태도도 갖출 수 있습니다. 이러한 경험이 쌓이면 아이들은 점차 건강한 관계를 유지하고, 더불어 살아가는 법을 익힙니다. 특히 초등학교 1학년 교실은 유치원과 달리 규칙도 세세하고, 더 많은 친구와 함께 생활하는 새로운 환경입니다. 이 속에서 아이들은 친구와 다툰 후 화해하는 과정, 놀이 중 규칙을 어긴 친구와의 대화, 역할을 나누는 모둠 활동 등을 통해 갈등을 겪고 해결하는 방법을 익혀나갑니다. 결국 갈등은 피해야 할 것이 아니라 관계를 깊이 다지는 기회가 될 수 있습니다.

초등학교 저학년, 아이들은 어떤 모습일까?

초등학교 시기는 여전히 자기중심적인 사고가 남아 있는 때로, 갈등관계에 놓여 있는데도 자기감정이나 욕구를 우선시하는 모습을 보일 수 있습니다. 다른 사람의 감정을 충분히 이해하거나 상황을 객관적으로 판단하는 능력이 아직 발달하는 중이기 때문이죠. 예를 들어 놀이 순서를 두고 "내가 먼저 할 거야"라고 고집 부리거나, 친구가 자기 물건을 사용하려 할 때 "그건 내 거야"라며 화를 낼 수 있습니다. 하지만 이런 상황은 아이들이 자신과 친구의 생각, 입장이 다를 수 있다는 것을 깨닫는 중요한 기회가 됩니다. 아이는 이런 경험을 통해 다른 사람의 감정과 입장을 존중하며, 함께 해결책을 찾아가는 기술을 배울 것입니다. 이때 부모의 도움은 문제를 대신 해결해주는 것이 아니라, 아이가 상황을 이해하고 스스로 문제를 푸는 능력을 키우는 데 초점을 맞춰야 합니다. 이를테면 "○○가 먼저 하고 싶었는데 친구도 먼저 하고 싶어해 속상했구나. 어떻게 하면 둘 다 기분 좋게 놀 수 있을까?"라며 아이의 감정에 공감하면서도 직접 해결책을 찾도록 이끌어주는 방법이 효과적입니다. 그러면 갈등은 더 나은 관계로 발전할 기회가 되어 사회성을 기르는 데 중요한 밑거름이 되는 거지요.

덧붙여 갈등에 대처하는 부모의 대화법이나 구체적인 방법에 대해서는 3장 '화, 놀림, 괴롭힘에 대처하는 아이들: 갈등과 함께 성장하기'에서 자세히 다룰 것입니다.

3.
우리 아이, 사회성 키우기

　사회성을 기르기 위해서 아이에게 '이렇게 해야 해'라고 지시하는 것보다, '왜 그렇게 해야 하는지'를 설명해주는 게 내면의 동기를 높이는 데 더 효과적입니다. 이것이 스스로 상황을 이해하고 올바른 행동을 선택하는 데 중요한 역할을 하는 것이죠. 예를 들어 친구와 차례를 지켜야 한다고 말할 때, "차례를 지키는 건 규칙이니까"라고 하기보다 "모두가 기다리는 동안 공평하게 기회를 가져서 친구들도 기분이 좋을 거야"라고 설명하면 아이는 그 행동의 의미를 더 잘 이해하며 스스로 실천하려는 마음이 생길 거예요. 또한 "친구가 슬퍼할 때 왜 위로해주어야 할까?"라는 질문에 대해 "네가 기쁠 때 함께 기뻐해주고, 슬플 때 곁에 있어주는 친구가 있다는 걸 알면 너도 힘이 날 거야"라고 설명한다면, 아이는 자신의 행동이 친구의 감정에 긍정적인 영향을 준다는 점을 깨달을 것입니다.

부모님이 사회적 행동의 이유를 설명하고, 그 과정에서 아이의 생각을 나누어보길 권합니다. "○○라면 어떻게 느꼈을까?" "이렇게 하면 친구가 어떤 기분일까?"와 같은 질문을 통해 아이가 스스로 깨달을 기회를 주는 것이 중요합니다.

부모와 나누는 작은 대화의 순간들이 쌓여 아이의 사회성은 더 단단하게 자랄 것입니다. 그럼, 이제부터는 사회성을 키우는 데 도움이 되는 다양한 활동을 함께 살펴보겠습니다.

다른 사람의 마음을 이해하는 공감 능력을 키워주세요

다른 사람의 마음을 이해하는 것이 왜 중요한지 알려주세요.

"친구와 잘 지내려면 상대방의 기분을 고려하는 게 중요해. 친구가 슬퍼 보일 때 장난을 치면 속상하겠지만, '무슨 일 있어? 괜찮아?'라고 물어보면 친구의 기분이 나아질 거야. 또 친구가 화났을 때 '왜 화났어?'라고 물어보면 더 잘 이해할 수 있어. 상대방의 감정을 알아차리고 행동하면 함께 더 즐겁고 기분 좋게 지낼 수 있어."

내 감정 이해하기

감정 공감 퀴즈

감정은 우리가 매일 느끼는 것이지만, 때로는 왜 그런 감정이 드는지 스스로도 잘 모릅니다. 내 감정을 잘 아는 사람은 다른 사람의 감정도 잘 이해할 수 있고, 스스로 감정을 조절하는 능력도 길러집니다. 이 놀이의 핵심은 아이와 함께 다양한 감정을 떠올려보고, 그걸 더 깊이 이해하며 표현하도록 돕는 것입니다. 단순히 감정을 맞히는 데서 끝내지 말고, 왜 그런 감정을 느꼈는지, 그 감정을 어떻게 조절할 수 있는지까지 이야기해보면 더 효과적입니다. 감정 공감 퀴즈를 통해 아이가 자기감정을 자연스럽게 표현하고, 이를 다루는 방법을 배우도록 도와주세요.

이렇게 해보세요!

준비물

감정 카드나 상황 그림(없으면 말로 상황을 이야기하기)

활동 방법

1. 엄마가 먼저 상황을 이야기하거나 상황 그림을 보여줍니다.

"친구가 네 그림을 칭찬해줬을 때"처럼, 평소에 일어날 수 있는 상황을 이야기해보는 거예요. 그림이 있다면 함께 보며 상황을 쉽게 이해할 수 있도록 도와주세요.

2. 아이에게 그 상황에서 어떤 기분이 들었을지 물어봅니다.

"그럴 땐 어떤 기분이 들었을까?"라고 부드럽게 질문하고, 아이가 스스로 감정을 떠올려 말할 수 있도록 기다려주세요.

3. 감정의 이유를 물어봅니다.

아이가 감정을 표현한 뒤, "왜 그렇게 느꼈을까?"라고 물어보며 감정의 원인을 자연스럽게 설명하도록 돕는 것이 중요합니다.

4. 어떻게 하면 좋을지 함께 생각해봅니다.

"그럴 땐 어떻게 하면 좋을까?" 하고 질문하며 대처 방법이나 해결책을 함께 이야기해봅니다.

5. 아이도 문제를 내보는 역할을 해봅니다.

이번에는 아이가 상황을 이야기하고, 엄마에게 감정을 물어보는 역할을 해보게 하여 주도적으로 참여하도록 합니다.

• 감정 퀴즈: 친구가 내 그림을 칭찬해줬을 때

엄마: ○○야, 감정 퀴즈 할까? 엄마가 문제 낼게. 네가 미술 시간에 그림을 그렸는데, 친구가 "우와, 네 그림 정말 멋지다!"라고 칭찬해줬어. 그때 기분이 어떨까?

아이: 기분이 좋을 것 같아요!

엄마: 맞아. 칭찬을 들으면 기분이 좋아지지. 그런데 왜 그렇게 느낄까?

아이: 음…… 친구가 내 그림을 인정해주니까 뿌듯해서요.

엄마: 그렇구나. 칭찬을 들으면 자신감도 생기고, 더 열심히 하고 싶어지지? 그럼 다음에 친구가 그림 그릴 때 ○○도 칭찬해주면 친구 역시 기

분이 좋아질까?

아이: 네, 저도 친구한테 "너 그림 진짜 잘 그렸어!"라고 말해줄래요.

엄마: 정말 좋은 생각이야. 친구를 칭찬하는 것도 멋진 행동이고. 다음에 친구가 그림을 그리면 꼭 한마디 해보자!

일상 속 감정 이야기

일상에서 감정을 이야기하는 연습은 아이가 자기감정을 인식하고 표현하도록 도와줍니다. 또한 부모도 아이의 마음에 공감하며 안정적인 소통을 이어갈 수 있습니다. 아이가 감정을 말로 표현하도록 돕고, 그 감정에 공감하며 반응해주세요. 아이 수준에 맞는 쉬운 질문이 좋습니다. 이때 "왜?" 대신 "어땠어?" "기분이 어땠을까?"와 같은 질문으로 아이가 쉽게 답할 수 있도록 유도합니다.

이렇게 해보세요!

활동 방법

1. 편안한 상황에서 일상 이야기를 시작합니다.

집에 돌아온 후, 잠자리 전, 식사 중, "오늘 하루 어땠어?"라며 일상 속 자연스러운 순간에 대화를 시작하세요.

2. 쉬운 질문으로 감정을 꺼내봅니다.

아이의 이야기를 들으며 "왜 그랬어?" 대신 "무슨 일 있었어?" "기분이 어땠는데?"라고 물어봅니다.

3. 아이가 감정을 표현할 수 있도록 도와주세요.

아이가 감정을 말하기 어려워하면 "속상했을 수도 있겠다" "기뻤을 것 같아"라고 힌트를 주며 기다려주세요.

4. 감정을 듣고 반응해줍니다.

아이가 감정을 말하면 "그랬구나, 그런 일이 있었구나" "그 마음 이해돼"라며 공감해주세요.

5. 반복해서 자연스럽게 습관화해주세요.

매일 5분이라도 꾸준히 감정 이야기를 나누면 아이는 점점 더 자신의 감정을 말로 표현하는 데 익숙해집니다.

• 감정 이야기: 속상한 감정 표현하기

엄마: ○○야, 오늘 친구랑은 어땠어? 재미있게 놀았어?

아이: 음…… 사실 조금 속상했어요.

엄마: 무슨 일이 있었는데?

아이: 점심시간에 같이 먹기로 했는데, 친구가 다른 애랑 먼저 가버렸어요.

엄마: 아, 친구랑 같이 먹고 싶었는데 먼저 가버려서 속상했겠다.

아이: 친구가 나랑 안 놀고 싶어하는 것 같아서 기분이 안 좋았어요.

엄마: 그랬구나. 그래서 더 속상했겠네. 그런데 혹시 친구가 바빠서 그런 건 아닐까? 다음에는 친구한테 "같이 먹자"고 먼저 말해보는 게 어때?

다른 사람 감정 이해하기

다른 사람 표정 알아맞히기

다른 사람의 표정을 보고 감정을 추측하는 것은 아이의 공감 능력을 키우고, 원활한 소통을 돕는 중요한 기술입니다. 표정을 읽는 능력이 발달하면, 아이는 상대방의 기분을 이해하고 적절한 반응을 보일 수 있어 친구관계와 사회성이 더 좋아집니다. 다른 사람의 감정을 이해하기 위한 연습을 할 때 집에서 흔히 볼 수 있는 잡지, 신문 속 사진, 애니메이션(「뽀로로」「라바」등)은 훌륭한 자료가 될 수 있습니다. 특히 애니메이션은 캐릭터들의 표정과 행동이 감정을 직접적으로 드러내기 때문에 큰 도움이 되죠. 부모는 아이와 함께 캐릭터나 사람의 표정을 보고 추측하면서, "이 캐릭터는 어떤 감정을 느끼고 있을까?" "왜 그렇게 생각했어?"와 같은 질문을 던지며 자연스럽게 대화를 이어갈 수 있습니다.

이렇게 해보세요!

준비물

사진이나 영상 자료, 애니메이션 화면(얼굴 표정이 뚜렷한 캐릭터), 잡지나 신문 사진, 가족사진 등 실제 표정이 드러난 시각 자료

활동 방법

1. 아이에게 표정을 보여주고 질문해봅니다.

"이 표정은 어때 보여?" "기뻐 보여, 속상해 보여?" 아이가 생각할 시간

을 충분히 주고, 자유롭게 감정을 말하게 해주세요.

2. 감정의 이유를 함께 생각해봅니다.

"왜 그렇게 느꼈을까?" "무슨 일이 있어서 저런 표정을 지었을까?"와 같이 아이가 상황을 유추하며 감정의 원인을 연결해보도록 유도합니다.

3. 감정 단어를 함께 정리해요.

"기뻐, 화나, 속상해, 당황했어, 놀랐어" 등 아이가 표현한 감정을 다양한 감정 단어로 바꿔주는 연습을 함께해주세요.

4. 해결 방법을 함께 생각합니다.

"그럴 땐 어떻게 하면 좋을까?"라며, 등장인물이 선택할 수 있었던 행동이나 말을 떠올려보고, 더 좋은 방법이 있었는지 이야기합니다.

• 상황: 패티가 친구들에게 무시당했을 때(「뽀로로」)

엄마: 패티가 친구들에게 새로운 춤을 보여주려 했는데, 친구들이 다른 이야기를 하느라 관심을 보이지 않았어. 여기, 패티 표정이 어때?

아이: 속상한 얼굴 같아요. 눈이 축 처지고 입도 살짝 내려간 거 같아요.

엄마: 왜 그렇게 생각했어?

아이: 친구들이 자기를 봐주길 바랐는데 아무도 안 봐주니까요.

엄마: 맞아. 열심히 준비한 걸 보여주고 싶었는데 친구들이 관심을 안 주면 속상하지. 혹시 패티가 다른 감정을 느낄 수도 있었을까?

아이: 외로웠을 수도 있어요. 친구들이 자기한테 관심이 없는 것처럼 느껴졌을 테니까요.

엄마: 맞아. 관심받고 싶은데 못 받으면 외롭거나 서운할 수 있지. 그럼 패티는 어떻게 하면 좋았을까?

아이: 친구들에게 "내 춤 한번 봐줄래?"라고 직접 말하면 좋았을 거예요.

이야기 속 등장인물의 감정 알아보기

먼저 감정 표현이 분명한 동화책을 선택합니다. 특정 장면에서 등장인물의 표정이나 행동을 가리키며, 아이에게 그 인물이 어떤 감정을 느끼는지 묻습니다. "○○라면 어떤 기분일 것 같아?" "네가 그 인물이라면 어떻게 할까?" 등의 질문으로 대화를 이끌어갑니다. 등장인물의 감정을 이야기한 후, 아이가 비슷한 상황에서 느꼈던 감정을 떠올리게 해보세요. 아이는 자연스럽게 등장인물의 입장을 이해하면서 다른 사람의 감정과 생각에 공감하는 법을 배웁니다.

이렇게 해보세요!

준비물

감정 표현이 풍부한 이야기책들

활동 방법

1. 책을 보면서 인물의 표정이나 행동을 가리키며 질문해봅니다.

"여기서 이 친구는 어떤 기분일까?" "이 표정을 보니까 어떤 감정이 느껴져?"와 같이 그림을 함께 보며 감정 단어를 직접 말해보도록 유도합니다.

2. 인물의 감정에 공감하며 상황을 이해해봅니다.

"○○라면 어떤 기분일 것 같아?" "○○라면 어떻게 행동했을까?"와 같이 아이가 입장을 바꾸어 생각해보는 연습을 하도록 이끕니다.

3. 아이의 경험과 연결해봅니다.

"비슷한 상황, 겪어본 적 있어?" "그때 기분이 어땠어?"처럼 이야기 속 인물의 감정과 자신의 감정을 비교하며 말해보도록 도와줍니다.

4. 감정 표현 연습으로 마무리해보세요. "그 기분을 색깔로 표현하면 어떤 색일까?" "거북이처럼 느꼈던 장면을 그림으로 그려볼까?"와 같이 말하기 외에도 그림, 색, 표정 등으로 감정을 표현해봅니다.

• 이야기: 토끼와 거북이

엄마: ○○야, 우리가 오늘 읽는 건 『토끼와 거북이』 중 토끼가 잠들어 있는 장면이야. 지금 토끼는 어떤 기분일 것 같아?

아이: 좀 느긋한 기분 같아요.

엄마: 맞아. 토끼는 자신이 빠르니까 이길 거라고 생각해서 긴장을 안 했겠지. 그런데 만약 ○○가 거북이였다면, 토끼가 잠들었을 때 어떤 기분이 들었을까?

아이: 조금 신나고 희망이 생겼을 것 같아요.

엄마: 그렇구나. 거북이는 "나도 이길 수 있겠어!" 하고 기운이 났을 거야. 그럼 만약 토끼가 깨어나고 거북이가 먼저 결승선을 통과했을 때라면 토끼는 어떤 기분이었을까?

아이: 깜짝 놀라고 속상했을 것 같아요.

의사소통 능력을 키워주세요

다른 사람과 의사소통을 잘해야 하는 이유를 알려주세요.

"다른 사람과 이야기를 잘하는 건 정말 중요한 일이야. 좋은 대화는 서로 주고받는 거야. 친구가 말할 때 차례를 기다려 듣고 관심을 가지면 친구도 네 이야기를 잘 들어줄 거야. 의견이 다를 때는 내 주장만 하지 말고, '넌 어떻게 생각해?'라고 물어보면 더 좋은 대화가 될 수 있어. 의사소통을 잘하면 친구들과 더 친해지고, 오해나 다툼도 쉽게 해결할 수 있어."

비언어적 의사소통 능력 키우기
경청 연습
다른 사람의 말을 끝까지 듣는 습관을 기르고, 자기 생각을 차례대로 표현하는 연습을 돕기 위해 작은 모래시계를 준비합니다. 처음에는 엄마가 말하기 담당, 아이는 듣기 담당을 합니다. 모래시계가 끝날 때까지(약 1분간 또는 상황에 맞게 시간 조정 가능) 엄마가 이야기를 하고, 아이는 끼어들지 않은 채 조용히 듣도록 합니다. 모래시계가 끝나면 역할을 바꿔 다시 이야기하면서 경청하는 연습을 해봅니다.

이렇게 해보세요!

준비물

모래시계, 타이머(1~3분 정도 흘러가는 작은 모래시계면 충분합
니다, 없으면 스마트폰 타이머)

활동 방법

1. 모래시계를 준비합니다.

모래시계를 아이와 함께 눈에 잘 보이는 곳에 놓아주세요. 책상 위나 바닥 가운데처럼 서로 마주 볼 수 있는 위치가 좋습니다. 모래시계를 뒤집으면서 "이제 네가 이야기할 차례야"라고 말하며 시작을 알립니다. 이때 아이가 시간의 흐름을 직접 눈으로 보면서 집중할 수 있도록 도와주세요.

2. 대화 주제를 정합니다.

아이가 부담 없이 말할 수 있는 주제를 고릅니다. 오늘 있었던 일, 내가 좋아하는 것, 최근에 재미있었던 일 등 일상적인 주제가 좋습니다.

3. 한 명이 이야기하고, 다른 한 명은 경청합니다.

모래시계가 다 떨어질 때까지 한 사람은 이야기하고, 다른 사람은 조용히 듣습니다. 말하는 사람은 중간에 멈추지 않고 최대한 자기 생각을 표현해보고, 듣는 사람은 말을 끊지 않으며 고개 끄덕이기, 눈 마주치기, 표정 짓기처럼 비언어적인 반응을 해봅니다.

4. 역할을 바꿉니다.

시간이 끝나면 이번엔 역할을 바꿔 같은 방식으로 대화해봅니다.

5. 서로 느낀 점을 나눕니다.

대화가 끝난 후, "이야기를 듣는 동안 어떤 기분이 들었어?" "내 이야기를 끝까지 들어줘서 고마워"와 같은 짧은 피드백을 나눠보세요. 서로의 느낌을 공유하면 말하기와 듣기의 소중함을 자연스럽게 배울 수 있습니다.

Tip

처음에는 30초~1분 동안 짧게 하고, 점점 시간을 늘려도 좋습니다.

말수가 적은 아이라면 질문 카드를 활용해 이야기를 유도해도 괜찮습니다.

• 경청 연습: 모래시계를 이용한 듣기 연습

엄마: 이 모래시계는 우리가 대화할 때 사용하는 거야. 모래가 다 떨어질 때까지는 엄마가 말할 거야. 듣는 사람은 끝까지 조용히 기다려야 해. 먼저 시작해볼게.

(엄마가 모래시계를 뒤집고 이야기 시작)

엄마: 오늘 엄마가 공원에 갔는데 예쁜 꽃들이 피어 있었어. 꽃을 보니까 어제 ○○가 그린 꽃 그림이 생각났어. 네가 그린 그림, 정말 예쁘더라.

(모래시계가 다 떨어짐)

엄마: 자, 이제 ○○가 엄마 이야기를 다시 말해볼래?

아이: 엄마가 공원에서 예쁜 꽃을 봤대요. 그리고 제가 그린 꽃 그림이

생각났다고 했어요.

엄마: 이야기를 잘 들어줘서 정말 고마워. 이제 네가 이야기해볼래? 엄마가 열심히 들어줄게.

(이번에는 아이가 모래시계를 뒤집고 이야기 시작)

아이: 오늘 학교에서 체육 시간에 달리기를 했어요. 친구들이랑 같이 달렸는데, 제가 1등을 했어요.

(모래시계가 다 떨어짐)

엄마: 우와! ○○가 체육 시간에 달리기에서 1등을 했구나! 친구들이랑 같이 달려서 재미있었겠다.

시선 교환 연습(눈맞춤 연습)

눈맞춤은 상대방에게 '나는 네 이야기에 집중하고 있어'라는 신호를 주는 중요한 대화 기술입니다. 눈을 보고 이야기하면 친구나 선생님도 '친구가 내 말을 잘 듣고 있구나'라고 느끼고, 진심과 관심이 전달되기 때문에 더 원활한 소통이 가능합니다. 따라서 가정에서 눈을 보고 이야기하는 연습을 하도록 도와주세요. 시선을 피하지 않고 부드럽게 주고받는 방법을 알려줍니다. 엄마가 먼저 보여주고 아이가 따라하도록 해주세요.

이렇게 해보세요!

활동 방법

1. 엄마가 먼저 친절한 표정으로 눈을 바라보며 질문합니다.

"오늘 학교는 어땠어?"라고 물어보고, 아이가 대답할 때 자연스럽게 눈을 바라보며 이야기하도록 이끕니다.

2. 칭찬을 통해 긍정적인 피드백을 주세요.

대화 중 아이가 눈을 보고 이야기하면, "눈을 보고 말하니까 마음이 더 잘 전해지는 것 같아"라며 칭찬해주세요. 처음에는 3~5초 정도만 눈을 보고 이야기하는 연습을 합니다. 익숙해지면 시간을 조금씩 늘려봅니다.

3. 자연스럽게 눈맞춤을 이어가는 연습을 해봅니다.

장난감이나 그림책을 함께 보면서 아이가 자연스럽게 눈을 맞추도록 이끕니다. 또 거울 앞에서 아이가 자기 표정을 보며 자연스럽게 눈을 맞추는 연습을 하는 것도 효과적입니다.

• **눈맞춤이 어렵다면?**

이렇게 해보세요!

1. 부담을 줄여주세요.

눈 대신 얼굴 전체를 봐도 괜찮아요. "눈을 봐"라는 말 대신, "엄마 얼굴 보면서 이야기해볼까?"라고 말해보세요. 처음에는 눈이 아닌 코, 이마, 입 등 얼굴의 편한 부분을 바라보는 것부터 시작해도 괜찮습니다.

2. 아이가 긴장하지 않도록 해주세요.

처음에는 이야기의 시작이나 끝에 1~2초 정도 잠깐만 눈을 마주치는 연습으로 충분합니다. 중요한 건 자연스럽게, 편안하게 연습하는 것입니다. "지금 엄마랑 눈 마주쳤지? 참 잘했어"라며 긍정적으로 반응해주세요.

3. 게임처럼 자연스럽게 연습해봅니다.

"3초 동안 눈을 맞춰볼까?" 또는 '서로 눈을 마주친 채 웃음을 참는 게임'과 같은 것을 제시하면 자연스럽게 시선을 유도할 수 있습니다.

상황에 맞는 목소리 크기 조절하기

목소리 조절 능력은 다른 사람을 배려하는 태도를 기르는 데 중요합니다. 상황에 맞는 목소리를 내면서 사회적 의사소통 능력이 향상되고, 자기감정을 더 잘 표현하게 되므로 목소리 조절로 아이는 더 효과적으로 의사소통을 할 수 있습니다. 예를 들어 도서관이나 병원처럼 조용히 해야 하는 공간에서는 낮은 목소리로 이야기해야 다른 사람들을 방해하지 않습니다. 반면 운동장에서 친구를 부르거나 응원할 때는 큰 목소리로 말해야 자신의 의사를 전달할 수 있습니다. 목소리 크기 연습을 할 때는 눈으로 볼 수 있는 시각 자료(예: 목소리 온도계-볼륨 스케일)를 만들어서 하면 아이들이 더 쉽게 이해할 수 있어요. 꾸준히 연습하면 자연스럽게 목소리 조절 능력을 기를 수 있을 거예요.

이렇게 해보세요!

준비물

목소리 온도계 그림

활동 방법

1. 아이에게 목소리 온도계를 보여줍니다.

각 단계의 목소리가 어떤 상황에서 쓰이는지 설명합니다. "1단계는 귓속 말처럼 아주 조용한 소리야. 5단계는 누군가 멀리 있을 때 부르는 큰 소리이고!"

2. 상황별 목소리를 연습해봅니다.

아이와 함께 상황을 정하고, 그 상황에 어울리는 목소리 크기를 정해봅니다.

"도서관에서 선생님께 조용히 연필을 빌릴 때는 몇 단계 목소리일까?"(2단계) "운동장에 있는 친구를 부를 때는 몇 단계일까?"(5단계) 아이에게 직접 말해보게 하고, 그 크기가 적절했는지 피드백을 줍니다.

3. 역할을 바꿔서 해봅니다.

엄마와 아이가 역할을 바꿔 번갈아 상황을 말해보고, 상대가 몇 단계 목소리를 썼는지 맞혀보는 놀이를 합니다.

"지금 엄마가 몇 단계 목소리로 말했는지 맞혀볼래?"

4. 실제 생활에서 연결해보세요.

일상에서 목소리 온도계를 자연스럽게 연결해봅니다. "지금은 몇 단계 목소리가 좋을까?" "놀이터에서는 괜찮지만, 엘리베이터 안에서는 몇 단

목소리 온도계

계로 말하는 게 좋을까?" 만약 아이가 헷갈려한다면 손가락으로 1~5를 표시하며 시각적으로 도와주세요.

표 1. 상황에 맞는 목소리 크기

단계	크기	상황
1단계	거의 들리지 않을 정도의 소리	도서관, 독서하는 시간
2단계	가까운 사람에게만 들리는 조용한 크기	버스, 지하철, 병원
3단계	조용한 대화 크기	교실에서 친구와 이야기할 때
4단계	일상 대화를 할 때의 크기	놀이터 및 외부에서 친구와 이야기할 때
5단계	멀리 있는 사람에게 들리도록 크게 말하는 소리	운동장에서 응원할 때

• 목소리 온도계를 활용한 크기 조절 연습

엄마: 우리 조용히 말하는 연습을 해볼까? 도서관에서 선생님께 연필을 빌리고 싶을 때처럼 말해보자. 2번 목소리로 해볼까?

아이: (작은 목소리로) 선생님, 연필 좀 빌려주세요.

엄마: 좋아. 조금 더 조용히 속삭여볼래? 선생님이 바로 앞에 계시다고 생각해보자. 이번에는 1번 목소리로 해볼까?

아이: (더 조용한 목소리로) 선생님, 연필 좀 빌려주세요.

엄마: 우와, 정말 잘했어. 우리 역할을 바꿔보자. 내가 아이처럼 말해볼게.

언어적 의사소통 능력 키우기
열린 질문으로 아이의 의사 표현 능력 키우기

아이의 의사 표현 능력을 기르는 데 있어 열린 질문(개방형 질문)

을 활용하면 매우 효과적입니다. 열린 질문은 단순히 "네" 또는 "아니오"로 대답하는 것이 아니라, "뭘 했니?" "어떤 기분이 들었니?" "왜 그렇게 생각했어?"처럼 정답이 정해져 있지 않고, 아이가 자신의 생각을 자유롭게 말하도록 유도하는 것입니다. 열린 질문은 대화가 깊어질 가능성을 높이며, 아이가 자기 경험이나 생각을 설명하도록 돕습니다.

반면 닫힌 질문은 정답이 정해져 있거나, 간단히 "예" 또는 "아니오"로 답할 수 있는 것입니다. 이 질문은 짧고 간단한 답변을 유도하며 대개 특정한 정보를 확인하거나 명확한 답변을 얻는 데 유용합니다.

표 2. 닫힌 질문과 열린 질문의 예

닫힌 질문의 예	열린 질문의 예
오늘 재미있었어?	오늘 친구들이랑 **무슨** 재미있는 일 있었어?
학교에서 누구랑 놀았어?	오늘 친구들이랑 **어떤** 놀이를 했어?
수업 시간에 선생님 말씀 잘 들었어?	수업 시간에 선생님이 **어떤** 이야기를 하셨어? **뭐가** 가장 기억나?
오늘 친구 누구랑 싸웠어?	오늘 친구랑 **무슨** 일이 있었어?
지금 화났어?	지금 **어떤** 기분이야? 화가 났다면, **왜** 그런 것 같아?

이렇게 해보세요!

활동 방법

1. 아이의 말을 끝까지 들어줍니다.

아이의 말을 중간에 끊지 말고, 천천히 기다리며 들어주세요. 아이가 자기 생각을 말할 수 있도록 시간을 갖는 것은 아이를 존중하는 마음을 보여주는 것이며, 스스로 표현하는 힘을 키워주는 좋은 방법입니다.

2. 아이의 말을 있는 그대로 받아주고, 정답을 유도하지 마세요.

"그건 아니지?" "이게 맞지?"처럼 유도하는 질문은 피하고, "네 생각을 더 듣고 싶어"라면서 아이가 자유롭게 생각하고 표현하도록 도와주세요. 열린 질문은 여러 답이 가능하다는 전제를 바탕으로 합니다.

3. 긍정적인 반응을 보여줍니다.

아이가 답하면 "그렇게 생각했구나" "멋진 생각이야" "그럴 수도 있겠네"처럼 아이의 생각과 감정을 있는 그대로 받아들이고 반응해주세요. 존중받는다는 느낌 속에서 아이의 자신감은 자라납니다.

4. 질문으로 확장해주세요.

한 번의 질문에서 멈추기보다 아이의 말을 바탕으로 "왜 그렇게 생각했어?" "다른 방법도 있을까?"와 같은 확장 질문을 던져보세요. 생각이 깊어지고, 대화가 자연스럽게 이어집니다.

5. 일상 속 자연스러운 대화를 시도해봅니다.

꼭 책상 앞에 앉지 않아도 괜찮습니다. 산책 중, 놀이 중, 잠자리에서 등 일상의 흐름 속에서 자연스럽게 대화를 나누는 것이 더 효과적입니다.

열린 질문 대화 예시: 학교에서 있었던 이야기

엄마: 오늘 학교에서 기억에 남는 일 하나만 말해줄 수 있어?

아이: 음…… 미술 시간에 색종이로 꽃을 만들었어.

엄마: 와, 어떤 꽃을 만들었어? 만들면서 기분은 어땠어?

아이: 튤립 만들었어. 재밌었는데 조금 어려웠어.

엄마: 어떤 부분이 제일 어려웠어? 그럴 땐 어떻게 했어?

아이: 접는 선이 잘 안 맞았어. 친구가 도와줘서 다시 해봤어.

엄마: 친구가 도와줬구나. 그때 어떤 기분이 들었어?

아이: 고마웠어. 그래서 나도 그 친구 도와줬어!

요구 사항을 명확하게 표현하기

아이가 자신의 요구를 명확히 표현하도록 돕는 것은 의사소통 능력을 키우는 중요한 과정입니다. 예를 들어 "도와줘"가 아닌 "내 책가방이 무거운데 같이 좀 들어줄 수 있어?"와 같이 정확히 무엇을 원하는지 구체적으로 말하도록 합니다. 특히 완성된 문장으로 요구하기를 연습하면 아이는 다른 사람에게 명확하게 자신의 요구를 전달할 수 있습니다.

이렇게 해보세요!

활동 방법

1. **상황 카드를 만듭니다.**

아이가 자주 겪는 상황을 간단한 문장으로 카드에 적어 한 장씩 뽑아봅니다(카드가 없으면 엄마가 아이에게 상황을 말로 제시해도 좋아요). 카드를 뽑은 후 아이에게 "이럴 때 뭐라고 말하면 좋을까?"라고 질문해보세요.

예: 친구가 내 자리에 앉아 있을 때, 급식 줄을 새치기한 친구가 있을 때 등

2. 말 바꾸기 놀이를 해봅니다.

아이가 자주 사용하는 모호하거나 불완전한 표현을 더 분명하게 바꾸는 연습을 해봅니다. 이때 부모가 먼저 시범을 보이고, 아이가 따라해보는 방식으로 하면 더 효과적입니다.

예: "이거 싫어." → "이건 무서워서 안 하고 싶어요."

"안 해." → "지금은 좀 쉬고 싶어요."

"몰라." → "조금 더 생각해봐야 알 것 같아요."

"하지 마!" → "나는 그렇게 하면 불편해. 멈춰줬으면 좋겠어."

3. 역할극을 해봅니다.

실제 생활에서 아이가 자주 마주치는 상황을 가지고 역할극을 해보는 것도 효과적입니다. 부모와 아이가 번갈아가며 상황 속 인물의 역할을 맡아보세요.

• 상황: 선생님께 화장지를 달라고 요구해야 하는 상황

엄마: 화장실에 갔는데 만약 휴지가 없다면 어떻게 해야 할까?

아이: 선생님한테 말씀드려야 해요.

엄마: 맞아. 그럴 땐 선생님께 정확하게 말해야 도와주실 수 있어. 그럼

뭐라고 말해야 좋을까?

아이: 선생님, 휴지가 없어요.

엄마: 좋아. 그런데 "휴지가 없어요"라고만 말하면 선생님이 뭘 도와줘야 할지 헷갈릴 수 있어. 이렇게 말해보는 건 어때? "선생님, 화장실에 휴지가 없어요. 휴지 좀 주실 수 있어요?"

아이: 선생님, 화장실에 휴지가 없어요. 휴지 좀 주세요.

엄마: 아주 잘했어! 그리고 선생님이 도와주시면 뭐라고 말해야 할까?

아이: 감사합니다!

엄마: 그래, ○○가 이렇게 공손히 말하면 선생님도 기분 좋게 도와주실 거야.

감정을 잘 다루는 능력을 키워주세요

감정을 잘 다스려야 하는 이유를 알려주세요.

"우리는 매일, 기쁨, 슬픔, 화남, 속상함 같은 여러 감정을 느끼지만, 이걸 어떻게 표현하는지가 중요해. 화났을 때 소리 지르거나 물건을 던지면 상대방은 속상해할 거야. 하지만 말로 표현하면 문제를 쉽게 해결할 수 있지. 게임할 때 져서 화가 나도 감정을 잘 다스리는 게 필요하고, 기쁠 때도 과하게 표현하면 다른 친구들이 불편해할 수 있어. 감정을 잘 조절하면 친구들이랑 더 편안하게 지낼 수 있어."

감정 조절의 3단계

감정 조절을 위한 3단계의 첫 번째는 아이가 자신이 느끼는 감정을 파악하도록 돕고, 신체 반응과 함께 감정 이름을 붙이는 연습을 하는 겁니다. 그다음 심호흡, 그림 그리기 등으로 진정하며 감정을 표현할 시간을 주고, 마지막으로 감정의 원인과 대처 방법을 명확히 말하도록 연습시킵니다. 다음 표에서 좀더 구체적으로 살펴볼게요.

표 3. 감정 조절하기 3단계

단계	방법	예시
1단계: **감정 알아차리기**	아이가 현재 느끼는 감정을 질문을 통해 파악하도록 돕습니다. 감정의 신체적 반응을 살피고 이름 붙이는 연습을 합니다. 이때 부모님이 직접 감정을 표현하며 시범을 보입니다.	지금 기분이 어때? 화났을 때 네 몸은 어떻게 느껴져? 슬플 때는 어떤 느낌이 들어? 기쁠 때 몸이 어떻게 달라져?
2단계: **감정 다스리기**	심호흡이나 복식호흡으로 진정하기 연습을 합니다. 나비 자세 등 신체 활동을 통해 감정을 조절합니다. 또한 그림 그리기나 긍정적인 문장을 통해 감정을 표현합니다.	숨을 들이마시고 내쉬어보자. 지금 그림으로 기분을 표현해볼래? 다음엔 괜찮아질 거라고 생각해보자.
3단계: **감정 표현하기**	아이가 자신의 감정을 명확히 말하도록 돕습니다. 감정의 원인과 대처 방법을 말로 설명하게 연습합니다. 간단한 문장으로 자기감정을 전달하도록 지도합니다.	나는 ___ 때문에 속상했어. 나는 ___ 때 기뻤어. 친구가 내 연필을 가져가서 지금 화가 나.

이렇게 3단계 과정을 반복해서 연습하면 아이가 자기감정을 건강하게 표현하고, 스트레스 관리 능력을 키울 수 있습니다.

나의 감정을 온도계로 표현하기

목소리 온도계처럼 감정온도계는 아이가 자기감정을 시각적으로 표현하고, 감정의 강도를 파악하며 조절하도록 돕는 유용한 도구입니다. 먼저 감정을 알아차리기 위해 아이에게 질문합니다. 감정의 강도에 따라 다스리는 방법을 선택합니다. 감정을 다스린 후에는 아이와 차분히 이야기를 나눕니다. "아까 기분이 8이었는데, 지금은 몇 점 같아?"라며 변화된 감정을 확인합니다.

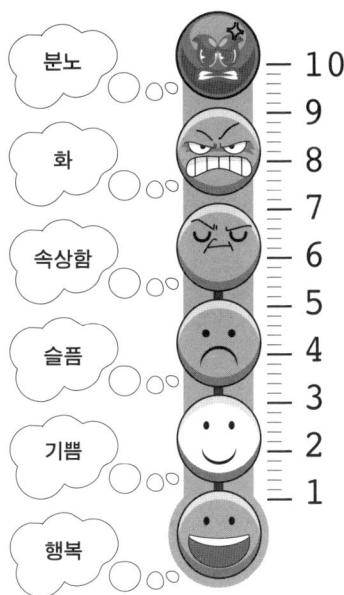

이렇게 해보세요!

준비물

감정 온도계 그림(1~10 숫자와 표정 또는 색깔로 구분된 도표), 색연필 또는 스티커

활동 방법

1. 먼저 감정 알아차리기를 합니다.

엄마가 먼저 아이에게 묻습니다. "지금 기분이 몇 도쯤 되는 것 같아?"라고 질문하고, 감정 온도계(1~10)를 보여주며 숫자나 표정을 선택하게 해보세요.

2. 감정 강도에 따라 조절 방법을 선택합니다.

아이가 "8"이나 "9"처럼 강한 감정을 표현했다면, "지금 마음을 조금 식히기 위해 어떤 걸 해보고 싶어?"라고 묻고 조용히 있기, 심호흡 등 아이가 직접 방법을 고르도록 유도합니다.

3. 감정을 다스립니다.

아이가 선택한 방법으로 3~5분간 진정하도록 도와주세요. 감정이 안정될 때까지 조용히 기다려주세요.

4. 감정을 다스린 후 다시 물어봅니다.

"아까는 8이었는데, 지금은 몇 점 일까?"처럼 아이가 숫자나 표정으로 다시 표시하게 하거나 말로 표현하게 하고 "마음이 좀 편해졌구나" "잘 조절했어"라며 긍정적인 피드백을 주세요.

5. 감정이 충분히 가라앉은 후 감정 변화에 대해 묻습니다.

"무슨 일이 있었는지 이야기해줄래?"처럼 아이가 감정을 말로 풀 수 있도록 도와주세요.

• 상황: 아이가 친구와 다투고 속상해하며 집에 왔을 때

엄마: 지금 기분이 어때? 감정온도계를 보면 몇 점일 것 같아?

아이: 7점이요. 친구가 내 말을 안 들어줘서 속상해요.

엄마: 그랬구나. 속상한 마음이 7점이나 됐구나. ○○가 친구와 잘 이야기하려고 했는데 안 돼서 그런 거네.

아이: 네. 그래서 짜증났어요.

엄마: 기분이 7점이면 꽤 속상했겠다. 이럴 때는 숨을 천천히 들이마시고 내쉬면 조금 나아져. 우리 같이 해볼까?

아이: 네.

엄마: 코로 천천히 숨을 들이마시고, 이제 입으로 천천히 내쉬어봐. 좋아, 한 번 더 해보자. 어때, 조금 괜찮아졌어?

아이: 조금 나아진 것 같아요.

엄마: 이제 기분이 몇 점 정도로 내려갔을까?

아이: 5점이에요. 이제 조금 덜 속상한 것 같아요.

엄마: 정말 잘했어. 심호흡하니까 마음이 좀 진정됐구나. 친구랑 다시 이야기하고 싶다면 어떻게 말하면 좋을지 생각해볼까?

감정 조절 전략

나비 자세

아이들이 화나거나 속상할 때, 감정을 바로 표출하기보다는 나비 자세를 통해 몸을 움직이며 마음을 차분히 하도록 돕는 연습입니다. 나비 자세는 간단한 동작과 호흡으로 감정을 조절하는 데 도움을 줍니다. 자신의 감정을 인식하고, 화를 드러내기 전에 먼저 나비 자세를 통해 아이가 몸을 움직이며 마음을 가라앉히도록 돕습니다.

- **나비 자세 1:**

① 아이가 바닥에 앉아 두 발바닥을 마주 대고 손으로 발을 감싸도록 합니다.
② 천천히 양쪽 무릎을 위아래로 움직이며 나비가 날갯짓하는 모습을 상상하도록 합니다.
③ 나비 자세를 유지하며 심호흡을 합니다.

• 대화 예시:

엄마: 지금 ○○가 많이 화났구나. 우리 나비가 되어볼까? 바닥에 앉아서 두 발바닥을 맞대고, 손으로 발을 살짝 잡아보자. 우리 나비처럼 날갯짓하면서 천천히 마음을 가라앉혀보자.

아이: (나비 자세를 하며) 조금씩 기분이 괜찮아지는 것 같아요.

엄마: 나비가 꽃향기를 맡듯이, 코로 숨을 크게 들이마셔봐. 나비가 바람을 타고 날아가듯이, 입으로 천천히 숨을 내뱉어봐.

• 나비 자세 2:

① 아이에게 두 손을 어깨나 팔 위에 올려 가슴에 교차하도록 합니다.
② 두 팔이 나비의 날개처럼 보이게 합니다.
③ 아이가 오른손과 왼손을 번갈아가며 팔을 리듬감 있게 두드리도록 합니다.
④ 들이마시기: 코로 4초 동안 숨을 들이마십니다.
　내쉬기: 입으로 6초 동안 천천히 숨을 내뱉습니다.
⑤ 아이가 감정을 긍정적으로 전환할 수 있도록 상상을 유도합니다.

• 대화 예시:

엄마: 두 팔을 가슴에 교차해서 ○○이를 안아볼까? 손이 어깨나 팔에 닿도록 해보자.

아이: 진짜 나비 날개 같아!

엄마: 맞아, 이번엔 한쪽씩 번갈아가며 톡톡 두드려보자.

아이: 톡, 톡.

엄마: 잘했어. 이번엔 숨도 천천히 들이마시고 내쉬어보자.

아이: (심호흡) 하아~ 기분이 좀 나아지는 것 같아.

엄마: 그래, 속상한 마음도 바람 타고 날아가듯 사라질 수 있어.

복식호흡법

배를 이용해 깊게 천천히 숨을 쉬는 연습입니다. 아이가 쉽게 따라 할 수 있는 방법을 구체적으로 설명합니다. 익숙해지면 아이가 스스로 복식호흡을 할 수 있도록 칭찬과 격려를 해주세요.

• 방법

① 아이가 등을 대고 누워도 되고, 의자에 등을 기대어 앉아도 좋습니다.
② 손 하나는 배 위에, 다른 손은 가슴 위에 올리게 합니다.
③ 아이가 코로 숨을 들이마시면서 배를 풍선처럼 부풀립니다.
④ 가슴 위 손은 움직이지 않도록 유도하세요.

⑤ 아이가 천천히 입으로 숨을 내뱉습니다.
⑥ 숨을 내쉴 때 배에 올린 손이 다시 내려가는 것을 느끼게 합니다.
⑦ 들이마시기 3초, 멈추기 1초, 내뱉기 4초.

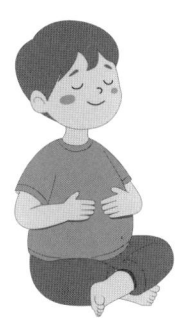

• 대화 예시:

엄마: 오늘은 특별한 숨쉬기인 복식호흡을 해보자. 이건 배로 숨 쉬는 거야.

아이: 배로 숨 쉬어? 어떻게 해?

엄마: 손을 배에 올리고 숨을 들이마셔봐. 배가 어떻게 움직이는지 느껴보자.

(함께 손을 배 위에 올림)

아이: 어, 배가 들어갔다 나왔다 해!

엄마: 맞아. 들이마실 땐 배가 풍선처럼 부풀고, 내쉴 땐 바람 빠지듯 납작해져.

엄마: 같이 해보자. 코로 천천히 숨 들이마시고…… 입으로 천천히 내쉬자.
아이: 진짜 배가 풍선 같아!
엄마: 그렇지. 이렇게 숨을 쉬면 몸과 마음이 훨씬 더 편안해질 거야.

감정 일기 쓰기

간단한 글과 그림으로 재미있게 감정 일기를 쓰면 내 감정을 표현하면서 다스릴 수 있습니다. 먼저 "오늘 내 기분은 어땠나요?"라는 질문으로 시작하고, "왜 그런 기분이 들었나요?"라는 질문에 답하며, 간단히 이유를 적게 합니다. 아이가 글로 표현하기 어려워한다면 기분을 그림으로 그리게 하고, 마지막으로 경험을 통해 느낀 점을 간단히 적어보도록 할 수 있어요.

이렇게 해보세요!

활동 방법

• **오늘의 감정 일기**

오늘 나는 이런 기분이었어요.

(예: 기뻤어요, 속상했어요, 신났어요 등)

☞ _____

왜 그런 기분이 들었나요?

☞ _____

내 기분을 그림으로 표현해요.

(여기에 그림을 그려보세요)

내 기분은 어떤 색깔일까요?

색깔 이름: _____

(예: 파란색, 노란색, 주황색 등)

오늘 느낀 점이나 배운 점이 있다면?

☞ _____

　 _____

• **상황: 학교에서 있었던 일로 감정 일기 쓰기**

엄마: 오늘 학교에서 어떤 기분이 들었어? 감정 일기에 적어볼까?

아이: 행복했어요.

엄마: 무슨 일이 있었는데?

아이: 친구랑 공놀이해서 재미있었어요.

엄마: 그 기분을 그림으로도 그려볼래?

아이: 웃는 얼굴이랑 공놀이하는 모습이요.

엄마: 잘 그렸네! 그 기분을 색으로 표현하면?

아이: 노란색! 따뜻하고 밝아서요.

엄마: 친구랑 놀면서 배운 것도 있었을까?

아이: 차례를 지키니까 더 재미있었어요.

엄마: 맞아, 오늘 감정 일기 정말 잘 썼어!

함께하는 힘을 키워주세요

힘을 합쳐야 하는 이유를 알려주세요.

"힘을 합쳐서 하는 일은 혼자 하는 것보다 쉽고 재미있어! 친구와 협력하면 더 빠르고 효과적으로 해결할 수 있거든. 예를 들어 블록 집을 만들 때 한 명이 벽을 쌓고, 다른 한 명은 지붕을 만들면 더 빨리 완성할 수 있지. 하지만 협력하려면 차례를 지키고, 규칙을 따르는 게 중요해. 만약 차례를 기다리지 않는다면 친구가 속상해할 수도 있어. 반대로 서로 배려하며 차례를 지키면, 기분도 좋아지고 더 즐겁게 함께할 수 있어."

보드게임으로 함께하는 힘 키우기

보드게임은 함께하는 힘을 배울 좋은 기회입니다. 협력은 단순히 같이 하는 것이 아니라, 서로 돕고 의견을 나누며 함께 목표를 이루기 위해 노력하는 과정입니다. 보드게임을 통해 아이는 규칙을 지키는 습관, 차례를 기다리는 인내심, 팀원과 협력하는 태도를 자연스럽게 익힐 수 있습니다. 즉 "우리 차례를 잘 지켜볼까?" "어떻게 하면 친구들과 더 재미있게 할 수 있을까?"와 같은 질문을 던지면서, 자연스럽게 협력하는 태도를 배우도록 도와주세요.

표 4. 가정에서 할 수 있는 보드게임

할리갈리	과일 개수를 빠르게 세어 벨을 눌러야 하는 게임
우노	숫자와 색깔을 맞추며 카드 전략을 사용하는 게임
카후나	섬을 차지하기 위해 전략적으로 길을 놓는 게임
체스&체커	기본적인 전략적 사고를 기를 수 있는 고전 게임
캐터필러 레이스	자신의 애벌레를 끝까지 이동시키는 게임

픽처카	제시된 카드를 보고 그림을 맞추는 창의적 게임
다빈치 코드	숫자 조합을 통해 논리적으로 상대의 숫자를 추리하는 게임
코드 마스터	프로그래밍 개념을 배울 수 있는 논리적인 게임
라비린스 주니어	미로를 탈출하며 길을 찾아가는 게임
루핑 루이	빠르게 반응하며 루이의 공격을 피하는 게임
티켓 투 라이드: 퍼스트 저니	기차 노선을 연결하며 전략적으로 플레이하는 게임
도블Dobble, Spot it!	카드에서 같은 그림을 찾으며 빠른 관찰력을 기르는 게임
젠가	균형을 잡으며 신중하게 블록을 빼야 하는 게임
블로커스	블록을 전략적으로 배치하며 공간을 확보하는 게임
팬데믹 주니어	감염을 막기 위해 협력하며 해결하는 게임
스토리 큐브	주어진 그림을 보고 창의적으로 이야기를 만드는 협력 게임
고스트 파이트 트레저 헌터	유령을 피해 보물을 모아 탈출하는 협력 게임
한밤의 늑대 인간	마피아 게임과 비슷한 역할을 수행하며 협력하는 게임
플래시 포인트: 파이어 레스큐	화재를 진압하고 사람들을 구조하는 협력 게임
펭귄 얼음 깨기	얼음을 깨면서 균형을 유지해야 하는 전략과 집중력 게임

• 보드게임 진행 방법

#1. 시작 전, 규칙을 이해시키고 중요성 설명하기

게임을 시작하기 전에 규칙을 명확히 설명하고, 그 중요성을 강조합니다. 규칙을 어기면 게임의 흐름이 방해받을 수 있다는 것을 알려줍니다.

예시: 이 게임은 우리가 서로 도우면서 목표를 이루는 거야. 규칙을 지켜야 모두가 공평하게 재미있게 놀 수 있어. 모두가 재미있게 게임하려면 어떻게 해야 할까?

#2. 협력하며 게임하기

게임 중에는 아이가 다른 가족 구성원과 상의해 결정을 내리도록 유도합니다. 팀을 위해 양보하거나 협력해야 할 상황에서는 아이를 격려하고 칭찬해줍니다.

예시: 우리가 규칙대로 하지 않으면 이 게임에서 이기기가 더 어려워질 거야. 다시 해볼까? 우리 팀이 이기려면 서로 도와야 해. 어떤 방법으로 함께할 수 있을까? 협력하면서 해낼 수 있었어. 정말 멋졌어.

#3. 게임 후 대화하기

게임이 끝난 뒤에는 협력의 중요성에 대해 아이와 이야기하며 되돌아보는 시간을 갖습니다.

예시: 우리가 서로 도와서 목표를 달성했을 때 기분이 어땠어? 규칙을 어겼을 때 네 기분은 어땠어? 다른 사람들은 어떻게 느꼈을까?

#4. 게임에서 졌을 때의 대처법

게임에서 졌을 때는 긍정적인 태도를 갖도록 격려합니다.

예시: 비록 졌지만, 우리가 함께해서 정말 재미있었어.

#5. 게임에서 이겼을 때의 대처법

게임에서 이겼을 때는 겸손한 태도를 가지며 상대방을 존중하도록 설명해주세요.

예시: 우리가 이겨서 기분 좋지만, 너무 자랑하면 상대방이 속상할 수도 있어. 다음엔 더 잘하도록 응원해줄까?

함께하는 스포츠 활동

특히 초등 저학년 아이들은 스포츠 활동을 통해 팀워크, 양보, 배려, 규칙 준수 등의 태도를 배울 수 있습니다. 아래는 초등학교 저학년이 쉽게 참여할 수 있는 협력 중심의 스포츠 활동이에요.

공 패스 게임

- **활동 방법**:

#1. 두 명 이상이 둥글게 서서 공을 주고받습니다.

#2. 공을 떨어뜨리지 않고 일정 횟수 이상 패스하면 성공입니다.

#3. 처음에는 짧은 거리에서 시작하고 점점 거리를 늘려 난도를 조절할 수 있습니다.

- **협력 포인트**

#1. 상대방이 받을 수 있도록 정확하게 패스해야 합니다.

#2. 차례를 기다리며 서로 배려하는 연습을 할 수 있습니다.

#3. 팀원과 소통하면서 속도를 맞추고 리듬을 조절하는 법을 배웁니다.

- **응용 방법**

#1. 손이 아닌 발로 패스하는 방식으로 진행할 수 있습니다.

#2. 공 대신 풍선을 사용해 진행하면 더 재미있게 참여할 수 있습니다.

#3. 눈을 감고 소리로 신호를 주면서 패스하는 방식도 활용할 수 있습니다.

풍선 배구

- **활동 방법**

#1. 풍선을 땅에 떨어뜨리지 않고 손으로 쳐서 넘기며 점수를 얻습니다.

#2. 두 명 이상이 팀을 이루어 제한된 횟수 안에 공을 넘깁니다.

#3. 먼저 정해진 점수를 획득한 팀이 승리합니다.

- **협력 포인트**

#1. 상대방이 받을 수 있도록 공을 잘 조절해야 합니다.

#2. 팀원과 함께 작전을 세우고 빠르게 판단하며 움직이는 연습을 할 수 있습니다.

#3. 속도를 맞추며 리듬을 유지하는 협력 능력을 기를 수 있습니다.

• **응용 방법**

#1. 한 손만 사용해 경기 진행을 할 수 있습니다.

#2. 발로만 풍선을 차서 넘길 수 있습니다.

#3. 점프해서 풍선을 넘겨야 하는 규칙을 추가할 수 있습니다.

집안일 함께하기

집안일을 함께하는 것은 아이가 협력의 중요성을 배우고, 책임감을 키우는 좋은 방법입니다. 부모와 함께 집안일을 하면 아이는 역할을 나누고, 팀워크를 경험하며, 함께하는 즐거움을 느낄 수 있습니다. 또한 스스로 집안일을 해내면서 자신감을 키우고, 가족의 일원으로서 기여하는 법을 배울 수 있습니다. 예를 들어 장난감 정리, 신발 정리, 식탁 차리기 등 간단한 집안일을 놀이처럼 진행합니다. 일상에서 자연스럽게 익힐 수 있는 활동들을 활용하면 더 효과적이고, 아이는 가족 안에서 책임감과 협력의 의의를 배울 수 있어요.

빨래 개기와 정리하기

• **활동 방법:**

#1. 세탁기가 다 돌아간 후 부모와 함께 옷을 꺼내 개는 활동을 한다.

#2. 양말을 짝 맞추기 놀이처럼 즐겁게 진행할 수 있다.

#3. 접은 옷을 가족별로 정리해 제자리에 가져다놓는다.

- **협력 포인트**

#1. 각자의 옷을 직접 개고 정리하면서 자기 물건을 관리하는 법을 배운다.

#2. 가족이 함께하면 더 빨리 끝나며, 팀워크의 중요성을 경험한다.

#3. 재미있는 놀이처럼 진행하면 집안일이 더 즐겁게 느껴진다.

쓰레기 분리수거 하기

- **활동 방법**

#1. 재활용품과 일반 쓰레기의 구분법을 가르친다.

#2. 아이가 직접 분리수거함에 맞게 쓰레기를 정리하도록 한다.

#3. 특정 요일마다 가족이 함께 쓰레기 버리는 활동을 한다.

- **협력 포인트**

#1. 환경 보호의 중요성을 배우고 실천할 수 있다.

#2. 정리 정돈을 통해 깔끔한 생활 습관을 익힐 수 있다.

#3. 가족과 함께 작은 행동으로도 큰 변화를 만들 수 있음을 배운다.

갈등 해결 능력을 키워주세요

친구들과 생긴 갈등을 잘 해결해야 하는 이유를 알려주세요.

"친구들과 지내다보면 생각이 다르거나 다툴 때가 있을 거야. 그건 당연히 생길 수 있는 일이야. 나쁜 게 아니야. 그런데 그런 일이 생기면 친구와 잘 해결하는 게 정말 중요해. 예를 들어 장난감을 가지고 놀고 싶어서 친구랑 싸우게 됐다고 해보자. 그때 '내가 먼저 쓸래!'라고 고집하기보다는, '우리 번갈아가면서 쓰자'라고 말해보는 거야. 그렇게 하면 너도, 친구도 기분 좋게 놀 수 있겠지? 또 다투게 됐을 때는 서로의 이야기를 잘 들어주는 것도 중요해. 친구의 생각을 이해하려 노력하고, 함께 좋은 방법을 찾으면 훨씬 더 쉽게 화해할 수 있어."

동화책이나 영상으로 갈등 해결하는 법 연습하기

아이가 자연스럽게 갈등을 해결하는 방법을 익히도록 돕는 데 재미있는 동화책이나 영화를 활용할 수 있습니다. 아이가 좋아하는 이야기일수록 집중도가 높아지고 공감하기 쉬워지기 때문이죠. 예를 들어 「겨울왕국」(엘사와 안나의 갈등과 화해), 「토이스토리」(우디와 버즈의 경쟁과 우정), 「미운 아기 오리」(편견과 받아들임) 등 갈등과 화해가 담긴 작품을 선택하는 게 좋습니다.

이렇게 해보세요!

활동 방법

1. 아이와 경험을 이야기합니다.

아이가 친구와 다퉜던 일이나 속상했던 일을 이야기하면, "어떤 일이 있었는지 차근차근 말해줄래?"라며 경청의 자세로 들어주세요.

2. 비슷한 동화책 이야기를 꺼내주세요.

"이런 일, 전에 봤던 이야기에서도 있지 않았을까?" "「겨울왕국」에서 엘사랑 안나도 싸웠잖아?" "그 이야기에서 캐릭터들은 어떻게 해결했지?" 하고 이야기 속 갈등 해결 장면을 떠올리게 합니다.

3. 이야기와 비교하며 감정을 나누어봅니다.

"그때 어떤 마음이었어?" "엘사처럼 너도 속상하고 마음이 복잡했겠구나"처럼 이야기 속 감정과 내 감정을 연결해보게 합니다.

4. 해결 방법을 함께 떠올려봅니다.

"엘사랑 안나가 나중에 어떻게 했는지 기억나?" "다음에 그런 상황에서 비슷한 방법을 써볼 수 있을까?"처럼 이야기 속 해결 전략을 자신의 경험에 적용해보는 연습을 통해 간접적 모델링이 이루어져 아이의 공감과 자기 통찰력을 높이도록 도와줍니다.

• **영화:「겨울왕국」**

엄마: ○○야, 오늘 축구 재미있었어?

아이: 음…… 사실 친구랑 싸웠어.

엄마: 그래? 무슨 일이 있었는데?

아이: 내가 골을 넣으려고 했는데, 친구가 자꾸 공을 뺏었어. 그래서 화나서 소리쳤어. 그랬더니 친구도 화내고, 결국 같이 안 놀았어.

엄마: 그랬구나. 친구랑 축구를 재미있게 하고 싶었는데 싸우게 돼서 속상했겠다.

아이: 응…… 그냥 골 넣고 싶었는데 친구도 자꾸 자기만 하려고 해서 화났어.

엄마: 엄마가 좋아하는 「겨울왕국」 이야기 기억나? 엘사랑 안나도 갈등이 있었잖아.

아이: 응! 엘사가 문을 닫아버려서 안나가 속상했어.

엄마: 맞아. 그런데 안나가 포기하지 않고 엘사를 이해하려고 노력했지. 결국 둘이 마음을 열고 힘을 합쳤잖아.

아이: 맞아! 그래서 행복하게 지낼 수 있었어.

엄마: 축구할 때도 비슷해. 친구랑 같이 하는 경기잖아. 만약 친구랑 계속 공을 뺏으면서 싸우면 축구가 재미없어질 거야. 하지만 서로 패스하면서 같이 하면 더 즐겁겠지?

아이: 맞아. 친구랑 같이 하면 골도 더 많이 넣을 수 있어!

엄마: 그렇지! 친구한테 "다음에는 서로 패스하면서 같이 해보자"라고 이야기하는 건 어때?

아이: 좋아! 내일 친구한테 말해볼래. 같이 하면 더 재미있을 것 같아!

역할극으로 갈등 해결하는 법 연습하기

아이가 일상에서 겪을 수 있는 갈등 상황을 역할극으로 연습하면, 실제 상황에서도 침착하게 대처하는 능력을 키울 수 있어요.

부모와 아이가 각각 역할을 맡아 연습하면서 다양한 해결 방법을 찾아보는 것이 중요합니다.

이렇게 해보세요!

활동 방법

1. 갈등 상황을 정해요.

아이가 겪었던 실제 갈등 상황이나 흔히 일어날 수 있는 상황을 함께 떠올립니다.

2. 역할을 나눠요.

엄마와 아이가 각각 역할을 나눕니다. 엄마는 친구 역할, 아이는 본인 역할을 하고 인형이나 캐릭터를 사용해도 좋아요.

3. 상황을 짧게 연기해요.

실제처럼 짧게 대화를 주고받으며 상황을 연기해봅니다. 이때 아이가 감정을 말로 표현하고, 갈등을 풀 수 있는 말을 직접 연습하도록 유도합니다.

4. 해결 방법을 다양하게 시도해봅니다.

"이럴 땐 이렇게도 말해볼 수 있을까?" "이번엔 엄마가 다르게 해볼게. 너도 다시 해볼래?"와 같이 같은 상황을 여러 해결 방식으로 반복 연습하는 것이 중요합니다.

5. 역할을 바꿔보세요.

아이가 친구 역할, 엄마가 아이 역할을 해보며 입장 바꾸기 연습을 합니다. 공감 능력을 키우고, 상대방의 마음을 이해하는 데 도움이 됩니다.

• 상황: 친구가 내 물건을 허락 없이 사용했을 때

엄마(친구 역할): (지우개를 쓰며) 어, 이거 지우기 진짜 잘 되네! 내 지우개보다 훨씬 좋아.

아이: (지우개를 보고) 어? 그거 내 지우개야.

엄마: (손에 든 지우개를 보며) 아, 그래? 미안, 책상 위에 있어서 내가 써도 되는 줄 알았어.

아이: 다음엔 내 물건을 쓰기 전에 나한테 물어봐줘. 내 물건을 갑자기 쓰면 기분이 좀 나빠.

엄마: 아, 미안해! 나는 그냥 빌려 쓰는 거니까 괜찮을 줄 알았어. 기분 나쁘게 하려던 건 아니야.

아이: 응, 나도 네가 일부러 그런 게 아니라는 건 알아. 그런데 내 물건을 허락 없이 쓰면 좀 당황스러워. 다음부터는 꼭 물어보고 써줘!

엄마: 알겠어! 다음엔 꼭 물어볼게.

아이: 괜찮아. 혹시 내 지우개 필요하면 말해. 우리 서로 빌려주면서 같이 쓰자!

엄마: 오, 고마워! 나도 네가 필요하면 내 거 빌려줄게.

4.
사회성만큼 중요한 아이의 자조 기술

수정(초2, 여)이는 유치원 때부터 코를 파는 습관이 있었습니다. 유치원에서는 이 행동을 크게 신경 쓰지 않았지만, 학교에 입학한 후에는 친구들이 그걸 보고 웃거나 흉내 내면서 놀리기 시작했습니다. "우와, 또 코 파고 있어"라며 장난스럽게 말하거나, "너 손에 뭐 묻은 거 아니야?"라면서 놀리는 친구들도 있었습니다. 심지어 "수정이는 코딱지를 먹는 거 아니야?"라고 말하기도 했습니다. 처음에는 이게 문제인 줄 몰랐던 아이도 점점 친구들이 자신을 이상하게 바라본다는 걸 깨닫고 창피해졌습니다. 이후 아이는 손을 입으로 가져가거나 코를 만질 때마다 친구들의 시선을 신경 쓰기 시작했습니다.

영우(초1, 남)는 유치원 때처럼 화장실에서 소변볼 때 엉덩이까지 바지 내리는 습관을 그대로 유지했습니다. 유치원에서는 친구들이 비슷한 행동을 하거나 별로 신경 쓰지 않았기 때문에 자연스럽게 받아들여졌지만, 초등학교 화장실에서는 달랐습니다. 화장실에 들어온 친구들이 영우를 보고 깜짝 놀라거나 웃으며 장난스럽게 말하기 시작했습니다. "우와! 너 왜 바지를 다 내려?"라며 놀리는 친구도 있고, "애기처럼 소변 본다!"라고 말하는 친구도 있었습니다. 어떤 친구들은 이걸 흉내 내며 웃기도 했고, 어떤 친구들은 소문을 내며 "얘들아, 저기 봐! 바지 다 내리고 있어"라고 말하기도 했습니다. 아이는 처음에는 뭐가 문제인지 몰랐지만, 점점 친구들이 이상한 눈으로 자신을 바라보고 있다는 걸 깨닫고 당황하고 부끄러운 기분이 들었습니다.

초등학교에 입학한 아이들은 유치원과 다른 환경에서 새로운 규칙과 사회적 행동을 배워야 합니다. 하지만 가끔은 유치원에서 하던 행동을 그대로 하면서 친구들에게 놀림을 받을 수도 있습니다. 이런 일은 아이가 사회성을 기르고 새로운 환경에 적응하면서 자연스럽게 발생할 수 있습니다.

자조는 아이가 자신의 기본적인 생활을 관리하고 독립심을 키우는 데 중요한 역할을 합니다. 단순히 혼자서 무언가를 해내는 것이 아니라, 자기 일상을 책임지고 돌보는 힘을 길러주는 과정입니다. 이를 통해 아이는 문제 해결 능력을 키우고, 자립심과 자신감을 높일 수 있습니다. 그러나 기본적인 자조 능력이 부족하다면 다른 친구들과 차이를 느끼고 놀림받거나 자신감을 잃을 수 있습니다. 예를 들어 화장실을 사용할 때 유치원에서 하던 습관을 그대로 유지하거나, 위생 습관이 부족하면 친구들의 반응이 달라질 수 있습니다. 이를 통해 아이는 사회적 행동의 중요성을 배우고, 스스로 개선하려는 노력을 기울일 수 있습니다.

화장실 사용법은 중요한 자조 능력 중 하나입니다. 한 아이가 입학 후 유치원에서 하던 것과 같이 습관적으로 학교 화장실을 사용하던 중 바지를 엉덩이까지 내려 친구들이 놀렸다는 이야기를 들은 적이 있습니다. 이후 부모님은 가정에서 바지를 앞섶까지만 내리고 용변 보는 연습을 꾸준히 시켰고, 아이는 점차 올바른 방법을 익히며 자신감을 되찾을 수 있었습니다. 또 다른 아이는 화장실에 휴지가 없을 때 선생님께 말하지 못하고 참다가 실수한 경험이 있었습니다. 이 아이의 부모님은 가정에서 '휴지가 없으면 선생님께 어떻게 요청해야 할까?'라며 상황에 임하는 법을 함께 연습하고, 가방에 여분의 휴지를 준비해주는 방법으로 대처 능력을 키웠습니다. 덕분에 아이는 비슷한 상황에서 스스로 해결할 수 있는 자신감을 갖게 되었습니다. 남자아이는 바지를 앞섶까지만 내리고 용변을 보는 방법, 여자아이는 치마가 속옷에 끼지 않도록 정리하는 방법을 알려주는 것이 필요합니다. 또한 대변 후 깨끗이 닦는 방법, 물티슈 사용법, 휴지가 없을 때 도움을 요청하는 방법, 대안을 찾는 방법도 미리 가르쳐야 합니다.

식사는 단순히 음식을 먹는 것뿐만 아니라, 스스로 먹고 정리하는 과정을 통해 자립심을 키우는 기회가 됩니다. 또한 자기 관리 능력을 기르고 사회성을 배우는 과정이 됩니다. 식사할 때 음식물을 흘리지 않고 먹는 습관을 들이면, 아이는 자연스럽게 질서를 지키고 타인을 배려하는 태도를 익히게 됩니다. 특히 학교 급식 시간에는 부모님의 도움 없이 혼자 식사를 해결해야 하므로, 젓가락과 숟가락을 바르게 사용하고, 음식물을 흘리지 않도록 주의하는 습관이 길들여져야 합니다. 만약 올바른 식사 습관이 형성되지 않으면, 아이는 급식 시간마다 어려움을 겪으며 식사에 대한 자신감을 잃을 수도 있습니다. 실제로 젓가락질을 제대로 못 해 힘들어하던 아이가 가정에서 반복해서 연습한 끝에 점차 익숙해지고 자신감을 갖게 된 사례에서도 알 수 있듯이, 부모님의 작은 관심과 연습 기회가 아이의 성장에 큰 도움이 됩니다. 따라서 초등학교 1학년 때부터 식사 습관을 바로잡는 것은 중요합니다. 가정에서도 아이가 식사 시간을 긍정적인 경험으로 받아들이고, 스스로 먹고 정리하는 연습을 하도록 격려해주는 것이 필요합니다.

소근육 기술은 일상생활과 학습에 필요한 기본 능력을 키우는 데 매우 중요합니다. 예를 들어 연필을 바르게 잡고 깎는 법, 신발을 신고 벗는 것, 우유팩을 뜯는 것, 신발 끈을 매는 것, 우산을 펴고 접는 것, 줄넘기, 오리기, 풀 붙이기, 색칠하기 등이 모두 운동 기술의 일부입니다. 이러한 기술은 손끝의 힘과 조절 능력, 신체의 협응력을 키워줘 아이가 더 독립적으로 생활하도록 돕습니다. 입학 전 가정에서 간단한 연습을 통해 이런 기술을 익힐 수 있습니다. 예를 들어 아이가 스스로 우유팩을 뜯어보게 하고, 처음에는 부모가 시작 부분을 살짝 잡아주어 끝까지 뜯도록 격려해주세요. 또한 물병이나 음료수 뚜껑을 열고 닫아보게 하면서 손목의 힘을 기를 수 있습니다. 작은 병부터 시작해 점차 어려운 뚜껑까지 도전하면 손끝과 손목의 근육이 자연스럽게 발달합니다. 우산을 펼 때는 손가락과 손목의 움직임을 설명해주고, 작은 어린이용 우산으로 연습하면 더 쉽습니다. 겉옷이나 실내화를 스스로 벗고 가지런히 정리하는 습관, 신발 끈을 묶는 방법, 신발의 오른쪽과 왼쪽을 구별해 신는 방법, 옷을 단정히 입고 거울을 보며 머리와 옷차림을 스스로 정돈하는 방법까지 하나하나 알려주어야 합니다.

위생 생활 습관은 아이의 건강을 지키고, 독립적인 생활을 돕는 중요한 기본기입니다. 특히 초등학교 입학 전부터 청결을 유지하는 습관을 익히면, 학교생활에서도 스스로 위생을 관리할 수 있습니다. 예를 들어 손 씻기, 양치질, 기침이나 재채기할 때 입을 가리는 것과 같은 기본적인 습관을 익히는 것은 개인 위생뿐만 아니라 타인에 대한 배려이기도 하지요. 위생 습관이 부족하면 친구들 사이에서 놀림받거나 불편한 시선을 받을 수 있습니다. 예를 들어 한 아이는 음식물을 입가나 소매 끝에 묻히곤 해 친구들이 "더럽다"고 놀리는 일이 있었는데요. 부모는 아이에게 휴지로 입가를 닦는 법, 옷에 닦지 않고 휴지에 닦는 법 등을 가정에서 연습시켰습니다. 또 한 아이는 급식 시간에 식판째 국을 마시는 습관이 있어 친구들에게 놀림받아 부모는 집에서 아이와 함께 숟가락으로 국을 떠먹는 연습을 따로 했습니다. 또 다른 아이는 습관적으로 코를 파는 행동을 해 친구들로부터 꺼림칙한 시선을 받기도 했는데요. 이후 가정에서 '하지 말아야 할 행동'에 대해 대화하며, 코가 간지럽거나 불편할 때는 어떻게 대처해야 하는지 알려주었습니다. 그 후 아이는 코를 파지 않고, 필요하면 휴지와 세면대를 이용하는 법을 실천하기 시작했습니다. 또한 학교에서 우유를 쏟았을 때는 당황하지 않고 침착하게 행동하는 것이 중요합니다. 먼저 쏟아진 우유를 보고 "우유가 쏟아졌네"라고 상황을 인식한 후, 가까운 친구나 선생님께 조용히 "선생님, 우유를 쏟았어요. 치울 수 있도록 휴지나 걸레를 가져올게요"라고 도움을 청하도록 알려주세요. 그런 다음 휴지나 걸레로 쏟아진 부분을 깨끗이 닦으며, 혹시 바닥이 미끄러울 수 있으니 주변 친구들에게 "여기 미끄러우니까 조심해"라고 알려주는 것도 중요합니다. 올바른 위생 생활 습관은 단순히 청결을 유지하는 것을 넘어, 아이가 깨끗하고 올바른 태도로 생활하며 사회적 관계에서도 긍정적인 인상을 주는 데 큰 도움이 됩니다. 부모님의 꾸준한 관심과 실천이 아이의 위생 습관 형성에 중요한 역할을 합니다.

자기 관리는 아이가 스스로 주변 환경을 정리하고 책임감을 키우는 데 중요한 역할을 합니다. 특히 학교에서는 비슷한 물건이 많아 개인 물건을 스스로 관리하는 습관이 필요합니다. 일단 아이가 입학하면 학용품과 물건에 네임태그를 붙여주는 일부터 시작할 텐데요. 예를 들어 한 아이는 친구의 옷과 자신의 옷을 헷갈려 해 계속 친구 옷을 입고 와서 부모가 선생님의 전화를 자주 받았습니다. 이후 부모는 옷에도 네임태그를 붙이고, 입기 전에 이름을 확인하는 연습을 시켰습니다. 시간이 지나면서 아이는 스스로 자신의 물건을 점검하는 능력을 갖게 되었고, 더 이상 친구 옷을 입고 오지 않게 되었습니다. 또한 개인 서랍장을 정리하는 습관도 매우 중요합니다. 한 아이는 서랍이 항상 어수선해 필요한 연필이나 공책을 찾지 못해 수업 중에 곤란을 겪었습니다. 부모는 아이와 함께 서랍 정리 놀이를 하며 연필, 지우개, 공책 등을 제자리에 두는 방법을 가르쳤습니다. 이 과정을 통해 아이는 스스로 정리하는 습관을 길렀고, 필요한 물건을 제때 찾을 수 있게 되었습니다. 자기 관리는 아이가 생활을 체계적으로 관리하고, 독립심을 키우는 중요한 과정입니다. 이런 습관은 학년이 올라갈수록 더 중요해지므로, 어릴 때부터 꾸준히 연습하는 것이 필요합니다.

규칙적인 생활은 일정한 시간과 습관을 지키며 아이가 안정적인 하루를 시작하도록 돕습니다. 특히 초등학교에 입학한 후 제시간에 등교하고 지각하지 않는 것이 매우 중요한데요. 왜냐하면 학교는 정해진 시간에 수업을 하기 때문에 아이가 늦지 않고 도착해야 하루를 안정감 있게 시작할 수 있습니다. 지각이 반복된다면, 아이는 아침마다 허둥대거나 수업 준비가 덜 된 상태로 교실에 들어가야 하고, 이는 학습 집중도와 자신감에 부정적인 영향을 미칠 수 있습니다. 예를 들어 한 아이는 초등학교에 입학한 후 아침에 일어나는 것을 힘들어해 매번 등교 준비가 늦어졌습니다. 결국 몇 번의 지각을 하자, 친구들 사이에서 "늦잠 자는 아이"로 놀림당해 속상해했습니다. 이를 계기로 부모는 전날 저녁에 가방과 옷을 미리 준비하고, 아침 알람을 10분 일찍 맞추는 등 규칙적인 생활 습관을 갖도록 노력했습니다. 아이는 점차 아침에 여유롭게 준비하는 법을 익혔고, 제시간에 학교에 도착해 친구들과 함께 수업 준비를 할 수 있었습니다. 규칙적인 생활 습관은 아이가 스스로 생활을 계획하고 책임감을 기르는 과정이기도 합니다. 아침에 여유롭게 준비하는 습관이 자리 잡히면 더 안정적인 마음가짐으로 학교생활을 시작할 수 있으며, 학습 태도도 자연스럽게 올바로 형성됩니다. 따라서 가정에서도 부모가 아이와 함께 아침과 저녁의 생활 루틴을 정하고 꾸준히 실천하도록 돕는 것이 중요합니다.

학습 기술은 아이가 학교생활에 원활히 적응하고 학습에 참여하기 위해 꼭 필요한 기초 능력입니다. 특히 착석 습관, 숫자 및 글자 인식, 알림장 쓰기 연습 등은 초등학교 1학년이 반드시 익혀야 할 중요한 기술입니다. 먼저 착석 습관은 수업에 집중하고 효과적으로 학습하기 위한 필수 요소입니다. 1학년 아이들이 처음부터 40분 동안 자리에 앉아 집중하는 것은 쉽지 않지만, 꾸준한 연습을 통해 익힐 수 있습니다. 가정에서는 5~10분간 색칠하기, 퍼즐 맞추기 등의 간단한 활동으로 착석 연습을 시작한 후, 점차 시간을 늘려가는 방법이 효과적입니다. 또한 식사 시간에도 가족과 속도를 맞추는 연습을 하면, 학교 급식 시간에도 자연스럽게 적응할 수 있습니다.

다음으로 숫자와 글자 인식은 수업에 적극적으로 참여하기 위한 필수 능력입니다. 예를 들어 선생님이 "몇 페이지를 펴세요"라고 말씀하셨을 때, 숫자를 알아야 교과서에서 해당 페이지를 찾을 수 있습니다. 이를 위해 가정에서 숫자 카드 놀이, 간단한 숫자 읽기 게임 등을 활용해 연습하면 좋습니다. 또한 1학년은 1에서 50까지의 숫자를 읽고, 간단한 글을 읽으며, 자신의 이름과 받침이 없는 글자를 보지 않고 쓸 수 있어야 합니다. 나아가 4~5월 학기 초 공개수업에서의 자기소개 및 짧은 글 읽기 활동을 위해 기본적인 읽기 능력을 길러야 합니다. 가정에서 부모님과 함께 짧은 글을 읽고 말하는 연습을 하면 아이가 발표해야 할 때 자신감을 가질 수 있습니다. 마지막으로, 알림장 쓰기는 2학기부터 본격적으로 시작되지만, 초기부터 간단한 문장 쓰기 연습을 하면 적응하기 쉽습니다. 가정에서 부모님과 함께 간단한 단어 쓰기, 알림장 형식 따라 써보기 등을 통해 서서히 익혀나가면 좋습니다. 이처럼 학습 기술은 아이가 학교생활 전반에서 자신감을 갖고 성장하도록 돕는 기초입니다. 부모님이 아이와 함께 기초 학습을 즐겁게 연습한다면, 아이는 학습에 대한 긍정적인 태도를 갖게 되고, 학교생활에 더 잘 적응할 수 있을 것입니다.

▲

학교 가는 길이 설레는 아이들, 그 이유 중 하나는 '친구'입니다. 함께 웃고, 놀고, 때로는 다투고 화해하는 매일의 경험 속에서 아이들은 자연스럽게 사회성을 키워갑니다.

사회성은 복잡한 기술이 아니라, 매일의 작은 경험들이 쌓여 만들어지는 것이지요. 오늘도 아이들은 그 소중한 경험 속에서 한 걸음씩 성장하고 있습니다.

특히 초등학교 1학년은 그 사회성이 꽃피는 시기입니다. 부모님은 정원을 가꾸는 정원사처럼, 아이가 사람들과 잘 어울리고 갈등을 이겨내며 성장할 수 있도록 따뜻한 관심과 격려로 함께해주세요. 부모님의 관심과 지지는 아이의 사회성을 키우는 가장 든든한 힘이 되어줄 것입니다.

2장
우리 아이 좋은 친구로 준비시키기: 플레이 데이트

_유고은

사회성을 가르쳐서 배우는 시대가 됐습니다. 자녀가 친구들과 어울리고 소통하는 능력을 자연스럽게 기르길 기다리기보다 적극적으로 가르치는 것이 부모의 중요한 과제 중 하나가 되었죠. 1장에서 강조했듯이 초등학교 저학년 시기는 아이들의 사회적 기술이 본격적으로 발달하고 변화하기 시작하는 때입니다. 2장에서는 아이들이 자연스럽게 친구를 사귀고 관계를 형성할 수 있는 방법 중 하나인 플레이 데이트에 대해 소개하려 합니다.

1.
플레이 데이트, 꼭 해야 할까요?

사회성도 가르치고 배우는 시대

과거에는 현관문을 나서기만 하면 친구들과 어울리는 법을 배울 자연스러운 기회가 펼쳐지곤 했습니다. 아파트 앞 주차 공간에 분필로 땅따먹기 판을 그리고 화단에서 돌멩이를 하나 주워와 몇 시간씩 친구들과 뛰어놀아도 아무런 제지가 없던, 그야말로 온 동네가 아이들이 어울려 뛰어놀기 좋은 환경이었습니다. 현관문 열쇠를 목에 걸고 비장하게 놀이터로 나가면 같은 학교 친구들, 언니, 오빠, 형, 누나들이 이미 한 자리씩 차지하고 있었죠. 때로는 대장 노릇도 해보고, 때로는 비굴하고 억울한 시간도 견디며 그 총성 없는 전쟁터에서 살아남으려 애쓰다보면, 누가 가르쳐주지 않아도 '사회성'이라는 것이 우리 안에 자연스레 자리 잡곤 했습니다.

하지만 현실은 크게 달라졌습니다. 오늘날 우리 아이가 주차장에 분필로 땅따먹기 판을 그리고 논다면 곧바로 민원이 들어올지도 모릅니다. 부모는 여기저기 고개를 숙이고 사과해야 하는 처지에 놓일지도 모르지요. 미디어가 발달하며 우리 아이들은 친구와 놀기보다 영상을 보거나 게임 하는 것을 더 즐기게 되었습니다. 또 유치원 시절부터 영어와 사고력 수학은 기본이고, 피아노와 태권도 등 다양한 학원 수업으로 바쁜 하루를 보내는 아이들을 놀이터에서 만나기란 이제 쉽지 않습니다. 친구를 사귀고 사회성을 기르기 위해서는 엄마, 아빠의 발품과 노력이 필요한 시대가 된 것입니다. 이런 낯선 현실을 마주하며, 부모인 우리도 더 많은 정보와 준비가 필요해졌습니다. 이 장은 새로운 시대를 헤쳐나가기 위한 지침서로, 플레이 데이트를 통해 우리 아이가 친구와 관계 맺고 사회성을 키워나가는 길을 함께 찾아가보고자 합니다.

플레이 데이트의 장점

'플레이 데이트'는 부모가 사전에 일정을 정해 아이들이 함께 만나 놀 수 있도록 마련한 시간으로, 아이의 사회적 관계 형성과 놀이를 돕는 활동을 뜻합니다. 이 용어는 이제 전 세계적으로 널리 쓰이고 있지만, 1970년대 미국 등 서구 사회에서 시작된 말이라고 합니다. 산업화와 도시화가 진행되면서 아이들이 자연스럽게 어울릴 기회가 줄어들자, 부모들이 시간을 정해 아이들끼리 함께 놀게 하는 계획적인 만남을 마련하기 시작했는데, 이를 '플레이 데이트'라고 부르며 점차 일반적인 용어로 자리 잡았습니다.

앞서 이야기한 것처럼, 우리 부모 세대가 어릴 때는 동네로 나가 친구들과 자유롭게 뛰어놀고, 자연스럽게 친구 집에 들러 간식이나 음료수를 얻어먹는 일이 흔했습니다. 하지만 요즘에는 그런 행동이 때로 예의에 어긋난 것으로 여겨지지요. 그래서 정식으로 약속을 잡고 만나는 '플레이 데이트'라는 문화가 형성된 것입니다.

이러한 문화는 부모들에게 다소 번거롭고 복잡한 일로 느껴질 수 있지만, 아이들에게는 새로운 기회가 될 수 있습니다. 플레이 데이트는 친한 친구의 수를 늘리고, 또래의 부정적인 영향을 줄이는 데도 중요한 역할을 하는 것으로 알려져 있습니다.[1] 정해진 약속 가운데 또래들과 어울리고 관계 맺는 경험은 아이에게 중요한 사회적 기술을 익히고 자신감을 키울 기회를 줄 것입니다. 그렇다면 플레이 데이트는 구체적으로 우리 아이들에게 어떤 도움을 줄 수 있을까요?

• **장점 1: 아이와 성향이 맞는 친구를 짝지어줄 수 있다**

플레이 데이트를 하면 첫째, 우리 아이의 성향과 취향에 맞는 친구를 선택해 놀 수 있다는 장점이 있습니다. 우리는 성장하면서 나와 성향이 다른 사람들과도 적절히 맞추며 잘 지내는 법을 배웁니다. 하지만 억지로 맞추지 않아도 나를 있는 그대로 드러낼 수 있는 관계는 누구에게나 가장 편안하고 소중하지요. 따라서 우리 아이들도 자신의 성향이 잘 받아들여지는 상황에서의 놀이 경험을 통해, 친구와 함께하는 즐거움을 더 깊이 느낄 수 있습니다.

대부분의 아이는 놀이터나 키즈 카페에서 친구들을 만납니다. 그곳에는 우리 아이와 성향이 잘 맞는 친구도 있지만, 그렇지 않은 아이가 더 많은 게 현실이지요. 사회성이 충분히 자라거나 준비되지 않은 상태에서 나와 맞지 않는 친구들과 함께하기란 여간 어려운 일이 아닙니다. 하지만 플레이 데이트는 우리 아이가 함께 어울리고 싶은 친구와 약속을 잡고 놀며 또래관계를 좀더 수월하게 시작하는 디딤돌이 되어줍니다. 남녀가 데이트를 시작할 때도 대부분 상대를 신중히 선택합니다. 상대가 몇 살인지, 어떤 일을 하는지, 성격은 어떤지, 앞으로 관계를 이어가도 괜찮을 사람인지 고민하지요. 플레이 데이트도 마찬가지입니다. 부모들이 연결 고리가 되어 아이 주변에 어떤 친구들이 있는지, 우리 아이가 좋아하는 친구는 누구인지, 또 그 친구는 우리 아이를 좋아하는지, 그 친구는 성향이 어떤지 등을 살펴, 자녀에게 잘 맞고 안정적인 관계를 형성하도록 돕는 것입니다. 플레이 데이트의 상대를 찾는 구체적인 방법은 뒤에서 더 자세히 다루겠습니다.

•장점 2: 낯선 상황을 예측하며 미리 조율할 수 있다

플레이 데이트의 두 번째 장점은 어느 정도 구조화된 환경을 제공해 부모와 아이 모두에게 다루기 더 쉬운 상황을 만들어준다는 것입니다. 아이들은 친구들과 놀다보면 예측 못 한 다양한 상황에 직면합니다. 플레이 데이트에서도 모든 상황을 완벽히 통제할 수는 없지만, 예상되는 갈등이나 어려움을 미리 파악해 최소화할 수 있다는 장점이 있습니다. 예를 들어 친구와 갈등이 일어날 만한 장난감은 치워둘 수도 있고요. 우리 아이에게 친숙한 게임을 준비했다가 제안할 수도 있습니다. 또 상대 아이가 좋아하는 게 뭔지 미리 파악해서 함께할 활동을 고려할 수도 있습니다. 이처럼 우리 아이가 친구와 어울리기 좋은 최적의 환경을 마련하고, 아이가 편안하고 즐겁게 참여 가능한 놀이와 활동을 계획할 수 있다는 점이 바로 플레이 데이트의 큰 이점입니다.

•장점 3: 아이의 장점을 살리며 부족한 점을 발견하고 개입할 수 있다

플레이 데이트의 세 번째 장점은 우리 아이가 노는 모습을 지켜보며, 사회성 발달에 있어 부족한 점들을 찾아 도와줄 수 있다는 것입니다. 자녀의 또래관계 증진에 관심을 갖고, 이를 감독·관리하려는 부모의 노력은 아이가 또래 상호작용을 시작하고 유지하는 데 영향을 주는 것으로 알려져 있습니다.[2] 플레이 데이트는 부모가 아이의 또래관계를 직접 관찰하며 도울 수 있는 소중한 기회를 제공해줍니다. 아이들은 각자 친구관계를 형성하는 데 서로 다른 장점과 단점을 가지고 있습니다. 어떤 아이는 친구와 친해지면 갈등 없이 잘 지내지만, 첫 만남에서는 긴장하거나 서먹함을 느끼기도 합니다. 또 다른 아이는 친구를 쉽게 사귀지만 다른 사람의 감정을 살피는 게 부족할 수 있지요. 양보를 잘하는 아이는 마찰을 피하는 대신 자기주장을 잘 못 할 수 있습니다. 반면 성취 욕구가 강한 아이는 놀이에서 자신의 유리한 점을 잘 활용하지만 배려심이 부족해질 수 있습니다. 플레이 데이트는 이처럼 우리 아이가 가진 좋은 점과 부족한 점들을 발견하는 가운데 사회적 기술을 익히며 성장하도록 돕는 기회를 제공합니다.

또 성향에 따라 친구와 노는 것에 관심이 적은 아이들이 있을 수 있습니다. 사회적 관계를 맺는 데 동기가 낮은 아이들은 친구들과 어울리는 상황을 오히려 버거워하며 혼자 있는 시간을 즐기는 편입니다. 친구를 만들어주려고 조급하게 밀어붙이거나 반대로 아이가 편안해한다고 혼자 놀도록 두는 것 모두 좋지 않습니다. 타고난 성향을 존중하며 천천히 친구를 만들어가도록 접근할 필요가 있지요. 특히 플레이 데이트는 대개 일대일로 이루어지기 때문에, 사회적 동기가 낮은 아이들이 사회성을 기르는 데 도움을 줄 수 있습니다. 좀더 단순하고 부담이 적은 상황에서 상호작용을 연습해, 일대 다수의 복잡한 관계로 나아갈 준비를 시켜줍니다. 이 과정에서 부모가 아이의 놀이를 세심하게 살피고, 적절한 도움을 주며, 아이가 더 나은 방향으로 성장하도록 지원해줄 수 있습니다.

초등학교 저학년의 플레이 데이트

초등학교 저학년 시기가 되면, 플레이 데이트는 위에서 설명한 장점들을 넘어 또래관계에 더 필수적인 역할을 하게 됩니다. 이 시기의 아이들은 학교에서 보내는 시간이 길어지고, 친구관계도 단순한 놀이 상대에서 더 깊은 유대감을 형성하는 관계로 발전합니다. 또한 놀이의 형태가 더 다양해지면서 규칙을 만들거나 협력해야 하는 활동이 많아지고, 이에 따라 갈등도 더 늘어날 수 있습니다. 이러한 과정에서 아이들은 친구와 의견이 다를 때 어떻게 조율해야 하는지, 자기감정을 어떻게 표현해야 하는지, 그리고 상대방의 감정을 어떻게 이해하고 배려해야 하는지를 배웁니다. 하지만 이런 기술은 한두 번의 경험으로 익혀지는 것이 아니라, 반복적인 놀이와 상호작용을 통해 자연스럽게 길러지는 것입니다. 그렇기 때문에 성인의 개입 없이도 자기 의견을 표현하고 타인의 감정을 이해하며 갈등을 해결하는 능력을 키우는 것이 점점 더 중요해집니다. 플레이 데이트는 이러한 사회적 기술을 연습하고 익히는 안전한 환경을 제공하며, 아이가 또래관계 속에서 점점 더 독립적인 역할을 해나가도록 돕습니다.

더불어 플레이 데이트는 한 명의 친구와 더 깊은 관계를 맺는 기회를 주는 데 그치지 않고, 더 많은 친구와의 교류로 확장되게 돕습니다. 특정 친구와 자주 만나고 놀면서 서로의 성향을 이해하고 신뢰를 쌓으면, 아이는 또래관계에서 안정감을 느끼고 새로운 친구들에게도 자연스럽게 다가갈 용기를 얻습니다. 한 친구와의 긍정적인 경험이 자신감을 높여 다른 친구들에게도 다가가는 원동력이 되는 것이지요. 플레이 데이트를 통해 형성된 친밀한 관계는 학교나 학원에서도 이어질 수 있으며, 아이가 더 수월하게 새로운 친구를 사귀는 기반이 됩니다. 더 나아가 플레이 데이트를 하면서 여러 환경에서 다양한 놀이를 경험하면, 아이는 상황에 맞춰 유연하게 적응하는 능력도 키울 수 있습니다. 결국 플레이 데이트는 단순한 놀이 시간이 아니라, 관계 확장과 건강한 사회성을 길러 나가는 중요한 과정이 됩니다. 이처럼 중요한 플레이 데이트를 어떻게 시작해야 할까요? 앞으로 하나씩 알아가봅시다.

2.
좋은 친구가 되는 준비 과정

 '좋은 사람을 만나려면, 내가 먼저 좋은 사람이 되어야 한다.' 이 말은 모든 관계에 적용되는 진리일 것입니다. 아직 어린 우리 자녀들에게도 예외가 아닙니다. 부모님께 질문드려볼게요. 어떤 사람을 만나면 친구가 되고 싶나요? 또 어떤 사람을 만나면 피하게 되나요? 친구가 되고 싶은 사람의 모습과 우리 아이의 모습은 얼마나 닮아 있나요? 혹시 닮지 않았다면, 어떤 점에서 차이가 있을까요?

 아이들의 마음도 어른들과 크게 다르지 않습니다. 개인차는 있지만, 아이들에게도 다가가고 싶은 친구와 조금 멀리하고 싶은 친구가 있습니다. 어떤 아이들은 배려심과 긍정적인 태도로 많은 친구를 사귀는 반면, 어떤 아이들은 자신의 행동이 친구를 불편하게 할 수 있다는 점을 미처 깨닫지 못하기도 하지요.

 그러니 출발점은 먼저 우리 아이가 다른 사람에게 좋은 친구가 되도록 준비하는 것입니다. 준비가 잘되어 있다면, 이후의 관계 형성과 놀이 과정이 훨씬 더 수월해질 것입니다. 앞서 1장에서 기본적으로 필요한 사회적 기술들을 상세하게 배웠습니다. 이 장에서는 '플레이 데이트'에 초점을 맞춰, 이를 시작하기 전에 갖춰야 할 기술들을 소개하겠습니다.

함께 좋아하는 것 찾도록 도와주기

어른이든 아이든 상대와 같은 것을 좋아하면 더 쉽게 친해질 수 있습니다. 상호적인 관심사는 우정의 기초가 되어줍니다.[3] 같은 관심사가 있으면 놀이와 대화가 풍부해지고, 상호작용이 길어질 수 있죠. 따라서 친구를 사귀는 첫걸음은 공통의 관심사를 찾는 것입니다. 플레이 데이트 전에 친구가 무엇을 좋아하는지, 우리 아이와 상대 친구가 함께 좋아하는 것이 무엇인지 찾아두면 훨씬 더 즐거운 시간을 보낼 수 있을 것입니다. 그렇다면 공통의 관심사를 찾는 방법을 아이에게 어떻게 가르쳐줄 수 있을까요?

공통의 관심사를 찾는 질문 준비시키기

공통의 관심사를 발견하려면 우리 아이가 먼저 질문할 수 있도록 연습하는 것이 중요합니다. 공통된 취향이나 흥미는 자연스럽게 대화의 문을 열고, 아이들 사이의 친밀감을 키워줍니다. 하지만 아이들 스스로 이를 찾아내기는 쉽지 않을 수 있습니다. 이때 적절한 질문을 통해 친구의 관심사를 알아가도록 부모가 도울 수 있습니다. 좋아하는 놀이, 음식, 만화, 캐릭터 등 다양한 주제로 간단한 질문을 준비하면 대화의 시작점을 찾는 데 큰 도움이 됩니다. 아이들이 더 쉽게 친구를 사귀고 소통할 수 있도록 아래의 질문 목록을 활용해서 준비해보세요.

표 1. 공통의 관심사를 발견할 수 있는 질문 목록

좋아하는 놀이	"너는 뭐 하고 노는 거 좋아해?"
좋아하는 운동	"운동하는 거 좋아해? 어떤 운동을 좋아해?"
좋아하는 게임	"좋아하는 게임 있어?"
좋아하는 만화 (책, 영화, TV 프로그램)	"만화 보는 거 좋아해? 요즘에는 무슨 만화 봐?"
좋아하는 장소	"밖에서 노는 거 좋아해? 아니면 집에서 노는 게 더 좋아?" "가보고 싶은 곳 있어? 요즘 자주 가는 곳 있어?"
좋아하는 음식	"어떤 음식 좋아해?"
좋아하는 캐릭터	"무슨 캐릭터 제일 좋아해?"
좋아하는 동물	"동물 좋아해? 집에서 키우는 동물 있어?"

공통의 관심사를 찾도록 돕는 부모의 말

우리 아이가 친구들과 공통의 관심사를 찾아 대화에 도전하기 전, 부모님도 준비를 해야 합니다. 아이들은 처음부터 매끄럽게 대화를 이어가거나 적절한 질문을 떠올리기 어려울 수 있기 때문에, 부모님의 작은 도움이 큰 힘이 됩니다. 아이가 대화를 시작하거나 이어가는 과정에서 부모님이 가까이서 지켜보며 조언해준다면, 아이는 더 자신감 있게 소통할 수 있습니다. 부모님이 코치가 되어, 아이가 어떤 질문을 하고 어떤 말을 덧붙이면 좋을지 가이드해보세요. 아래는 아이를 도울 때 쓸 수 있는 예시입니다. 이를 활용해서 친구와의 대화를 더 잘 이끌어가도록 도와주세요.

표 2. 공통의 관심사 찾기를 돕는 부모의 말

> "가까이 다가가서 친구가 뭐 하고 있는지 물어보면 어때?"
> "친구를 칭찬하는 말을 해보자. 또 비슷한 경험이 있으면 이야기해봐."
> "대화가 끊기면, 또 다른 주제를 이야기해보자. 다른 것 좋아하는 게 있나 물어볼까?"
> "친구가 말한 게 공통의 관심사가 아니어도 괜찮아. 또 다른 것을 찾아보자. 네가 좋아하는 걸 친구도 좋아하는지 한번 물어봐."

친구를 만나 공통의 관심사를 찾는 법 연습시키기

이제 실전에 나설 차례입니다. 키즈 카페나 공원, 놀이터 등 친구들을 만날 수 있는 곳으로 함께 나가보세요. 거기에 이미 알고 있는 또래들이 있을 수도 있고, 처음 만나는 아이들이 있을 수도 있습니다. 이미 아는 친구와는 서로의 성격이나 취향을 어느 정도 파악했기 때문에 공통의 관심사를 찾는 과정이 상대적으로 더 쉬울 수 있습니다. 아이가 알고 있는 정보를 활용해, 기존에 공유하고 있는 관심사를 더 깊이 탐구하거나 관련된 새로운 관심사를 찾도록 도와주세요. 처음 만나는 친구와는 서로의 배경이나 취향에 대한 정보가 없기 때문에 추가적인 노력이 필요할 수 있습니다. 공통의 관심사를 찾기 위한 대화를 시작하기 전, 상대방의 말투나 행동을 주의 깊게 관찰해보세요. 관찰한 내용을 바탕으로 [표 1. 공통의 관심사를 발견할 수 있는 질문 목록] 가운데 어떤 질문으로 대화를 시작하면 좋을지 생각해볼 수 있습니다.

이제는 아이가 직접 친구들에게 다가가 대화를 시작할 수 있도록 격려해주세요. 이때 부모님은 뒤에서 지켜보는 역할을 합니다. 아이의 대화가 들릴 정도의 거리에서 상황을 관찰하며, 어떻게 진행되는지 들어보세요. 아이가 대화를 이어가기 어려워한다면, 앞서 제시한 [표 2. 공통의 관심사 찾기를 돕는 부모의 말]을 활용해서 도움을 주세요.

표 3. 아이가 공통의 관심사 찾기에 성공했을 때

아이가 친구와 공통의 관심사를 찾아냈다면, 그 노력을 진심으로 칭찬해주세요. 또 자연스럽게 다음 활동을 제안함으로써 아이가 관계를 지속할 가능성을 열어주시는 것도 좋습니다.

아이: 엄마, 시우도 만화 보는 것 좋아한대! 저번에 영화관에서 「인사이드아웃」 봤대. 우리도 그거 봤잖아!
엄마: 시우랑 똑같이 좋아하는 것을 잘 찾았구나. 정말 잘했어! 다음에 재미있는 영화가 있을 때 같이 보러 가면 좋겠다.

표 4. 아이가 공통의 관심사 찾기에 실패했다면

실제 공통의 관심사가 없는 경우	친구와 공통의 관심사가 없을 수도 있음을 이해시키고, 다른 친구와 다시 시도하도록 격려해주세요. 예: "저 친구랑은 함께 좋아하는 것이 없었구나. 그럴 수도 있어. 이따 다른 친구가 있으면 다시 시도해보자!"
대화 과정에 문제가 있는 경우	아이의 대화 기술이 미숙해서 공통의 관심사 찾기에 실패했을 수도 있습니다. 이때는 아이에게 개선점을 알려주며 긍정적인 방식으로 피드백을 해주세요. 예: "친구와 공통의 관심사가 있을 때는 나도 좋아한다고 기뻐하는 반응을 해주면 어떨까?" "대화가 끊기면 다른 주제의 질문을 던져보는 게 어떨까?"

공통의 관심사 찾기에 성공하든 실패하든 중요한 것은 격려와 칭찬입니다. 낯선 친구에게 말 걸고 대화를 시도하는 것 자체가 아이들에게는 큰 도전일 수 있습니다. 처음에 미숙한 점이 부모의 눈에 보이더라도 아이가 대화를 시도한 것만으로도 자랑스러움을 표현하며 칭찬해주세요. 아이가 스스로의 행동을 뿌듯하게 여기고, 친구들에게 다가가는 것에 대한 동기와 자신감이 더해질 것입니다.

함께할 수 있는 놀이 찾기

공통의 관심사를 찾는 것만큼이나 중요한 것은 친구와 함께할 수 있는 놀이를 찾는 것입니다. 설령 공통의 관심사가 적은 친구라도, 놀이를 통해 서로 재미를 느끼고 성향이 잘 맞는다면 관계는 더 깊어질 수 있습니다. 때로는 새로운 공통의 관심사가 생길 수도 있지요. 어른들도 어색한 사이에서 단순한 대화보다는 함께 활동하며 가까워지듯이, 아이들 역시 놀이를 매개로 친구와 더 즐겁고 자연스러운 시간을 보내며 우정을 쌓을 수 있습니다.

함께 노는 것을 방해하는 장난감 제한하기

친구와 함께할 놀이를 찾기 전에 먼저 놀이를 방해할 만한 장난감이 무엇인지 살펴보고 이것을 적절히 제한하는 것도 중요합니다. 우리 아이가 친구 없이 혼자 놀아도 너무 즐거운 장난감이 있나요? 친구와 놀다가 꼭 싸움이 나는 장난감이 있나요? 다음의 목록을 참고해 친구와의 놀이를 방해할 만한 장난감이나 관심사들이 가까이에 있는지 떠올려봅시다.

표 5. 함께 노는 것을 방해할 수 있는 장난감

전자 기기: 휴대폰, 태블릿, TV, 컴퓨터(노트북), 게임기 등
공격성을 자극하는 장난감: 장난감 칼/활/망치, 물총, 샌드백 등
혼자서 조작하는 장난감: 변신 로봇, 조립하는 장난감, RC카, 색칠 놀이 등
고가의 장난감

위의 목록에 있는 장난감들이 나쁘다는 뜻은 아닙니다. 때로는 아이들의 발달에 도움을 주기도 합니다. 다만 새로운 친구를 사귀고 관계를 형성하는 상황에서는 주의가 필요합니다.

왜 이런 장난감들이 놀이를 방해할 수 있을까요? 우선 전자 기기는 아이들과 떼려야 뗄 수 없는 관계가 되어버렸죠. 수동적으로 영상을 시청하거나 자극적이고 즉각적인 피드백을 주는 게임은 너무나 매력적인 것이기에, 여기에 빠져들면 친구를 만나고 싶은 욕구가 사라질 수 있습니다. 또 아이들끼리 만났을 때도 각자 게임을 하면서 상호작용이 줄어들 위험이 있습니다. 이런 매체를 우리 아이가 너무 좋아한다면, 우선 친구와 함께 놀고 저녁에 일정 시간

동안 영상을 보거나 컴퓨터를 하도록 허락해주는 것이 좋습니다. 공격성을 표출하는 장난감은 아이들이 일상에서 느끼는 스트레스와 분노 등을 건강하게 해소하도록 돕기도 합니다. 하지만 친구와 공격 형태의 놀이를 하다가 진짜 싸움으로 번질 수도 있으며, 친구의 마음이 상할 소지가 있습니다. 간혹 장난감 칼이나 활에 다치는 등 안전 사고가 날 위험도 있기에 주의가 필요합니다. 혼자 조작하는 장난감은 소근육 발달에 도움이 될 수 있겠지만, 친구와 서로 해보겠다고 하다가 불편해질 수 있고, 아예 장난감을 조작하는 데 빠져 친구와의 상호작용이 줄어들 수 있습니다. 고가의 장난감은 친구와 나누고 싶지 않게 될 수 있으며, 조금이라도 손상이 가면 친구에게 화내거나 혼자서 속상해할 수 있습니다. 친구랑 놀다가 조금 부러지거나 망가져도 금방 훌훌 털고 웃을 수 있는 적당한 장난감이 더 소중한 우정의 가치를 빛나게 해줄 것입니다.

함께 놀 수 있는 장난감 마련하기

친구 사귀는 데 방해가 될 만한 요소들을 줄였다면, 이제는 아이들이 자연스럽게 어울리고 관계를 형성하는 데 도움을 줄 장난감을 선택할 차례입니다. 함께 놀이하면서 협력하고 소통할 수 있는 장난감은 아이들의 사회성을 키우는 데 큰 역할을 합니다. 그렇다면 어떤 장난감이 아이들 사이에서 즐거움을 더하고, 우정을 쌓는 데 도움을 줄 수 있을까요?

표 6. 함께하는 놀이를 돕는 장난감

여러 명이 함께 할 수 있는 게임: 보드게임, 바둑, 체스, 테이블 축구 게임 등
함께 신체 놀이를 할 수 있는 장난감: 축구공, 농구 세트, 볼링 놀이 세트, 라켓 등
협동할 수 있는 장난감: 탐정 게임, 미션 게임과 같이 힘을 합쳐 문제를 해결하는 보드게임 등
함께 만들고 나눌 수 있는 장난감: 네일 아트 장난감, 우정 키링(팔찌) 만들기 등

함께할 수 있는 활동과 놀이는 친구와의 시간을 더 즐겁게 합니다. 꼭 위 목록에 있는 것이 아니더라도 '친구와 주고받을 수 있는 것인지'를 기준으로 판단해 장난감 가게를 둘러본다면 어떤 게 좋을지 더 쉽게 발견할 수 있을 것입니다. 발달 연령을 고려해, 아이가 하기에 너무 복잡하고 어렵거나 시간이 오래 걸리는 게임과 장난감을 구입하는 것은 피해주세요. 초반에 흥미를 잃지 않도록 간단하면서도 재미있는 장난감을 선택하는 것이 좋습니다.

함께할 수 있는 활동과 놀이는 아이가 친구와 보내는 시간을 더 즐겁고 의미 있게 만들어줍니다. 놀이를 통해 아이는 상호작용의 즐거움을 느끼고, 자연스럽게 사회적 기술을 익히며 관계를 맺어갈 것입니다. 올바른 장난감을 준비해 아이가 더 자신감 있게 친구들과 어울리도록 지원해주세요.

가족 안에서 놀이 연습하기

친구와 함께할 좋은 장난감이 있더라도, 아이가 놀이에 흥미를 느끼지 못하거나 놀이 방법을 모른다면 그 장난감은 무용지물이 됩니다. 이때 부모님은 훌륭한 놀이 선생님이자 친구가 되어 아이가 놀이를 익히고 흥미를 갖도록 돕는 것이 중요합니다. 아이들이 학교의 쉬는 시간이나 방과 후에 함께 몰려서 놀이를 하게 되는데, 놀이 방법을 몰라 친구들과 어울리지 못하고 혼자 남는 안타까운 상황이 생기기도 합니다. 따라서 부모님은 요즘 아이들이 즐기는 놀이와 게임에 관심을 갖고, 이를 가르쳐줄 필요가 있습니다.

놀이하는 방법을 잘 숙지하고 있다면, 친구에게 놀이를 권유하고 시작하는 데 자신감이 생기게 해줍니다. 새로운 장난감 혹은 게임을 구입했다면 부모님과 함께 놀이하는 방법을 익혀봅시다. 부모님께서 미리 배워두었다가 아이에게 설명해주셔도 좋고, 아이와 함께 설명서를 읽어보며 놀이 방법을 배우는 시간을 갖는 것도 좋습니다.

아이가 놀이 방법을 충분히 이해했다면, 이제 부모님과 함께 시작해보세요. 아이가 익숙해질 때까지는 형제나 다른 사람들이 끼어들기보다 엄마, 아빠와 일대일로 해보는 것이 더 좋습니다. 이 과정에서 부모님의 중요한 역할은 관찰과 리액션입니다.

우선, 부모님이 놀이에 지나치게 몰입하기보다는 아이를 잘 관찰하시는 것이 중요합니다. 규칙을 잘 이해하고 있는지, 이것을 잘 지키는지, 놀이할 때의 태도나 매너는 어떤지 세심히 살펴보세요. 아이가 규칙에서 크게 벗어나지 않고 잘 참여하고 있다면, 처음에는 아이가 원하는 역할을 맡게 하거나 게임에서 이기도록 도와 놀이에서 재미와 자신감을 느끼게 해주세요. 몇 차례 반복되면 부모님이 일부러 한 번 이기거나 역할을 바꾸자고 제안하며 아이의 반응을 관찰해보세요. 이를 통해 아이는 놀이에서 자신이 질 수도 있고, 원하는 역할만 고집할 수 없다는 것을 자연스럽게 배울 수 있습니다.

아이의 모습을 관찰하셨으면 이에 따라 적절히 반응해주시는 게 중요합니다. 첫 번째는 칭찬과 격려입니다. 아이가 잘하고 있는 부분에 대해서는 "도윤아, 자기 차례를 이렇게 잘 기다리다니 정말 멋지다!" "방금 이 카드를 내는 선택, 정말 좋은 전략이었어!" "서로 도와주면서 게임하니까 너무 좋다" 등 구체적으로 잘한 부분을 언급하며 칭찬해주세요. 그리고 아이와 노는 것이 얼마나 재미있는지 조금 과장되게 표현해주시는 것도 좋습니다. 아무리 재미있는 게임이라도 부모님이 너무 덤덤하게 진행한다면 아이는 금세 놀이에 흥미를 잃을 수 있으니까요. 두 번째는 부족한 부분에 대한 피드백을 해주는 것입니다. 이런 언급도 꼭 필요하지요. 처음 놀이해보는 상황에서는 지시적으로 아이의 틀린 부분을 지적하기보다는 "자꾸 규칙을 어기니까 도윤이랑 게임하기 싫다" "도윤이가 계속 혼자 하려고 하니까 재미없다" 등 놀이 상대의 입장에서 피드백하며, 아이가 행동을 바꾸도록 촉구해주시는 것이 좋습니다. 부모님이 아이에게 따뜻한 격려자와 지도자의 역할을 함께 해주신다면, 아이는 놀이를 통해 더 건강하고 자신감 있는 친구관계를 만들어갈 수 있을 것입니다.

3.
플레이 데이트 계획하기

　우리 아이를 좋은 놀이 친구로 만들기 위한 준비를 마쳤습니다. 물론 여전히 부족한 점들이 있겠지만, 사회성은 경험을 통해 점점 자라고 다듬어지는 능력이기 때문에 크게 걱정하지 않아도 됩니다. 중요한 것은 앞으로 아이가 변하고 성장할 과정을 응원하며 지켜보는 부모님의 따뜻한 시선과 기다림입니다.

　이제 플레이 데이트를 어떻게 할지 구체적으로 고민해볼 단계입니다. 친구와 관계가 돈독해진 뒤에는 어디서 뭘 하고 놀아도 즐겁겠지만, 처음에는 친구를 사귀기 좋은 환경과 전략들이 마련되어야 합니다. 이제 플레이 데이트를 계획할 때 고려할 요소들을 살펴보려 합니다. 아이가 자연스럽고 즐겁게 친구와 어울릴 수 있도록, 적절한 환경과 기회를 제공하는 방법을 구체적으로 알아보겠습니다.

누구랑 놀 것인가?

플레이 데이트를 하며 누구랑 놀지 결정하는 일만큼 중요한 것도 없을 것입니다. 아무리 비싼 음식을 먹어도 함께하는 상대가 불편하다면 기분이 어떨까요? 반대로 동네에서 몇천 원짜리 음식을 먹어도 편하고 좋은 사람과 함께한다면 더할 나위 없는 행복을 맛볼 수 있을 것입니다. 놀이 환경도, 활동도 중요하지만 누구와 함께 놀게 되는지가 플레이 데이트의 성패를 가를 수 있습니다.

그렇다면 아이가 함께 놀 친구를 어떻게 찾을 수 있을까요? 플레이 데이트는 아예 낯선 아이와 하는 것이 아닌 같은 학교나 학원의 친구와 하는 것이 좋습니다. 일상에서 자주 교류할 수 있는 환경에서 친구를 만들어주는 것이 학교, 학원 내에서 아이가 적응하는 데 더 도움이 됩니다. 반면 부모 친구의 아이와 노는 것은 도움이 되지 않을 수 있습니다. 부모가 정한 관계는 아이에게 강요로 느껴져 유대감이 덜할 수 있고요. 또 부모끼리는 잘 통하지만, 아이들끼리는 잘 맞지 않을 수도 있습니다. 이를 염두에 두고, 다음의 다섯 가지 방법을 통해 좋은 놀이 친구를 찾는 방법을 고민해 봅시다.

아이에게 묻기

가장 중요하면서도 쉬운 방법은 아이에게 묻는 것입니다. 유치원, 학교에서 가장 자주 노는 친구가 누구인지 또는 친해지고 싶은 친구가 있는지 물어보는 것이지요. 특정 아이의 이름이 나온다면 왜 그 친구와 많이 노는지, 왜 그 친구와 친해지고 싶은지 이유를 탐색해볼 필요가 있습니다. "엄마, 유준이도 나처럼 축구하는 걸 좋아해!" "아빠, 도윤이는 너무 시끄럽지 않아서 좋아"라고 말한다면 관심사나 성향이 잘 맞아 좋은 친구가 될 가능성이 큽니다. 반면 그 친구가 단순히 인기가 많아서, 공부나 운동을 잘해서 함께하고 싶은 것이라면, 다시 한번 생각해볼 필요가 있습니다. 인기가 많거나 특정 분야에서 뛰어나다고 해서 좋은 친구가 될 수 있는 것은 아니니까요. 또 인기가 많은 친구들은 모든 아이가 함께 놀고 싶어하기 때문에 새로운 친구를 사귀는 데 관심이 별로 없을 수 있습니다. 이런 부분에 대해 아이와 이야기를 나누며 좋은 친구를 찾는 방법을 배워갈 수 있습니다. "그런데 지아는 이미 친구가 많아서 새로운 친구가 필요 없을 수도 있겠다" "서아는 공부를 잘하는구나. 그런데 성격은 어때? 친절한 편이야?"라고 질문하며, 아이들이 다시 생각해볼 기회를 갖도록 도와주세요. 아이가 학교나 학원에서 친하게 지내는 친구가 없다고 할 수도 있습니다. 그렇더라도 너무 실망하지 마세요. 초등학교 저학년 때는 친한 친구나 어울리는 무리가 얼마든지 바뀔 수 있으니까요. 그럴 때는 다음의 방법을 고려해봅시다.

부모의 관찰

아이가 딱히 친해지고 싶거나 현재 친하게 지내는 친구가 없다고 한다면, 이제 부모의 노력이 좀더 필요합니다. 방과 후, 학원이 끝난 후 아이들을 데리러 가며, 아이 주변에 어떤 친구들이 있는지 살펴보세요. 맞벌이 부모라면 아이를 픽업해주는 분들께 살짝 부탁드려봐도 좋습니다. 아주 친밀하지는 않더라도 우리 아이와 인사나 짧은 대화를 주고받는 친구는 없는지 살펴보세요. 너무 큰 무리는 제외하고, 2~3명이 함께 다니는 아이들을 탐색해보는 것이 좋습니다. 그리고 아이에게 한번 물어보세요. "아까 학원 나오면서 인사하던 친구는 누구야?" "저 친구들은 둘이 다니나보네. 쟤네랑 얘기해본 적 있어?" 등의 이야기로 어떤 아이들인지, 우리 아이와 친해질 가능성이 있는지 알아보세요.

교사의 도움

아이에게 친하게 지내는 친구가 없고, 부모님께서 아무리 살펴봐도 어떤 친구와 놀아야 할지 감이 오지 않을 수도 있습니다. 그럴 때는 아이의 친구관계를 가장 가까이에서 관찰하는 교사의 도움을 받는 것도 좋은 방법입니다. 담임 선생님이나 학원 선생님, 방과후 선생님 등 우리 아이를 가까이서 지켜보신 분들과 접촉해보세요. 당연히 선생님과 접촉할 때는 예의를 갖춰야겠지요? 이 부분에 대해서는 이 책 후반부에서 또 다룰 예정입니다. 선생님께 우리 아이가 평소 어떤 친구와 어울리는지, 조금이라도 교류하는 친구가 있는지 여쭤보세요. 만약 없다면, 아이에게 친구를 만들어 주고 싶은데 함께 어울리기 좋은 친구가 있는지 선생님으로부터 추천을 받는 것도 좋습니다.

선생님께 추천받은 친구가 있다면 이제 부모님이 용기를 낼 차례입니다. 상대 아이가 하교할 때, 그 아이의 부모님에게 말을 건네며 친해지고 싶다는 의사를 전달해보는 것도 좋습니다. 너무 갑작스럽게 접근하면 성향에 따라 상대가 부담스러워할 수도 있습니다. 인사나 스몰토크를 하며 천천히 관계를 쌓아보세요.

또래가 모이는 프로그램 활용하기

친구를 탐색하는 또 다른 방법은 또래가 모이는 프로그램을 활용해보는 것입니다. 동네 아이들이 많이 하는 활동을 한번 찾아보세요. 축구 교실이나 요리 교실, 미술 활동 등 동네에서 많은 친구가 참여하고 인기가 높은 강좌나 활동이 있을 겁니다. 관련 정보가 없다면 거주하는 지역의 맘카페나 블로그 등을 활용해 정보를 얻을 수 있습니다.

이때 아이가 해당 활동에 흥미를 느끼고 끝까지 참여할 수 있는지를 고려해야 합니다. 도중에 흥미를 잃고 이탈하거나 좋은 태도를 보이지 않는다면, 친구를 만들기는커녕 안 좋은 평판에 휩싸일 수 있지요. 그래서 활동에 참여하기 전에는 아이가 좋아할 만한 것인지 살펴봐야 하고, 혹시 재미가 없더라도 끝까지 참여하도록 약속해야 합니다. 또 어떤 과외 활동을 하든 이를 방해하는 행동을 하지 않도록 기본적인 예절과 태도를 미리 숙지시키는 것이 중요합니다.

부모가 먼저 친해지기

마지막 방법은 부모가 먼저 교류할 학부모를 만드는 것입니다. 여기서 중요한 점은 아이의 학교 친구나 학원 친구의 부모님과 친분을 쌓아야 한다는 것입니다. 일부 부모님은 편의를 위해 자기 친구의 자녀나 조리원 동기들과 플레이 데이트를 계획합니다. 물론 이런 만남도 즐거울 수 있지만, 플레이 데이트의 핵심은 단순한 일회성 만남이 아니라는 것입니다. 플레이 데이트의 상대는 아이가 학교나 학원에서 자주 만나고 자연스럽게 관계를 이어갈 수 있는 친구여야 합니다. 그래야 그 관계를 바탕으로 학교나 학원에서 더 많은 친구를 사귈 기회를 얻을 수 있습니다.

직장에 다니는 부모라면 주말이나 아이들을 픽업하는 시간, 직장을 다니지 않는 부모라면 아이들을 학교와 학원에 보낸 뒤의 여유 시간 등 다른 부모님과 교류할 수 있는 틈을 찾아보세요. 학교, 학원이 끝나는 시간에 아이들을 기다리면서, 혹은 아침에 아이들을 바래다주며, 어떤 엄마와 친해지면 괜찮을지 주변을 둘러봅니다. 혹은 우리 아이가 관심 있어하는 친구의 엄마가 언제 오는지,

무엇을 하고 있는지 관찰합니다. 그리고 간단하게 소개하며 다가가보세요. "어머! 도윤이 엄마이신가봐요. 저는 시우 엄마예요." "아이가 여기서 미술 수업을 듣나봐요. 여기 선생님 너무 좋으시죠?"라며 호감을 표현해보세요. 그다음으로 중요한 것은 상대의 반응을 살피는 일입니다. 상대 어머니가 조금 부담스러워하는 것 같다면, 다가가기를 멈추세요. 시간이 좀더 필요할 수도 있고, 상대 부모님은 누군가와 친해지길 원치 않을 수도 있으니까요. 반면 상대 어머니가 호의적으로 반응한다면, 참 반가운 기회입니다. 조금 더 이야기하며 상대 부모님과 아이에 대해 알아보고, 지속적으로 교류해도 괜찮을지 살펴보세요.

언제 놀 것인가?

플레이 데이트를 계획할 때 고려해야 할 또 다른 요소는 시간입니다. 체력을 키우려면 시간을 내서 운동해야 하는 것처럼 사회성을 키우기 위해서는 시간을 내 또래와 놀아야 합니다. 학업과 과외 활동으로 바쁜 나날을 보내는 아이들이지만 본격적으로 친구를 만들고 사회적 기술을 배우려면 일정 시간이 반드시 필요합니다. 2023년 설문조사[4]에 따르면, 만 12세 이하 어린이의 하루 평균 미디어 이용 시간이 1시간 42분이며, 2024년 통계[5]에서는 초등학생의 20퍼센트가 학교 정규 수업 외에 하루 4시간 이상 공부한다고 합니다. 이렇게 사교육과 미디어의 홍수 속에서 친구들과 함께할 시간은 점점 줄어들고 있습니다. 하지만 친구와 직접 만나고 부딪치며 노는 것 외에 사회성을 키울 수 있는 지름길이란 없습니다. 평생 사회의 일원으로 살아가야 하는 아이들을 위해, 과감하게 친구와의 놀이에 시간을 투자하는 것은 결코 손해 보는 일이 아닐 것입니다. 아래 사항들을 고려해, 아이가 친구와 함께할 수 있는 시간을 계획해보세요.

부모의 시간

플레이 데이트를 약속할 때는 먼저 부모가 함께할 수 있는지를 고려해야 합니다. 플레이 데이트의 목적이 아이의 사회성을 길러주는 데 있는 만큼, 처음 몇 번은 부모가 관계 형성과 놀이 과정을 관찰하는 것이 중요합니다. 또한 아이들이 아직 어리기 때문에 돌발 상황이 발생할 때에 대비해 이를 중재하고 적절한 도움을 줄 수 있는 성인의 존재가 필요할 수도 있습니다. 따라서 초반 한두 번의 플레이 데이트는 양쪽 부모가 함께할 수 있는지 확인한 후, 이에 맞춰 일정을 계획하는 것이 좋습니다.

몇 차례 거치면서 아이들이 서로 익숙해지고 원활하게 소통하게 되면 부모의 참여 범위를 점차 조정할 수 있습니다. 예를 들어 우리 아이만 상대 집에 보내거나, 반대로 상대 아이만 우리 집으로 초대하는 방식으로 독립적인 놀이 시간을 점차 늘려갈 수 있습니다.

아이의 성향과 컨디션

아이의 성향과 에너지 수준에 따라 플레이 데이트 시간을 조정하는 것도 중요합니다. 어떤 아이는 친구들과 하루 종일 밖에서 뛰어놀아야 속이 시원한 반면, 또 다른 아이는 몇 시간만 친구들과 있어도 지칩니다. 따라서 우리 아이가 어떤 성향인지 고려해 플레이 데이트 시간을 잡는 것이 중요합니다. 친구들과 오래 뛰어노는 것을 즐긴다면 시간을 넉넉히 잡아야겠고, 낯선 친구들이나 환경을 힘들어한다면 짧은 시간부터 시작하는 게 좋을 것입니다. 처음부터 너무 오래 함께해서 지루함을 느낀다면 다음 만남을 기약하는 게 더 어려워지겠지요. 지루함이 느껴지기 전에 적절히 마무리하도록 도웁시다. 아이의 컨디션이 좋은 시간대인지도 고려해야 합니다. 학원을 여러 군데 다녀와 지친 상태에서 친구와 놀아야 한다면 흥미가 떨어질 수밖에 없겠죠. 생활 환경과 신체 리듬에 따라 아이들이 유독 피곤해하는 시간과 쌩쌩한 시간은 다를 수 있습니다. 좋은 컨디션으로 친구를 만나서 놀 수 있도록 최적의 시간을 선택하는 것도 중요합니다.

아이의 형제

플레이 데이트를 약속할 때 혹시 놀이를 방해할 요소는 없는지 살펴보는 것이 좋습니다. 가정에 형제가 있다면 때로 좋은 촉진제가 되어 더 잘 어울릴 가능성도 있습니다. 하지만 대체로는 형제가 있는 게 방해됩니다. 아직 너무 어린 형제라면 놀잇감을 가져가거나 놀이 활동에 불쑥 끼어들어 불편을 야기하고 분위기를 망칠 수 있거든요. 나이가 많은 형제라면 발달 수준이 더 높아, 아이가 친구와 놀 때 훈수를 두거나 자신이 주도하려 할 수 있습니다. 때로는 형제와 초대받은 친구가 더 잘 맞아 둘이서만 놀고, 정작 아이는 혼자 남겨지는 상황이 발생하기도 합니다. 그러니 가능하다면 형제 없이 놀 수 있는 시간을 마련하길 추천드립니다.

놀이 활동

마지막으로 놀이 활동과 그에 따른 시간을 고려하는 것도 필수입니다. 집에서 놀 계획이라면 서로의 가정에 피해가 가지 않도록 이른 아침이나 늦은 저녁, 식사 시간은 피하는 것이 좋겠지요. 키즈 카페와 같은 실내 놀이터를 이용할 계획이라면 운영 시간이나 필요한 사항 등을 확인해야 합니다. 야외에서 놀 거라면 미리 날씨를 확인하고, 갑자기 비가 오거나 너무 춥고 더워지는 등 예측하기 어려운 상황을 고려해서 다른 선택지를 생각해놓는 것도 즐거운 플레이 데이트를 망치지 않는 방법일 것입니다.

어디서 놀 것인가?

플레이 데이트를 계획할 때 장소 선택도 매우 중요합니다. 아이의 성향에 따라 유리하거나 불리한 장소가 있을 수 있기 때문에, 좀더 편안하고 친구를 사귀기 좋은 환경을 마련하는 게 부모의 중요한 역할이 됩니다. 아래 요소들을 고려해 적합한 플레이 데이트 장소를 탐색해보세요.

우리 집

플레이 데이트 장소로 가장 먼저 고려되어야 할 곳은 우리 집입니다. 우리 집은 아이의 홈그라운드이기 때문에 정서적 안정감을 줄 수 있습니다. 특히 낯가림이 있다면 새로운 장소에 적응하는 시간을 줄이고, 집이라는 친숙함을 기반으로 새로운 친구를 좀더 쉽게 받아들일 수 있다는 장점이 있습니다. 우리 집에 친구를 초대할 때의 또 다른 장점은 친구들과 함께할 만한 놀이나 활동도 어느 정도 예측 가능하다는 것입니다. 우리 아이에게 친숙한 게임이나 놀잇감 위주로 준비해둘 수 있기 때문에 자녀가 좀더 주도적인 역할을 할 수 있을 것입니다.

물론 우리 집에 친구를 초대할 때 감수해야 할 점들도 있습니다. 부모님의 성향에 따라 누군가 오는 걸 불편해할 수 있을 것입니다. 또 간식, 활동 등을 준비해야 하고, 놀이가 끝난 후 뒷정리를 해야 하는 등 집주인으로서 감당해야 할 일들이 생깁니다. 특히나 요즘은 층간 소음도 중요한 이슈라서 아이들이 시끄럽게 해 이웃에게 피해를 주지 않을지에 대한 걱정도 들 수 있습니다. 상대 아이의 알레르기나 음식 제한 사항을 미리 확인하는 배려도 해야 합니다. 또한 앞서 말씀드린 바와 같이 집에 형제자매가 있다면 이들이 플레이 데이트에 불편함을 주지 않도록 더 신경 써야 하는 점도 염두에 두어야 합니다.

친구 집

또 다른 후보는 친구의 집입니다. 물론 상대 부모님의 초대나 동의가 있어야겠지요. 친구 집에 놀러 가는 것은 새로운 재미를 줍니다. 그동안 우리 집에는 없던 놀잇감을 가지고 놀아보거나 새로운 활동을 배워볼 수 있는 등 아이의 놀이세계를 확장할 기회가 될 수 있지요. 또 우리 집에 누군가를 초대할 때와는 달리 부모는 집 주인으로서의 부담감을 조금 내려놓을 수 있습니다.

친구 집에 놀러 갈 때는 우리 아이를 충분히 준비시켜야 합니다. 다른 집에 갔을 때, 그 집 물건을 함부로 만지거나 상대가 허락하기 전에 어디든 먼저 들어가지 않도록 조심시켜야겠지요. 우리 아이가 이런 가이드나 규칙을 따르기 어려운 성향이라면 친구 집에서 플레이 데이트를 하는 것은 오히려 독이 될 수 있습니다. 다른 사람의 집에 가며, 함께 먹을 간식이나 부담되지 않는 선에서 작은 선물을 준비하는 것도 센스 있는 부모라는 호감을 줄 것입니다. 이런 것들은 우리 아이에게도 다른 사람의 집에 갈 때의 예의를 가르치는 기회가 될 것입니다.

야외 공간

플레이 데이트 장소로 고려해볼 수 있는 곳은 야외 시설입니다. 놀이터, 공원 등 아이들이 마음껏 뛰어놀 수 있는 장소에서 만나는 것도 좋은 방법입니다. 특히 활동 수준이 높은 아이들에게 야외 시설은 에너지를 발산하고 친구들과 즐겁게 교류할 최적의 장소가 될 수 있습니다. 신체적으로 아주 위험한 활동이 아니라면 '조용히 해라, 뛰지 마라'라며 아이의 행동을 크게 제지해야 할 상황도 적다는 장점이 있습니다. 따로 놀이를 준비하지 않아도 미끄럼틀, 정글짐, 그네 등 야외 시설에 있는 기구들을 활용해서 즐겁게 놀 수 있습니다. 또 야외 시설에서 어울릴 때는 주로 신체적인 활동이 주를 이루므로 놀이 기술이 좀 부족해도 부담이 없습니다.

하지만 실내에서 놀 때에 비해 야외 활동은 늘 안전에 주의를 기울여야 하기 때문에 부모님들께서 이 부분은 꼭 유심히 살펴주셔야 합니다. 또 고려해야 할 부분은 날씨입니다. 너무 덥거나 추운 날은 피해야 하고요. 만나기로 한 날 갑자기 비가 오거나 미세먼지가 심할 수도 있지요. 그러니 야외에서 만나기로 했을 때는 혹시 모를 변수를 고려해서 대안을 마련해놓는 것도 도움이 됩니다.

실내 시설

마지막으로 플레이 데이트 장소로 실내 시설을 고려해볼 수 있습니다. 박물관, 직업 체험, 요리 활동 등 다양한 프로그램을 경험할 수 있는 곳도 있고, 요즘은 키즈 카페 역시 아이들에게 만남의 장이 되고 있습니다. 실내에서 만나면 야외에서와 반대로 날씨의 영향에서 자유로울 수 있습니다. 또 정적·동적 활동이 모두 가능해 다양한 성향의 아이들이 어우러져 즐거운 시간을 보낼 수 있습니다. 일차적으로 부모가 아이의 안전과 안위를 잘 살펴야겠지만, 실내 시설에는 직원들이 있기에 부모의 손이 덜 간다는 장점도 있습니다.

하지만 아무래도 실내 활동에는 비용 부담이 따릅니다. 장소마다 비용 차이도 커서 상대 부모님에게 부담되지 않는 선에서 만날 곳을 정해야 합니다. 특히 주말이나 공휴일, 방학 등 아이들이 만나기 용이한 시간에는 공간이 상당히 붐빌 수 있습니다. 많은 아이가 있어 소란스러울 뿐 아니라 그 아이들이 우리 아이와 친구가 노는 데 낄 수 있다는 변수도 고려해야 합니다. 내 자녀에게 친구를 만들어주려고 마련한 시간인데, 불특정 다수의 아이들이 방해 요인이 될 수도 있으니까요. 더불어 가정에서 만나는 것에 비해 공간이 워낙 넓기 때문에 부모님이 아이의 놀이를 면밀하게 살피는 것이 힘들 수도 있다는 점은 미리 고려해야 합니다.

어떻게 놀 것인가?

플레이 데이트를 준비하며 고려해야 할 마지막 사항은 어떻게 놀 것인가입니다. 친구를 초대했거나, 반대로 다른 집이나 장소에 초대받았다면, 그곳에서 즐겁고 의미 있는 시간을 보내기 위해 준비를 해야 합니다. 특히 공공시설이 아닌 우리 집이나 친구 집에서 놀이가 이루어진다면 아이에게 미리 가르쳐야 할 예절과 태도가 있습니다. 플레이 데이트 전에 다음 사항들을 확인해 아이가 준비되었는지 살펴보세요.

우리 아이를 '친절한 초대자'로 준비시키기

부모님들도 지인의 집에 놀러 간 적 있으시지요? 어떤 집에서 편안함을 느끼셨나요? 기본적으로 다른 사람의 집에서는 예의를 지켜야 하지만, 집주인이 너그럽고 친절한 사람이라면 더 편안하고 즐거운 시간을 보낼 수 있을 것입니다. 그 집에서의 경험이 즐거웠다면, 다음에 초대받을 때 또 가고 싶어지겠지요. 아이가 친절한 초대자가 된다면, 친구와의 플레이 데이트가 성공적으로 이뤄지고 좋은 관계를 형성할 기회가 생길 수 있습니다. 따라서 아이에게 좋은 집주인의 모습에 대해 구체적으로 알려주고 준비시킬 필요가 있습니다.

• 원칙 1: 집주인은 나의 것을 나누고 양보해야 함을 알려주세요

우리 집에 친구를 초대했다면, 아이에게 나눔과 양보의 마음을 준비시켜야 합니다. 놀잇감이나 간식을 친구와 나누어야 플레이 데이트가 즐겁게 진행될 수 있습니다. 물론 누구에게나 공유하고 싶지 않은 나만의 소중한 물건이 있습니다. 그러니 친구를 집에 초대하기 전에 나눌 수 있는 것과 없는 것을 구별해서 준비해야 합니다. 친구에게는 절대 나누고 싶지 않은 소중한 것은 무엇인지 아이에게 물어봐주세요. 그리고 그런 물건을 둘 만한 눈에 띄지 않는 안전한 장소를 함께 찾아봅시다. 반대로 친구와 함께 가지고 놀고 싶은 것들을 골라보세요. 그것들은 눈에 잘 띄는 곳에 비치해둡시다. 이 과정을 통해 불필요한 갈등과 스트레스를 예방할 수 있습니다.

놀이를 진행할 때도 집주인으로서 순서나 역할을 양보하는 것 역시 즐거운 플레이 데이트의 요소입니다. 아이가 하고 싶거나 좋아하는 놀이가 있더라도 친구에게 먼저 양보하는 연습을 시켜주세요. 또 자신이 원하는 역할이나 선호하는 놀이 방식이 있더라도, 초대한 친구의 의견을 존중하고 함께 조율하려는 태도를 갖도록 도와주는 것이 중요합니다.

• 원칙 2: 집주인은 친구를 배려해야 함을 알려주세요

친구에게는 우리 집이 낯선 공간입니다. 아이와 함께 새로운 공간에 온 친구를 편안하게 도와줄 방법을 생각해봅시다. 먼저, 친구들이 집에 왔을 때 우리 집을 어떻게 소개해줄지 아이와 이야기해보세요. 친구는 화장실이 어디인지, 함께 놀 방이 어디인지 잘 모르겠지요? 친구가 집에 도착하면, "여기가 우리가 놀 방이야" "이쪽으로 가면 화장실이 있어"라며 필요한 정보를 자연스레 알려줄 수 있도록 연습을 합니다. 또 초대받은 친구는 먼저 뭔가 물어보거나 요구하는 것이 긴장되고 불편할 수 있습니다. 친구에게 필요할 만한 것을 미리 살피고 챙겨줄 수 있도록 준비시켜주세요. "혹시 목마르지 않아? 물 마실래?" "내가 간식 사놨는데, 같이 먹을래?" "휴지랑 물티슈는 여기에 있어. 필요하면 마음대로 써도 돼" 등의 배려하는 말을 연습해보면 좋습니다.

• **원칙 3: 집주인은 '손님을 왕'으로 여겨야 함을 알려주세요**

플레이 데이트 중에는 소소한 갈등이 생길 수 있습니다. 이럴 때 대원칙은 '손님이 왕이다'입니다. 친구가 자신의 놀이 방법을 우길 수도 있고, 우리 아이가 하고 싶은 놀이와 친구가 하고 싶은 놀이가 다를 수도 있지요. 또 함께 즐겁게 놀다가도 상대가 지루함을 표현할 수 있습니다. 그럴 때 손님으로 초대된 친구에게 가능한 한 맞춰주고, 불편한 것이 있으면 예의 있게 제안하도록 아이에게 미리 알려주고, 약속해야 합니다.

표 7. 상황별 친절한 초대자의 자세

상황	친절한 초대자의 자세
함께 하고 싶은 놀이가 다를 때	아이에게 집주인은 친구가 먼저 하고 싶은 놀이를 선택하도록 배려해야 함을 알려줍니다. 그 놀이를 충분히 한 뒤에 자신이 하고 싶은 놀이를 제안해보는 방법을 가르쳐줍니다.
친구가 규칙을 어길 때	친구가 규칙을 어겨도 함부로 비난하거나 화를 내지 않아야 함을 알려주세요. 아이에게 차분히 자신의 의견을 표현하도록 가르쳐주세요. "나는 이렇게 하는 게 규칙이라고 생각했는데"라며 자신이 아는 규칙을 이야기한 뒤 "그럼 이제부터 이렇게 규칙을 정하자"라면서 적절한 규칙에 합의하도록 합니다. 그러나 친구가 계속 자신의 규칙을 어긴다면, 손님으로 온 친구의 규칙에 맞춰주도록 해야 합니다.
친구가 다른 놀이를 하고 싶어 할 때	친구가 재미있게 놀다가 지루함을 느낄 수 있습니다. 그럴 때는 하던 놀이를 더 하고 싶어도 친구를 위해 새로운 놀이를 제안해보는 기술을 알려주세요. "그럼 우리 다른 거 해볼까?" 하고 집에 있는 새로운 놀이를 소개해줄 수 있습니다.

물론 손님인 친구가 왕이 될 수 없는 상황도 있습니다. 상대 친구가 공격적이거나 무례한 행동을 할 경우, "그렇게 하면 친구가 속상할 수 있어. 다른 방법으로 해보자" "친구가 아프면 안 되니까, 대신 이 장난감으로 같이 놀아볼까?" 하고 이를 예의 있게 조

율해야 합니다. 필요하다면 상대 부모님에게 도움을 요청하거나 플레이 데이트를 중단할 수도 있습니다.

우리 아이가 친구를 위해 배려하고 양보하며 플레이 데이트를 성공적으로 마쳤더라도, 상대 아이가 제멋대로 행동해 우리 아이가 과도한 희생을 감수했을 가능성도 있습니다. 그럴 때는 "친구가 그런 행동을 해서 속상했겠다"라고 위로한 뒤, 아이와 의논해 이후 상대 아이를 초대하지 않는 선택을 할 수도 있습니다.

우리 아이를 '예의 바른 손님'으로 준비시키기

우리 아이가 다른 친구의 집에 초대될 때도 있습니다. 이런 상황은 우리 아이에게 새로운 사회적 기술을 가르칠 소중한 기회가 됩니다. 다른 사람의 집에 초대된다면 암묵적으로 지켜야 할 규칙들이 있습니다. 친구 집에 갔을 때, 우리가 조심해야 할 부분이 있음을 아이에게 미리 알려주고, 예의를 지킬 수 있도록 준비시켜주세요.

• 원칙 1: 손님은 허락을 구해야 함을 가르치기

아이에게 다른 사람의 집에 놀러 갈 때 꼭 배워야 할 중요한 예의는 자기 마음대로 행동하지 않는 것입니다. 친구 집에서 어떤 것을 하고 싶을 때는 반드시 미리 허락을 구해야 한다는 점을 가르쳐주세요. 이를 위해 친구 집에서 겪을 수 있는 다양한 상황에 대해 아이와 함께 이야기하며, 다음과 같은 행동들에 대해 어떻게 대처해야 할지 구체적으로 연습해보는 것이 좋습니다.

표 8. 친구 집에서 허락을 구해야 하는 상황

- 친구 집에서 화장실이 가고 싶어졌다.
- 배가 너무 고픈데 친구네 집 부엌에 내가 좋아하는 과자가 있는 것을 발견했다.
- 목이 너무 말라서 냉장고에서 물을 꺼내 마시고 싶다.
- 친구네 집 TV를 보고 싶다.
- 거실에 있는 물건이 궁금해서 만져보고 싶다.
- 친구 방에 내가 가지고 싶어했던 장난감이 있는 것을 발견했다.
- 친구네 집에 있는 반려동물에게 간식을 주고 싶다.

• 원칙 2: 손님은 공손하게 행동해야 함을 가르치기

우리 아이가 친구 집에 놀러 갔을 때 좋은 인상을 남기는 방법은 무엇일까요? 아이가 친절하고 다정하게 행동한다면, 상대 친구와 부모님은 우리 아이를 또 초대해 함께 놀고 싶어할 것입니다. 이런 긍정적인 이미지는 아이의 사회적 관계를 넓히는 데 중요한 역할을 합니다. 아이가 친구 집에서 좋은 첫인상을 남길 수 있도록 다음과 같은 행동을 연습시켜주세요.

표 9. 상황별 예의 바른 손님의 행동

친구 집에 도착했을 때	· 밝게 웃으며 예의 바르게 인사하기 · 초대받은 것에 대한 감사의 마음 표현하기
음식을 먹을 때	· 먹기 전에 손 씻기 · 다른 사람보다 먼저 먹지 않기 · 음식을 먹으면서 손이나 입 주변 닦기 · 더 먹고 싶을 때 허락 구하기 · 음식을 다 먹고 치우는 것 돕기
친구와 놀 때	· 혼자 놀지 않기 · 짜증 내거나 친구를 비난하지 않기 · 함께 써야 하는 것은 번갈아가면서 사용하기 · 소리 지르거나 뛰지 않기 · 필요한 것이 있을 때 공손하게 부탁하기
귀가 때	· 어지럽힌 것 정리하기 · 즐거운 시간을 보낸 것에 대해 감사 표현하기

4.
플레이 데이트 시작하기

약속 잡기

이제 드디어 플레이 데이트를 실행할 시간입니다. 아이들이 저학년이기 때문에 부모가 나서서 플레이 데이트를 잡는 것이 일반적입니다. 부모 입장에서 다른 부모에게 연락하고 일정을 조율하는 게 처음이라면 부담스러울 수도 있습니다. 이 과정을 성공적으로 진행하기 위해 몇 가지 단계로 나누어 살펴보겠습니다.

예의를 갖춘 시작

상대 부모님에게 예의 있게 다가가는 것은 성공적인 플레이 데이트의 첫걸음입니다. 처음 연락하거나 만날 때는 상대방이 부담을 느끼지 않도록 친근하면서도 조심스럽게 접근합니다. 예를 들어 "안녕하세요. 저는 지아 엄마(아빠)예요. 지아가 항상 윤서 이야기를 하더라고요"와 같이 이야기를 시작한 후, 연락한 목적을 정확히 전달합니다. "지아랑 윤서가 함께 놀면 어떨까 해서요. 혹시 일정이 괜찮다면 주말이나 평일 오후 중에 한번 만날 수 있을까요?"라고 제안합니다. 이때 상대 아이가 플레이 데이트를 원하지 않을 수도 있다는 점을 염두에 두고, 상대 부모가 부담을 느끼지 않도록 배려의 말을 더합니다. "혹시 일정이 안 된다면 나중에 기회를 만들어도 괜찮으니 편히 말씀해주세요"라면서 여지를 두는 것도 좋은 방법입니다.

일정과 장소 조율하기

아이들이 만나기로 결정되었다면, 구체적인 날짜와 시간을 조율합니다. 상대방의 상황을 고려하며 몇 가지 선택지를 제안하거나, 편한 날짜를 요청합니다. 예를 들어 "저희는 다음 주 목요일 오후 3시나 토요일 오후를 생각해봤는데, 어떠실까요?" 또는 "윤서가 편한 날 몇 개를 주시면 우리가 맞춰볼게요!"와 같이 대화를 진행합니다. 시간이 정해지면 장소에 대해 논의합니다. "혹시 편한 장소가 있으세요?"라고 묻거나, 특정한 장소를 제안하고 싶다면 "우리 집에 윤서를 초대하고 싶은데, 혹시 괜찮을까요?"라고 말할 수 있습니다. 상대 부모와 아이의 사정을 최대한 고려하며 유연하게 조율하는 태도가 중요합니다.

세부 사항 논의하기

일정과 장소가 확정되었다면, 세부 사항도 미리 논의하는 것이 좋습니다. 특히 만남 시간을 정하고 종료 시간까지 미리 합의해두면 서로에게 부담을 덜 수 있습니다. 플레이 데이트를 하다보면 아이들이 더 놀고 싶어해 시간이 예상보다 길어지곤 합니다. 겉으로 표현하지 않더라도, 놀이 시간이 너무 길어지면 한쪽 가정이나 부모에게 부담이 될 수 있기 때문에 헤어질 시간을 미리 정해두는 것이 중요합니다. 아이들에게 종료 시간을 이야기해주고, 더 놀고 싶어할 때는 "우리 약속한 시간이 다 됐네. 미리 정한 시간까지 놀기로 했던 거 기억나지? 재미있게 놀다보니 시간이 정말 빨리 지나간 것 같아! 하지만 약속을 지키는 것도 중요하단다. 오늘은 여기까지 놀고, 다음에 또 만나서 신나게 놀자!"라고 설명할 수 있습니다. 이처럼 미리 정한 시간을 기준으로 놀이를 자연스럽게 마무리할 수 있도록 준비하는 것도 원활한 플레이 데이트를 위해 꼭 필요합니다.

또한 아이들의 간식을 준비하려면 알레르기 여부나 선호 음식을 확인하는 것이 좋습니다. "아이들이 좋아하는 간식을 조금 준비하려고 하는데요. 혹시 윤서가 못 먹는 음식이나 좋아하는 음식이 있을까요?"와 같이 물어보면 상대 부모도 안심할 수 있습니다. 더불어 부모 동반 여부를 미리 논의해 상대 부모가 함께 참석하는 것을 선호하는지, 아이만 보내는 것을 편안해하는지를 확인합니다. 아이가 어릴수록 플레이 데이트 때 부모님이 함께하곤 하니, 연령을 고려해서 정할 필요가 있습니다. 특별히 첫 플레이 데이트 때는 가능한 한 양쪽 부모님이 함께해 아이들이 노는 모습을 보는 것이 좋습니다.

플레이 데이트는 단순히 아이들만의 놀이 시간이 아니라 부모 간의 관계를 형성하는 소중한 기회이기도 합니다. 서로의 입장을 이해하고 배려하며, 아이들에게 더 풍성한 경험을 제공할 수 있도록 차근차근 접근해보세요.

부모의 역할

이제 플레이 데이트를 즐길 시간입니다. 앞서 아이들이 좋은 놀이 친구가 되도록 많이 연습해왔기 때문에 플레이 데이트는 즐겁고 의미 있는 시간이 될 겁니다. 그럼에도 아이들에게 아직은 미숙한 점이 많을 수 있기에 부모님께서 성공적인 플레이 데이트를 위해 함께해주어야 합니다.

상대 부모님, 아이와 인사 나누기

모든 만남에서 첫인상은 매우 중요합니다. 플레이 데이트를 시작하며 좋은 인상을 남길 수 있도록 첫인사를 잘 나누어야 합니다. 상대 부모님께 밝은 미소와 함께 "안녕하세요. 시간 내주셔서 너무 감사해요" "우리 아이가 민서랑 노는 날을 너무 기다렸어요!"라고 인사를 건네며 예의 있게 감사를 표현해보세요. 상대 아이에게도 친근한 말투로 "안녕! 반가워~ 오늘 재미있게 놀면 좋겠다" "지아야, 반가워. 민서가 지아랑 노는 날을 엄청 기대했어!"라고 인사하며 부드러운 분위기를 만들어줍니다.

아이들끼리도 처음 플레이 데이트를 시작하며 어색할 수 있으니, 부모로서 자연스러운 분위기를 조성하는 것이 중요합니다. 우리 아이가 상대 부모님과 친구에게 예의 있게 인사할 수 있도록 격려해주세요. 처음에 아이들이 어색해한다면 "너희 둘 다 블록 놀이 좋아한다고 들었는데, 같이 만들어볼까?" "민서도 종이접기 좋아한다고 해서 좀 챙겨왔어" 하고, 공통의 관심사를 제시해주면 부담을 줄일 수 있습니다. 부모의 따뜻한 개입이 있다면 아이들도 더 쉽게 마음을 열고 즐겁게 놀 수 있을 것입니다.

아이들의 플레이 데이트를 관찰하기

플레이 데이트가 진행되는 동안 부모가 해야 할 중요한 역할은 아이가 어떻게 노는지 관찰하는 것입니다. 부모가 아이를 지켜보고 있다는 것이 티 나지 않고, 놀이를 방해하지 않으면서 몰래 살펴야 한다는 의미에서 '관찰'보다는 '살짝 엿보기'에 가까운 행위일 것입니다. 적당한 거리를 두고 부모가 할 일을 하거나 상대 부모와 이야기하면서도 눈과 귀는 아이를 향해 열려 있어야 합니다. 이렇게 살피는 이유는 아이들 사이에 갈등이나 문제가 발생할 때 개입하며 도움을 주기 위해서이기도 하고, 우리 아이의 사회성을 점검할 좋은 기회이기 때문입니다. 종종 부모들끼리 대화에 집중한 나머지 아이들의 놀이를 소홀히 하는데, 플레이 데이트의 목적을 잊지 말아야 합니다. 이는 엄마들의 사교 활동이 아니라 아이의 사회성 발달을 위한 시간이라는 것을요.

부모끼리 친밀감 쌓기

아이들이 플레이 데이트를 하는 동안 양쪽 부모님이 함께 있을 수도 있고, 한쪽 부모님은 아이를 바래다주고 자리를 비울 수도 있습니다. 어떤 경우든 상대 부모님에게 좋은 인상을 남기고 친밀감을 쌓도록 하는 것이 중요합니다. 상대 아이의 긍정적인 행동을 관찰하고 이에 대해 칭찬의 말을 해주는 것도 상대 부모님과 호감을 쌓는 데 효과적인 방법일 것입니다. 평소에 들었던 상대 아이에 대한 좋은 이야기를 해주는 것도 좋습니다. "민서가 평소에 글씨를 엄청 예쁘게 쓴다고 우리 아이가 칭찬하더라고요" "저번에 우리 아이 넘어졌을 때, 민서가 일으켜줘서 너무 고마웠다고 저한테 얘기하더라고요"라며 자연스럽게 칭찬을 건네보세요. 다른 부모님과 교류하는 방법에 대해서는 4장에서 더 자세히 다루며 해결법을 제시하겠습니다. 다만 앞서 말씀드렸듯이, 상대 부모님과 친해지는 데 몰두한 나머지 아이의 놀이를 관찰하는 것을 잊지 않도록 주의해주세요.

문제에 대처하기

플레이 데이트를 하다보면 크고 작은 문제가 발생할 수 있습니다. 아이들은 사소한 일로 언성을 높였다가 또 기분을 풀며 즐겁게 노는 일이 다반사이지만, 때로는 싸움이 커지면서 더 이상 함께 놀고 싶어하지 않을 수도 있습니다. 이런 상황에서는 부모가 개입해야 하지만, 적당한 역할을 하기란 여간 어려운 일이 아닙니다.

우리 아이가 규칙과 예의를 지키지 않았다면 아이를 분리시켜 놀이가 진행되고 있지 않은 안방이나 동생 방 등 다른 공간으로 잠시 이동합니다. 아이에게 친구한테 하지 말아야 할 행동을 상기시키고, 앞으로 어떻게 행동할지 약속받은 뒤 다시 친구와 놀도록 합니다. 하지만 상대방 친구가 잘못할 때도 있고, 가정의 규칙이 서로 달라 곤란한 상황이 일어나기도 합니다. 다음의 상황들을 보며 문제에 어떻게 대처할 수 있을지 살펴봅시다.

- **예상되는 문제 상황 1:**
  "상대 아이가 우리 아이를 때렸는데 그 부모가 가만히 있어요"

아이들이 놀다보면 으레 다툼이 일어날 수 있습니다. 우리 아이가 잘못했다면 따로 분리해서 혼낼 수 있지만, 상대 아이가 우리 아이를 불편하게 하거나 신체적으로 공격했을 때는 대처하기가 더 어렵습니다. 상대 부모님이 개입해주면 다행이지만, 손 놓고 있다면 난감하지 않을 수 없죠. 이럴 때는 어떻게 해야 할까요?

먼저, 두 아이를 떼어놓고 부드러운 말투로 상황을 파악합니다.(예: "무슨 일이야? 왜 그랬는지 말해줄래?" "둘이 잠시 떨어져 있는 게 좋겠다") 그리고 상대 부모님에게 조심스레 상황을 공유하며 협력을 요청합니다. 즉 "아이들끼리 다툼이 있었나봐요. 어떻게 된 일인지 혹시 보셨나요?"라면서 알려줍니다. "아이들이 아직 어려서 감정이 격해지면 실수할 수 있죠. 다음부터 어떻게 하는 게 좋을지 규칙을 정하면 더 좋을 것 같아요" 하고 부드럽게 협조를 구합니다. 물론 상대 부모님이 비협조적일 수 있습니다. 이때는 놀이를 마무리하고 예의 있게 거리를 둡니다. "오늘은 아이들이 감정이 상해서 더 놀기 힘들 것 같아요"라고 말하고 플레이 데이트를 마무리합니다. 마지막으로 우리 아이의 감정을 읽어주고, 대처 방법을 알려주는 것이 중요합니다. "갑자기 친구가 때려서 너무 놀랐겠다. 엄마가 옆에 있으니까 괜찮아"라고 진정시키며, "다음에 또 친구가 거칠게 행동하면 하지 말라고 강하게 이야기해"라면서 대처 방법을 알려주세요.

- 예상되는 문제 상황 2:
 "우리 아이가 놀이 중에 와서 자꾸 자기편을 들어달라고 해요"
 아이들끼리 견해차가 있을 때, 우리 아이는 부모가 자기편을 들어주길 바랄 수 있습니다. "엄마, 이렇게 하는 게 맞지?" "쟤가 틀렸지?" 하고 동의를 구할 때, 우리 아이 편에 서주고 싶은 마음이 굴뚝같지요. 하지만 이런 때일수록 더 공정하게 개입하려고 노력해야 합니다.

"너는 이렇게 하고 싶었구나. 그런데 친구는 생각이 다르네. 우리 어떻게 하면 좋을까?" "우리 같이 새로운 규칙을 정해볼까?" 하고 중립을 유지하며 문제 해결 방법을 찾도록 도와줍니다. 그럼에도 아이가 계속 자기편을 들어달라고 고집 부리거나 떼쓴다면, "엄마는 네 생각도 중요하지만, 지금 친구가 놀러 왔으니까 함께 재밌게 노는 게 더 중요하다고 생각해"라며 한계를 설정해줄 필요도 있습니다.

- **예상되는 문제 상황 3: "상대 친구 집과 우리 집의 규칙이 달라요"**

상대 가정과 우리 가정의 규칙이 다르기 때문에 문제가 생길 수 있습니다. 예를 들어 상대 아이는 달콤한 간식을 먹지 않도록 가정에서 제한하고 있는데, 우리 집은 비교적 자유롭게 허용하는 분위기일 수 있습니다. 이럴 때는 아이에게 다른 집의 규칙에 대해 설명해주고, 배려하는 것에 대해 가르쳐줄 수 있습니다. "지아는 젤리를 먹으면 건강에 안 좋을 수 있어서 먹지 않는대. 가족마다 규칙이 다를 수 있어. 우리만 먹으면 친구가 먹고 싶을 수 있으니까 조금만 참자"라고 아이에게 잘 설명해주세요. 그리고 함께 먹을 수 있는 다른 간식을 제시하면 금상첨화겠지요. 플레이 데이트가 끝난 뒤에는 친구를 배려한 아이를 칭찬해주고, 먹고 싶었던 간식을 허락해주면 아이의 배려심 있는 행동을 더 강화해줄 수 있습니다.

- **예상되는 문제 상황 4: "상대 아이가 규칙을 어기며 놀아요"**

야외나 키즈 카페에서 플레이 데이트를 할 때는 이런 문제들이 더 쉽게 일어날 수 있습니다. 상대 아이가 높은 곳에 올라가거나, 뛰지 말아야 할 곳에서 뛰어다니는 등 위험한 행동을 할 수도 있지요. 만약 매우 위험해 보이는 상황이라면, "여기는 올라가면 다칠 수 있어. 내려오자"하고 즉각 개입해 아이의 안전을 우선시해야 합니다.

하지만 상황이 그 정도로 위험하지 않다면, 상대 아이에게 직접 지시하기보다는 상대 부모에게 조심스레 상황을 알리는 것이 좋습니다. 예를 들어 "여기가 미끄러워서 위험할 수도 있더라고요. 아이들이 조심할 수 있도록 같이 이야기해볼까요?"라면서 자연스럽게 대화를 시작하면, 상대 부모도 상황을 인지하고 아이에게 주의를 줄 수 있습니다. 또한 플레이 데이트 중 아이들이 자주 어기는 규칙이나 예의에 어긋나는 행동이 있다면, 상대 부모님과 상의해 공동의 규칙을 마련하는 것도 좋은 방법입니다. 놀이를 시작하기 전에 "오늘 놀이 시간에는 높은 곳에 올라가지 않는 게 규칙이야" "오늘은 귓속말을 하지 않기로 하자"와 같이 미리 규칙을 정해두면 불필요한 갈등을 줄일 수 있습니다.

또한 우리 아이가 상대 아이를 비난하지 않도록 지도하는 것이 중요합니다. "친구가 규칙을 잘 몰라서 그랬을 수 있어. 우리가 알려주자"라면서 긍정적인 태도로 이해하도록 유도하면, 아이가 규칙을 지키는 법을 배우면서도 친구와의 관계를 원만하게 유지할 수 있습니다.

• 예상되는 문제 상황 5:
"상대 아이가 자기주장이 너무 강하고, 우리 아이에게 함부로 행동해요"
플레이 데이트 중 상대 아이가 우리 아이의 의견을 무시하거나 자기주장만 하는 일이 일어날 수 있습니다. 우리 아이가 계속 상대방 의견에 맞춰주거나 불편함을 참고 있는 모습을 보면 부모 입장에서 속상할 수밖에 없지요. 이럴 때는 먼저 우리 아이가 스스로 자기 의견을 표현할 기회를 주는 것이 중요합니다. "친구한테 네 생각을 말해볼래?"라고 조언하며 아이가 자연스럽게 의사를 표현하도록 도와주세요.

하지만 상대 아이가 계속 무례한 태도를 보이거나 일방적으로 놀이를 주도한다면, 그 아이를 직접 훈육하기보다 부모님에게 도움을 청하는 것이 좋습니다. 그 부모님이 자신의 아이를 지적하는 것을 불편해하기도 해 갈등이 커질 수 있기 때문이죠. "지윤이가 주도적으로 이끌어줘서 아이들이 재밌게 놀 수 있는 것 같아요!

그런데 보니까 우리 아이도 자기 의견을 내고 싶어하네요. 아이들이 서로 조율하면서 놀 수 있도록 우리가 살짝 도와줄까요?"하고 권유하면, 상대 부모도 자연스럽게 개입할 수 있을 것입니다.

플레이 데이트가 끝난 후에는 아이의 감정에 충분히 공감해주는 것이 중요합니다. "모든 친구랑 꼭 친해야 하는 건 아니야. 네가 편하고 즐겁게 놀 수 있는 친구를 찾는 것도 중요해"라면서 아이가 건강한 관계를 맺는 방법을 배우도록 도와주세요. 모든 갈등이 친구관계의 끝을 의미하는 것은 아니지만, 비슷한 문제가 반복된다면 적절한 거리를 두는 것도 한 가지 방법임을 자연스레 이해하도록 유도하는 것이 좋습니다.

플레이 데이트 점검하기

플레이 데이트가 성공적으로 끝났나요? 이것이 자양분이 되어 앞으로도 친구들과 노는 것을 즐거워하는 아이로 자랄 수 있을 것입니다. 혹시 기대한 만큼 성공하지 못했더라도 괜찮습니다. 한 번의 실패로 모든 게 끝나는 것은 아니니까요. 플레이 데이트는 아이의 성장 과정에서 지속적으로 이어져야 할 중요한 경험입니다. 이를 발전시키고 개선하기 위해 플레이 데이트를 점검하고 다음을 계획해보세요.

아이의 경험 살피기

플레이 데이트가 끝나면 주인공이었던 아이의 경험에 대해 확인해보는 것이 가장 중요합니다. 아이에게 "서아랑 노는 건 어땠어?" 하고 질문해 플레이 데이트에 대한 아이의 생각과 느낌을 들어봅니다. 잠시 갈등이나 다툼이 생겼을 수 있지만, 잘 해결되고 즐겁게 놀이가 마무리되었다면 아이는 플레이 데이트 전체를 즐겁게 기억할 수 있습니다. 이렇게 자녀가 상대 아이와 함께 노는 것을 즐거워했다면 플레이 데이트를 다시 추진해보세요. 반대로 아이가 즐거워하지 않았다면 다른 플레이 데이트 상대를 찾아보는 것이 좋습니다. 왜 즐겁지 않았는지 이유를 잘 들어보는 것은 다음 계획을 세우는 데 도움이 됩니다. 상대 아이와 성향이 잘 맞지 않았을 수도 있고, 함께한 놀이가 재미없었을 수도 있고, 장소가 마음에 안 들었을 수도 있으니까요. 원인을 잘 파악해 반영한다면 다음번에는 더 즐거운 플레이 데이트를 할 수 있을 것입니다.

아이의 장단점 파악하기

플레이 데이트에서 부모님의 역할 중 하나가 아이를 관찰하는 것이었습니다. 이때 우리 아이의 사회성 발달에 있어 강점과 약점을 파악하셨나요? 어떤 아이는 규칙을 지키고 조율하는 것을 어려워할 수 있고, 또 다른 아이는 자기 영역에 친구가 침범하거나 양보하는 것에 예민할 수 있습니다. 어떤 아이는 처음 친구와 친해지는 데 시간이 오래 걸릴 수도 있고요. 다음 플레이 데이트 전까지 우리 아이의 부족한 점들을 보완하도록 도와주세요. 아이가 놀이 규칙을 잘 모르는 것 같다면, 새로운 놀이를 많이 알려줄 필요가 있습니다. 놀이 규칙을 알지만 행동이나 감정 조절이 안 된다면, 가정 안에서 부모님, 형제들과 보드게임 등을 해보며 연습할 수 있습니다.

반대로 아이가 잘한 부분들에 대해서는 명확하게 칭찬하고 격려해주시는 것이 아주 중요합니다. "오늘 민서가 하고 싶었던 장난감을 친구에게 양보하는 모습은 정말 멋졌어!" "친구를 집에 초대하고 잘 안내해줘서 도현이가 정말 즐거워 보였어!" 등 아이의 좋은 모습들에 대해 구체적으로 이야기해주세요. 이런 피드백은 친구와의 놀이에 대한 자신감과 동기를 높여줄 수 있으니까요.

다음 플레이 데이트 계획을 잠시 멈춰야 하는 경우

때로는 다음 플레이 데이트 계획을 잠시 보류해야 할 수도 있습니다. 플레이 데이트를 관찰하며 우리 아이로 인해 놀이가 순조롭게 이루어지지 않았다면, 다음 플레이 데이트는 잠시 미뤄둘 필요가 있습니다. 집에 친구가 놀러 왔는데도 아이가 혼자 놀며 친구를 신경 쓰지 않거나, 놀이 중에 계속 화나 짜증을 내며 분위기를 망치는 경우입니다. 이런 상태에서 플레이 데이트를 계속한다면 오히려 아이의 평판만 나빠지고, 친구들과 어울릴 기회는 더 줄어들 수 있으니까요. 이때는 앞서 '우리 아이 좋은 놀이 친구로 준비시키기'로 돌아가 다시 기본적인 사회적 기술을 연습시켜봅니다. 일부 아이는 전문가의 도움이 필요할 수도 있습니다. 가정에서 연습시켜도 변화가 너무 더디다면 진료나 상담을 받아보는 것도 고려해야 합니다.

5.
플레이 데이트를 현실로 연결하기

　지금까지 아이가 친구를 만나기 전, 공통의 관심사를 찾는 방법이나 놀이하는 방법을 갖추도록 배웠습니다. 또 실제 플레이 데이트를 통해 소규모로 친구를 만나며 사회성을 기르는 방법을 살펴봤습니다. 이 과정을 통해 아이는 안전하고 편안한 환경에서 관계 맺는 방법을 배우고, 소수의 친구와 즐거운 시간을 보내며 상호작용의 자신감을 쌓았을 것입니다. 하지만 사회적 기술은 작은 울타리 안에만 머물러 있어서는 안 됩니다. 이제는 그동안 배운 것을 더 현실적인 놀이 상황에서 활용할 차례입니다. 현실 세계에서는 정해진 규칙도, 미리 짜인 시나리오도 없습니다. 놀이터에서 처음 만나는 아이들, 키즈 카페의 혼잡한 환경, 공원의 자유로운 놀이 공간에서 아이는 예상치 못한 상황에 직면하고, 다양한 성격과 행동을 가진 또래들과 상호작용을 해야 합니다.

이 단계는 아이에게 새로운 도전이자 기회입니다. 여러 상황 속에서 자신감을 키우고, 스스로 문제를 해결하며 사회적 기술을 확장해나갈 중요한 전환점이 될 것입니다. 물론 쉽지 않을 수 있습니다. 아이가 놀이에 자연스럽게 녹아들지 못하거나, 좌절을 겪을 수도 있습니다. 하지만 그럴 때야말로 부모의 역할이 빛을 발합니다. 부모는 아이의 감정을 이해하고 지지하며, 필요할 때는 지혜롭게 개입해 아이가 더 큰 사회로 나가도록 돕는 가이드가 되어야 합니다. 이 장에서는 아이가 더 넓은 놀이 환경에서 적응하는 데 필요한 방법들을 살펴보겠습니다. 이제 함께 현실 놀이의 세계로 한발 더 나가봅시다.

놀이에 참여하는 법 연습시키기

친구들이 이미 무리 지어 놀이하고 있는 상황에 참여하는 것은 아이에게 용기와 기술 모두를 요구하는 일입니다. 연구에 따르면, 또래관계에서 인기 있는 아이들은 상황을 먼저 관찰하고 그에 맞춰 놀이에 참여하려는 경향이 있습니다.[6] 이렇게 적절하게 참여하는 기술을 습득하는 것은 친구를 사귀는 데 매우 중요한 요소입니다. 이 과정은 아이가 혼자서 하기에 어려움을 느낄 수 있으므로 부모님이 단계별로 도우며 실제 상황에서 연습할 수 있도록 해주어야 합니다.

친구들을 지켜보며 관심 표현하는 법 가르치기

놀이에 참여할 때 아이가 가장 먼저 해야 할 일은 친구들 무리에 가까이 다가가 그들이 하는 놀이를 관찰하는 것입니다. 이 과정은 단순히 놀이를 지켜보는 데 그치지 않고, 아이가 주변 상황을 이해하며 자연스럽게 무리에 녹아들 수 있는 첫걸음이 됩니다. 부모님은 이 중요한 단계를 아이가 효과적으로 수행할 수 있도록 구체적으로 알려주고 연습할 기회를 제공해야 합니다.

- **1단계: 놀이가 어떻게 돌아가는지 파악하게 해주세요**

아이가 놀이에 참여하려면 현재 어떤 놀이가 진행되고 있는지 파악하는 과정이 필요합니다. 부모님은 아이가 친구들의 놀이나 대화를 관찰하며, 자신이 알고 있거나 함께할 수 있는 활동인지 살펴보도록 도와주세요. 만약 그 놀이가 아이에게 너무 어렵거나 낯설다면, 처음에는 끼어들었다 하더라도 유지하기는 어려울 수 있습니다. 그러면 아이가 더 적합한 무리나 다른 놀이 그룹을 찾아볼 수 있도록 부드럽게 안내해주세요. 이 과정에서 아이가 자신에게 맞는 환경을 선택하고, 무리에 자연스럽게 어울리는 방법을 배우도록 돕는 것이 중요합니다.

- **2단계: 나를 끼워줄 마음이 있는지 파악하게 해주세요**

이제는 또래들이 우리 아이를 무리에 받아들일 의사가 있는지 파악해야 합니다. 부모님은 아이가 무리 안으로 성급히 들어가기보다는 먼저 상대의 반응을 살피는 방법을 알려주세요. 예를 들어 아이에게 "친구들과 눈을 맞춰보자"라고 이야기해보세요. 아이가 놀고 있는 친구들을 쳐다볼 때, 상대도 눈을 맞추고 미소를 지어준다면 자연스레 받아들여질 가능성이 높습니다. 반면 친구가 시선을 피하거나 반응이 없다면 이는 함께 놀고 싶지 않다는 신호일 수 있습니다. 이처럼 아이가 분위기를 관찰하고 상대의 의중을 읽는 연습을 하도록 도와주세요. 이런 과정은 아이가 친구관계에서 상대방의 감정을 존중하고, 적절히 행동하는 법을 배우도록 해줍니다.

•3단계: 놀이에 참여할 적절한 타이밍을 기다리게 해주세요

친구들 무리의 한두 명과 눈빛 교환이 되었다면, 친구들이 하는 놀이나 대화에 대해 칭찬이나 긍정적인 언급을 가볍게 얹는 방법을 알려주세요. 예를 들어 아이가 "와~" "재밌겠다!" "정말 잘한다!"와 같이 짧고도 긍정적인 말을 하도록 유도해주세요. 반대로 직접적인 질문(예: "이거 어떻게 하는 거야?" "누가 이기고 있는 거야?")이나 비판적인 언급(예: "그렇게 하면 안 되지!" "내가 더 잘할 수 있어!")은 놀이의 흐름을 방해할 수 있으니 피하도록 가르쳐주어야 합니다. 아이는 이렇게 간단한 칭찬과 긍정적인 반응을 통해 그룹의 분위기에 스며들 수 있습니다. 이 과정을 거치며 놀이에 참여할 가장 적절한 순간을 기다리도록 격려해주세요. 적절한 타이밍을 찾는 연습은 아이가 사회적 관계를 형성하는 데 중요한 기술이 될 것입니다.

놀이에 들어가는 법 가르치기

놀이를 지켜보며 앞의 세 가지를 모두 완수했다면, 이제 본격적으로 놀이에 참여할 차례입니다. 이 과정은 아이가 친구들과 자연스럽게 어울리며 그룹에 녹아드는 중요한 단계입니다. 부모님은 아이가 언제, 어떻게 놀이에 들어가야 할지 구체적인 방법을 알려주어야 합니다. 타이밍을 잘 맞추고, 놀이의 흐름을 방해하지 않으면서 참여하는 것이 핵심입니다. 이를 위해 적절한 시점을 기다리거나 상황을 활용하는 방법을 아이와 함께 연습해보세요.

•기술 1: 적절한 타이밍을 찾도록 알려주세요

놀이가 활발하게 진행되고 있을 때는 적절한 참여 시점이 아닐 수 있습니다. 그러면 놀이가 잠시 멈추거나 한 단계가 끝나는 시점을 기다리도록 아이에게 알려주세요. 예를 들어 놀이가 일시적으로 멈추거나 새로운 단계로 바뀌는 순간이 오면, 그 타이밍을 놓치지 말고 "나도 같이 해도 될까?"라면서 자연스럽게 참여 의사를 표현하도록 도와주세요.

- **기술 2: 도움이 필요한 상황 활용하도록 알려주세요**

놀이 중 친구들이 도움을 필요로 하거나 어려움을 겪고 있다면 아이가 자연스럽게 끼어들 기회가 될 수 있습니다. 예를 들어 한쪽 팀이 불리한 상황이거나 누군가 놀이에 잘 적응하지 못한다면, 아이가 도움을 주며 놀이에 참여하도록 유도해주세요. 이렇게 하면 흐름을 방해하지 않고도 친구들과 쉽게 어울릴 수 있습니다.

놀이를 유지하며 매너 지키는 법 가르치기

놀이에 성공적으로 참여한 후에는 이를 지속하고 즐거운 분위기를 유지하는 것이 중요합니다. 이 과정에서 아이는 단순히 놀이를 즐기는 것뿐 아니라, 친구들과의 관계를 더 돈독히 하고 협력하는 방법을 배우게 됩니다. 부모님은 아이가 놀이 중에 지켜야 할 매너와 행동 규칙을 잘 이해하고 실천하도록 도와주세요. 이러한 규칙은 놀이의 즐거움을 유지하고 친구들과 긍정적인 관계를 형성하는 데 큰 역할을 할 것입니다.

- **기술 1: 규칙을 지키도록 지도해주세요**

아이가 놀이를 계속 즐기려면 게임의 규칙을 정확히 지키는 것이 필수임을 알려주세요. 규칙을 무시하거나 임의로 바꾸면 다른 친구들이 혼란스러워하고 놀이의 재미가 줄어들 수 있음을 이해시켜야 합니다. 만약 규칙을 변경하고 싶다면, 친구들에게 먼저 물어보고 동의를 얻는 것이 중요하다는 점을 강조해주세요.

•기술 2: 친구를 칭찬하는 법을 가르쳐주세요

친구가 잘하고 있는 점에 대해 적극적으로 칭찬하는 태도를 길러주세요. 예를 들어 "와, 정말 잘했어!" 또는 "이 카드를 낼 생각을 하다니, 멋지다!"와 같은 긍정적인 피드백은 친구들과의 관계를 돈독히 하고 놀이 분위기를 밝게 유지하는 데 큰 도움이 됩니다. 아이가 칭찬을 통해 상대방의 기분을 배려하는 법을 배우도록 지도해주세요.

•기술 3: 결과를 받아들이는 연습을 시켜주세요

게임 결과에 대해 긍정적으로 반응하는 태도를 아이가 갖추도록 도와주세요. 이기거나 지는 것에 대한 아이의 반응은 친구들과의 관계에 큰 영향을 미칠 수 있습니다. 패배했을 때도 이를 인정하고 상대를 칭찬하며, "너무 잘했어!" "아~ 아쉽다. 내가 더 연습해야겠어!"와 같은 반응을 연습하도록 해주세요. 이를 통해 아이는 결과보다 과정을 즐기는 태도를 배울 수 있습니다.

놀이 마무리하는 법 가르치기

놀이에 즐겁게 참여했다면 마무리를 잘하는 것 역시 시작만큼이나 중요합니다. 아이가 놀이 중간에 지루함을 느끼거나 다른 사정으로 갑자기 놀이에서 이탈한다면, 친구들에게 부정적인 인상을 줄 수 있습니다. 이는 다음에 함께 놀 기회를 잃게 할 수도 있지요. 부모님은 아이가 놀이를 끝내고 싶어할 때도 예의를 갖추고 친구들과의 관계를 유지할 방법을 배우도록 지도해주셔야 합니다. 그렇다면 어떻게 해야 놀이를 적절히 마무리할 수 있을까요?

• 기술 1: 다른 놀이를 하고 싶을 때 대처 방법을 알려주세요

아이가 지금 하는 놀이를 지루해하며 다른 놀이로 바꾸고 싶어한다면, 친구들의 의견을 묻는 것이 중요하다는 점을 알려주세요. "우리 이거 많이 했는데, 이제 다른 거 하면 어때?"라며 동의를 구하는 대화를 연습시켜주세요. 친구들의 의견에 따라 놀이 방향을 조율하는 법을 배우면 아이는 협력의 태도를 기를 수 있습니다.

• 기술 2: 놀이를 그만두고 싶을 때 마무리하는 방법을 가르쳐주세요

아이가 놀이를 더 이상 하고 싶지 않거나 그룹에서 나오고 싶어할 때도 예의를 갖춘 의사 표현이 필요하다는 점을 알려주시는 게 중요합니다. "나 너무 피곤해서 조금만 쉬었다 할게" "이제 집에 가봐야 할 거 같아. 다음에 또 같이 놀자"와 같이 간단하지만 예의 있는 말을 통해 놀이를 마무리하도록 가르쳐주세요. 이러한 표현은 친구들과의 관계를 긍정적으로 유지하고, 다음 놀이에서도 자연스럽게 받아들여질 기반을 만들어줍니다.

위의 네 단계를 한 번에 모두 가르치고, 아이가 즉각 완벽하게 소화하길 기대하기는 어렵습니다. 처음에는 놀이를 지켜보고, 참여하는 1단계와 2단계부터 시작해보세요. 아이가 이런 과정에 익숙해지면, 놀이를 유지하고 마무리하는 3단계와 4단계로 확장하며 연습을 이어가는 것이 더 효과적입니다. 이런 기술들을 가르치고 아이를 지켜보는 과정에서 부모님도 긴장하거나 조바심이 날 수 있습니다. 내 아이가 부족하거나 서툰 모습을 보이면 누구나 빨리 고쳐주고 싶어지지요. 이때 새로운 친구 무리에 들어가는 일은 아이들에게도 큰 도전임을 기억해야 합니다. 처음에는 서툴고 실수를 반복하더라도, 좀더 여유를 갖고 시행착오를 지켜봐주세요. 경험을 통해 배울 시간을 주고 그 과정을 지지해준다면, 아이는 점차 자신의 기술을 연마하고 친구들과 어울리기에 부족함 없는 모습으로 성장해나갈 것입니다.

거절에 대처하기

아이들이 친구를 사귈 때 필요한 사회적 기술 중 하나는 '거절을 받아들이는 법'입니다. 우리 아이가 좋은 친구로 충분히 준비되고, 적절하게 놀이에 함께하려고 시도해도 상대에게 거절당하는 일이 일어날 수 있습니다. 이러한 경험은 아이에게 감정적으로 어려울 수 있지만, 건강한 대인관계를 형성하는 데 꼭 필요한 과정입니다. 우리 아이가 거절당하면 부모님도 속상해지지요. 하지만 이 경험을 잘 활용하면, 좌절을 잘 견디고 다루는 더 성숙한 아이로 성장시킬 수 있습니다. 다음의 단계를 고려해 아이가 거절을 잘 받아들일 수 있도록 도와주세요.

- 단계 1: 속상해하는 마음을 읽어주기

거절당한 아이가 속상해하는 것은 당연합니다. 이때 부모는 아이의 감정에 먼저 공감해주는 것이 중요합니다. "너무 하고 싶은 놀이였는데 친구가 안 한다고 해서 속상했구나"와 같이 아이의 감정을 언어로 표현해주면, 아이는 자기감정을 이해하고 조절하는 법을 배울 수 있습니다. 감정을 억누르거나 부정하는 대신, 자연스럽게 받아들이고 표현하는 것이 건강한 사회성을 키우는 데에도 도움이 됩니다.

- 단계 2: 울거나 친구를 비난하지 않도록 가르치기

거절을 경험한 아이는 종종 눈물을 흘리거나, 친구를 원망하는 말을 하기도 합니다. 이때 감정을 지나치게 표현하거나 친구를 비난하는 것은 관계를 더 어렵게 만들 수 있습니다. "친구는 네가 제안한 놀이를 하고 싶어하지 않을 수도 있어. 그렇다고 해서 친구를 비난하면 안 돼"라고 차분히 설명해줄 필요가 있습니다. 아이가 침착하게 반응할 수 있도록 "그럼 다른 놀이를 제안해볼까?" 또는

"친구가 하고 싶은 놀이를 들어볼까?"와 같은 대안을 함께 고민해보는 것도 좋습니다.

• 단계 3: 인간관계에서 거절은 자연스러운 일임을 알려주기

부모로서 아이가 상처받지 않길 바라겠지만, 현실적으로 거절은 피할 수 없는 일입니다. 오히려 이를 자연스럽게 받아들이고 대처하는 법을 배우는 것이 중요합니다. 아이에게 "모든 사람이 항상 네가 원하는 대로 해주는 건 아니야. 엄마도 친해지고 싶은 사람이 있는데 거절당한 적이 있어"라고 설명해줄 수 있습니다. 또한 아이가 친구의 거절을 개인적인 감정으로 받아들이지 않고, 긍정적으로 해석할 수 있도록 "친구가 지금 다른 놀이를 하고 싶은가봐. 나중에 다시 물어보자" "오늘 같이 못 놀아도 다음번에는 기회가 있을 거야"라고 이야기해주는 것도 좋은 방법입니다. 한 친구의 거절에 상처받고 포기하기보다 다른 친구를 찾도록 격려하는 말을 해줄 수도 있습니다. "너랑 놀고 싶은 다른 친구가 있을 수도 있어. 한번 찾아보자"라고 하면서 긍정적인 태도를 길러주세요.

거절을 경험하는 것은 아이에게 감정상 쉽지 않겠지만, 이를 건강하게 받아들이고 대처하는 방법을 배운다면 사회적 관계에서 더 성숙해질 수 있습니다. 부모가 이런 상황에서 잘 지도해준다면,

아이가 슬픔과 좌절에 머무르지 않고 새로운 관계로 나아갈 수 있을 것입니다.

▲

이제 여정이 마무리되었습니다. 플레이 데이트는 새로운 개념처럼 들릴 수 있지만, 사실 우리가 어릴 때 자연스럽게 경험했던 놀이 문화의 연장선상에 있습니다. 친해지고 싶은 친구와 일대일로 함께 시간을 보내며 관계를 쌓아가는 것이지요. 다만 시대가 변하면서 더 많은 준비와 배려가 필요해졌기에 실질적인 도움을 드리고자 했습니다.

하지만 막상 플레이 데이트를 준비하려고 하면 부모님 입장에서 부담스러울 수도 있습니다. 바쁜 일상에서 시간을 내는 것도 쉽지 않고, 새로운 부모와 관계 맺고 시간을 함께 보낸다는 것이 어려울 수도 있습니다. 또 앞서 소개한 여러 단계와 팁이 마치 규칙처럼 느껴져 피곤함이 앞설 수도 있습니다. 그런 감정이 드는 것은 당연한 일입니다. 완벽한 플레이 데이트를 계획해야 한다는 부담을 가질 필요는 없습니다. 앞선 내용을 다 지키려는 부담을 내려놓고, 우리 아이에게 가장 필요한 것 한두 가지만 도와줘도 친구를 사귀는 데 큰 도움이 될 수 있습니다. 가장 중요한 것은 아이가 친구와 함께하는 경험을 쌓는 것이며, 부모님은 그 과정을 지켜보면서 적당한 도움을 주면 된다는 점을 기억해주세요.

물론 플레이 데이트가 번거로운 일처럼 느껴질 수도 있지만, 부모님의 작은 노력이 아이에게는 큰 기회가 됩니다. 아이들은 친구와의 놀이를 통해 사회성을 배우고, 자기 생각을 표현하며, 타인의 감정을 이해하는 법을 익혀나갑니다. 이 과정이 단 한 번의 만남으로 이루어지는 것이 아니기에, 부모님의 따뜻한 관심과 배려가 아이의 사회적 성장에 중요한 밑거름이 될 것입니다. 부담스러울 때는 완벽을 기하려는 마음을 내려놓고, 아이가 친구와 즐거운 시간을 보내는 것만으로도 충분히 의미 있는 경험이 된다는 점을 기억하며 편안하게 플레이 데이트를 즐겨보세요. 부모님이 더 가볍고 편안하게 느낄 때, 우리 아이들도 그 시간 속에서 친구들과 더 소중한 추억을 쌓아갈 수 있을 것입니다.

3장
화, 놀림, 괴롭힘에 대처하는 아이들: 갈등과 함께 성장하기

_김혜진

갈등은 누구나 살면서 겪는 자연스러운 일입니다. 어른들 사이에서 그런 것처럼 아이들 사이에서도 갈등은 매일 일어납니다. 특히 초등학교에 갓 입학한 아이들은 새롭고 낯선 환경에서 친구와 관계 맺으며 크고 작은 도전과 갈등을 경험합니다. 어차피 피할 수 없다면, 아이들이 그 안에서 건강하게 성장하도록 돕는 것이 부모의 역할일 것입니다. 그렇다면 어떻게 도울 수 있을까요? 복잡하고 빠르게 변해가는 세상 속에서 아이가 겪는 갈등들을 어떻게 바라봐야 할지, 또 아이를 위해 어떤 도움을 줄 수 있을지 부모로서 고민이 커집니다. 이 장에서는 초등학교에 갓 입학한 아이들이 겪을 수 있는 대표적인 갈등 상황들을 살펴보고, 부모가 해줄 수 있는 것들에 대해 이야기해보려 합니다.

1.
부모가 알아야 할 갈등 해결의 기본 원칙

초등학교 저학년은 감정 조절과 문제 해결 능력이 아직 충분히 발달하지 않아 갈등 상황에 서툴 수밖에 없습니다. 따라서 아이의 문제 해결을 돕는 부모의 역할이 중요합니다. 이때 부모가 지나치게 개입해서 모두 해결해주는 것도, 무관심하게 방관만 하는 것도 바람직하지 않습니다. 부모가 할 일은 아이가 성인이 되었을 때 혼자서도 갈등을 해결할 수 있도록, 그걸 성공적으로 해결해보는 경험의 기회를 주는 것입니다. 이러한 경험을 쌓은 아이는 더 유연하고 성숙하게 타인과의 관계를 만들어갈 수 있을 것입니다. 이 과정을 효과적으로 돕기 위해서는 부모가 갈등 해결의 기본 원칙을 이해해야 합니다. 부모가 이 점을 숙지하고 있으면, 일관된 태도로 접근하면서도 다양한 상황에서 응용할 수 있을 것입니다.

부모 마음 다스리기

찬빈(초1, 남)이 엄마는 오늘 학교 담임 선생님께 전화를 받았습니다. 찬빈이가 미술 시간에 같은 반 동우를 때렸다는 것입니다. 엄마는 당황스럽기도 하고 화가 버럭 났습니다. 그래서 찬빈이를 불러다 다짜고짜 "너 오늘 동우 때렸어?" 하고 소리를 꽥 지른 후 학교에서 다시 한번 이런 일로 전화 오면 너도 똑같이 맞을 거라고 으름장을 놓았습니다. 사실 오늘 동우가 공들여 찰흙으로 만든 공룡을 찬빈이가 의도치 않게 팔꿈치로 건드려 책상 아래로 떨어뜨린 일이 있었습니다. 그러자 동우는 "너 일부러 그랬지!"라고 소리 지르면서 찬빈이가 만든 로봇을 주먹으로 내리쳤습니다. 찬빈이는 화가 나 하지 말라면서 동우를 밀쳤고, 동우는 "네가 먼저 했잖아"라면서 찬빈이에게 주먹을 날렸습니다. 결국 둘은 치고받고 싸웠습니다. 큰소리가 나자 담임이 무슨 일이냐며 다가왔고, 그때는 찬빈이가 동우에게 주먹을 날리던 참이었습니다. 선생님은 둘을 떼어놓은 후 무슨 일인지 물었지만 찬빈이는 씩씩대기만 하고 동우는 엉엉 울기만 했습니다. 선생님은 상황을 정확하게 알기 어려워 자신이 관찰한 일에 대해서만 두 아이의 부모에게 전화로 알렸습니다. 그런데 엄마는 어떤 일이 있었는지 찬빈이에게 묻지도 않고 혼부터 낸 것입니다. 찬빈이는 억울하고 분하고 자기 마음을 몰라주는 엄마에게 화가 났지만 엄마한테 또

혼이 날까봐 아무 말 하지 못한 채 울면서 잠이 들었습니다.

아이의 갈등 상황은 부모에게 감정적으로 크게 다가올 수 있습니다. 놀라기도 하고 화가 날 수도 있으며 아이의 사회성에 문제가 있는 것은 아닌지, 앞으로 사회에서 제대로 적응하지 못하는 것은 아닌지 불안하고 걱정스럽습니다. 특히 학교에서 전화를 받으면 가슴이 철렁합니다. 그러나 일단 부모는 자신의 마음부터 진정시키고 사실관계를 정확하게 파악한 후 대처해야 합니다. 그러기 위해 평정심을 유지할 수 있어야 합니다. 부모가 즉각적으로 화내거나 지나치게 불안해한다면, 상황을 객관적으로 바라보지 못하고 찬빈이 엄마처럼 아이의 마음에 억울함과 분노만 남길 수 있습니다. 따라서 부모의 마음이 혼란스럽다면 아이와 바로 대화하기보다는 잠시 시간을 갖는 것이 좋습니다. 1장에서 아이가 감정을 다스리는 데 도움을 주는 다양한 방법에 대해 말씀드렸는데요. 이런 방법을 부모 자신의 감정을 다스리는 데도 적용해볼 수 있습니다. 심호흡을 하고 천천히 숨을 내쉬거나, 물을 한 잔 마시고 밖에 나가 바람을 쐬며 마음을 가다듬습니다. 지금 어떻게 해야 할지 몰라 당황스럽더라도 갈등은 아이의 성장 과정의 일부로 자연스럽게 나타날 수 있는 일임을 떠올리며 여유를 갖는 태도가 필요합니다. 이렇게 하면 조금 더 안정된 상태에서 아이와 대화할 수 있을 것입니다.

사실관계 확인하기

요즘에는 아이들 사이의 관계가 전보다 더 복잡해지고, 갈등도 다양해졌습니다. 한 아이가 전적으로 잘못한 것이라기보다는 두 명 모두 혹은 여러 명이 다양한 방식으로 갈등에 관여했을 가능성이 높습니다. 그래서 아이들 사이에 갈등이 생겼을 때 상황을 정확하게 파악하고 사실관계를 확인하는 것이 중요합니다.

이때 주의할 점은, 아이들은 대부분 자기에게 유리한 쪽으로 이야기한다는 것입니다. 특별히 속이겠다는 의도가 없어도, 아직 자기중심적이고 시야가 좁아 전체적인 맥락을 이해하는 능력이 부족하기 때문에 자기 입장에서만 바라볼 수 있습니다. 혹은 혼날까 봐 무서워서 자기 잘못은 축소하는 반면, 상대방의 잘못은 키워서 말하기도 합니다.

따라서 부모는 아이의 말을 그대로 받아들이기보다는 여러 관점에서 이야기를 들어보고 객관적으로 사실관계를 확인해야 합니다. 이를 위해 다음과 같은 방법으로 아이와 대화를 나눠보는 것이 도움이 될 수 있습니다.

표 1. 사실관계 확인하기

1. 편안한 분위기 조성하기
아이의 이야기를 먼저 들어보겠다는 마음으로 따뜻하고 차분한 태도를 유지합니다. 아이가 갈등 상황에서 어떤 일이 있었는지 편안하게 말할 수 있는 분위기에서 대화를 시도합니다. 만약 부모와 대화하는 데 불안감을 느끼거나 비난받을 것이라는 생각이 든다면, 아이는 제대로 이야기하기 힘들 것입니다. 부모가 자신을 이해하려 한다고 느낄 때 아이는 더 쉽게 마음을 열고 말합니다.

2. 사실관계에 대해 물어보기
아이에게 문제가 된 사건에 대해 들어봅니다. 처음에는 말하기 어려워할 수 있습니다. 또 사건이 일어난 순서대로 말하기보다 감정적으로 크게 남은 사건 중심으로 이야기할 수 있습니다. 따라서 부모가 언제, 어떤 상황에서 일이 벌어진 것인지 말할 수 있도록 질문을 합니다. 단 꼬치꼬치 따지듯이 묻지 말고, 부드러운 말투로 아이의 반응을 기다리며 묻습니다. 화내거나 비난하거나 아이의 잘못을 따지고 지적하는 태도는 금물입니다. 다 들은 뒤에는 부모가 정리하고 재확인을 해줍니다.

엄마: 찬빈아, 오늘 학교 선생님한테 전화가 왔어. 오늘 동우랑 다퉜다던데. 무슨 일이 있었던 거야?

찬빈: …… (눈맞춤을 피함)

엄마: 혹시 엄마한테 혼날까봐 걱정돼? 아니면 설명하기가 좀 어려워? 엄마는 혼내려고 그러는 게 아니라 무슨 일이 있었는지 궁금해서 묻는 거야. 그냥 떠오르는 대로 이야기해주면 좋을 것 같아. 엄마 생각에는 너한테 그럴 만한 이유가 있었을 것 같은데. 선생님이 그런 부분을 모르시는 것 같아서 엄마가 알고 싶거든.

찬빈: (머뭇거리며) 동우가 먼저 내 로봇을 망가뜨렸어……

엄마: 우리 찬빈이가 만든 로봇을 동우가 망가뜨렸구나. 아이고 속상했겠다. 어쩌다 그렇게 된 거야?

찬빈: 내가 동우 공룡을 떨어뜨렸어. 일부러 그런 게 아닌데도 동우가 화내면서 내 로봇을 주먹으로 쳤어.

엄마: 그랬구나. 당황스럽고 미안하기도 하고, 너도 화가 나기도 했겠네. 근데 무슨 시간이었어? 원래 뭘 하고 있었던 거야?

찬빈: 미술 시간. 로봇을 만드는 데 다른 색깔 찰흙이 필요해서 현우한테 빌리려고 손을 뻗었는데 뒤에 있던 동우 공룡이 떨어졌어.

엄마: 아, 그러니까 미술 시간이었고 너는 로봇을 만들고 있었어. 만들다가 현우한테 다른 색깔 찰흙을 빌리려고 했어. 그리고 손을 뻗었는데 팔꿈치로 뒤에 있던 동우 공룡을 치게 된 거야?

찬빈: 응. 실수였어.

엄마: 그러니까 너가 일부러 동우 작품을 떨어뜨린 게 아닌데 동우가 주먹으로 네가 만든 로봇을 내리쳐서 뭉개졌다는 거지?
찬빈: 응, 맞아.
엄마: 그리고 너는 어떻게 했어?
찬빈: ······밀었어. 근데 동우도 나 때렸어.
엄마: 그랬구나. 찬빈이도 동우도 화가 많이 났구나. 그래, 찬빈이가 엄마한테 솔직하게 얘기해주니 고마워. 그럼 내일 엄마가 동우 엄마랑도 이야기해보고 좀더 알아본 다음에 선생님께 설명드릴게. 그리고 다음에는 어떻게 하면 좋을지 이야기해보자.

때에 따라 주변에 누가 있었는지(예: "그때 다른 애들도 다 같이 있었어?" "옆에 누가 또 있었는지 기억나?" "선생님은 계셨어?"), 상대방의 행동이 반복적이었는지 확인하는 질문을 할 수도 있습니다(예: "걔가 너한테만 그랬어?" "걔가 이전에도 그런 적이 있어?").

3. 추가 정보 수집하기
아이가 상황을 정확하게 설명하지 못할 수도 있고, 일부는 기억을 못 해 사실과 다르게 말할 수도 있습니다. 그 자리에 있었던 다른 친구, 친구의 엄마나 학교 선생님이 있다면 그때 상황이 어땠는지 들어봅니다.

"미술 시간에 찬빈이랑 동우랑 둘이 다퉜다는데, 현우한테 어떻게 된 일인지 물어봐줄 수 있어요?"
"제가 듣기로는 찬빈이가 일부러 동우 작품을 떨어뜨린 건 아니라고 하던데, 동우한테도 어떻게 된 일인지 물어보고 다시 전화 주시겠어요?"

4. 이런 일이 반복되지 않도록 어떻게 해야 할지 판단하고 조치하기
서로 사과할지, 상대방에게 사과를 요청할 일인지, 우리 아이가 사과할 일인지, 학폭으로 넘어갈 사안인지, 담임 선생님께 연락할 일인지, 갈등이 반복되지 않도록 하려면 어떻게 조치할지 판단합니다. 필요하다면 상대편 부모에게도 연락해 앞으로의 일을 상의합니다. "미술 시간에 찬빈이랑 동우랑 싸웠다던데 알고 계세요? 이번이 처음이 아니라고 하더라고요. 동우 엄마랑 제가 얘기를 좀 해보면 좋을 것 같아서 전화 드렸어요."

아이의 감정에 공감하기

갈등 상황에서 부모가 아이의 감정에 공감하고 위로해주는 것은 단순한 위로 이상의 의미를 지닙니다. 갈등이 발생하면 아이는 화도 나고 억울하기 때문에 이 감정이 해소되지 않은 상태에서는 합리적으로 해결하기가 어렵습니다. 이때 부모가 아이의 감정에 공감하고 인정해준다면, 아이는 자신이 이해와 지지를 받는다고 느낄 수 있습니다. 이는 부모와의 신뢰를 강화하는 데 기여할 뿐 아니라 아이에게 안정감을 주면서 상황을 좀더 객관적으로 바라보도록 도와줍니다. "너 한번만 더 학교에서 전화 오면 가만 안 둬!"라는 말보다 "그랬구나. 네가 일부러 떨어뜨린 게 아닌데 동우가 화를 크게 내서 당황스러웠겠다. 동우 거가 망가져서 미안하면서도 네가 만든 작품을 동우가 못쓰게 만들어서 너도 화가 났겠네"라는 말이 아이가 상대방의 입장에서도 생각해보고, 앞으로 같은 상황에 부딪히면 어떻게 해야 할지 배울 수 있는 마음의 바탕을 만들어줍니다.

또한 초등학교 저학년은 아직 자기감정을 명확히 이해하거나 표현하는 데 서툴기 때문에, 부모가 아이의 감정을 읽고 이름 붙여주는 과정을 통해 아이는 '내가 이런 감정을 느끼고 있구나' 하고 깨달을 수 있습니다. 이는 아이가 자기감정을 더 잘 표현하고 조절하며, 다른 사람의 감정을 이해할 수 있는 공감 능력을 키우는 데도 도움을 줍니다.

"누가 내 로봇을 망가뜨렸다면 엄마라도 화났을 것 같아. 찬빈이가 그런 기분을 느낀 건 자연스러운 일이야."

상대방의 관점을 이해하도록 돕기

갈등 상황에서 부모가 아이의 감정에 공감하고 위로하는 것뿐 아니라, 아이가 다양한 관점을 이해하도록 돕는 것도 중요합니다. 초등학교 저학년은 아직 자기중심적인 사고를 하는 경향이 강할 수 있습니다. 특히 갈등 상황에서는 상대방 입장이나 감정을 이해하기 어려울 수 있습니다. 따라서 부모가 다른 사람의 입장을 이해하는 법을 가르쳐주어야 합니다.

이를 위해 아이의 행동이 상대방에게 어떤 영향을 미쳤는지 깨닫도록 돕고 아이가 상대방의 마음 헤아려볼 수 있는 질문들을 해봅니다. 1장을 참고해 아이의 공감 능력을 기르고 부모와 역할 연기를 해보는 것도 도움이 됩니다.

표 2. 상대방의 관점을 이해하도록 돕는 대화 예시

엄마: 찬빈아, 그런데 동우는 자기가 열심히 만든 공룡이 떨어졌을 때 어떤 기분이 들었을까?
찬빈: 몰라. 내가 어떻게 알아.
엄마: 네가 동우였다면 어땠을 것 같아?
찬빈: ……
엄마: 자기가 공들여 만든 공룡이 떨어져서 엄청 속상했을 것 같아. 네가 일부러 그런 줄 알고 화가 났을 것도 같아.
찬빈: 실수였어. 일부러 그런 거 아니야.
엄마: 맞아. 엄마도 알아. 찬빈이는 실수한 거지. 그런데 동우는 네가 실수로 그랬다는 걸 알았을까?
찬빈: 나한테 일부러 그랬다면서 내가 만든 로봇을 내리쳤어.
엄마: 그래. 그래서 찬빈이도 속상했지. 그런데 동우는 왜 네가 실수로 했다는 걸 몰랐을까? 만약에 알았다면 어떻게 했을까?
찬빈: 알았다면 내 로봇을 그렇게 망가뜨리진 않았겠지.
엄마: 그럼 네가 실수로 했다는 걸 알 수 있게 하는 방법으로는 어떤 게 있을까?
찬빈: 음…… 그때 바로 실수였다고 말하고 미안하다고 했으면 그렇게까진 안 했을 것 같아.
엄마: 그래, 엄마 생각도 그래. 만약 찬빈이가 먼저 그렇게 말했다면 동우도 화가 덜 났을 수 있겠지? 그리고 동우도 찬빈이한테 사과할 기회를 가졌을 거야.
찬빈: 그럼 내일이라도 동우한테 가서 미안하다고 말할까?
엄마: 그래, 좋은 생각이야! 그리고 동우가 네 로봇을 망가뜨린 것도 잘못된 일이니까, 네가 사과하면 동우도 자기 행동을 돌아볼지 몰라.
찬빈: 음…… 알겠어, 엄마. 내일 가서 이야기해볼게.

다른 사람을 비난하지 않기

부모의 행동은 아이의 가치관과 태도에 큰 영향을 미칩니다. 그러니 "그놈 어딨어. 내가 가만 안 둘 거야" "너네 선생님은 그때 뭐

했니?"라면서 상대 아이를 비난하거나 선생님을 탓하지 않도록 합니다. 부모가 갈등 상황에서 상대방이나 교사를 비난하는 모습을 보이면, 아이는 문제 해결 과정에서 타인을 탓하거나 책임을 회피하는 태도를 배울 수 있습니다. 또한 부모가 다른 사람을 비난하면 부정적인 감정들이 유발될 수 있습니다. 이는 관계를 회복하고 유지하는 데 방해가 됩니다. 앞서 말했듯이 갈등은 누구에게나 언제든 일어날 수 있습니다. 갈등을 해결하는 과정에서 관계가 돈독해지거나 서로를 더 잘 이해하게 되기도 합니다. 따라서 부모가 감정적으로 반응해 타인을 탓하기보다 아이가 타인을 존중하고 문제 해결을 위한 건설적인 태도를 배우도록 모범을 보이는 게 좋습니다.

아이가 피해를 입었을 때 상대편 부모나 담임에게 연락하기

상대편 부모와 연락할 상황

부모들 사이에 직접적인 소통이 필요한 경우입니다. 위에서 설명한 대로 사실관계를 확인하기 위해 상대편 부모와 연락할 수 있습니다. 또한 상대 아이 때문에 우리 아이가 괴로움을 겪고 있다면 이 사실을 그 부모에게 알리고 반복되지 않도록 지도를 요청해야 합니다. 아이가 사과받는 것이 상처 입은 마음을 회복하는 데 도움이 된다면 상대편 부모를 통해 사과를 요청할 수 있습니다. 이때 비난하거나 고압적인 태도를 보이기보다는 정중하고 협력적인 태도로 사과를 요청합니다. 예를 들어 "아이가 이런 일을 겪고 마음이 많이 상했어요. 아이가 사과받을 수 있다면 풀릴 것 같습니다" "아이들이 더 좋은 관계를 가질 수 있도록 이번 일에 대해 사과가 있었으면 합니다" "우리 아이의 마음이 많이 상했는데, ○○가 직접 사과해주면 훨씬 더 나아질 것 같아요"라고 할 수 있습니다.

담임에게 연락할 상황

학교에서 발생한 일이거나, 학교 내 문제를 선생님이 중재하고 관리해야 할 때는 담임 선생님에게 연락합니다. 학교에서 갈등 상황이 반복되거나 괴롭힘, 집단 따돌림을 겪거나, 성추행이 있을 때도 선생님과의 논의가 필요합니다. 또한 아이가 친구와의 갈등으로 인해 학교에 가길 두려워하거나 수업에 집중하지 못할 정도로 지장이 생긴다면, 선생님에게 알리고 지원을 요청해야 합니다. 교실이나 운동장에서 안전 문제가 발생했을 때도 선생님에게 상황을 알리고 조치를 요청합니다. 선생님께 연락할 때는 함께 문제를 해결하려는 자세가 중요하며, 비난하거나 화를 내는 것은 도움이 되지 않습니다. 상황을 사실 위주로 설명하고, 아이의 말과 목격자 진술 등 구체적인 근거를 제시합니다.

아이가 피해를 주었을 때 사과하기

부모가 상대편 부모에게 사과하기

부모가 상황을 다 파악하고 우리 아이가 잘못한 부분이 있다면 문제를 인정하고 사과하는 모습을 보이는 것도 아이에게 배움의 기회가 될 수 있습니다. 예를 들어 내 아이가 다른 아이를 때렸다는 사실을 알게 되었을 때, 인정하고 싶지 않거나 억울할 수 있습니다. 그렇지만 내 아이가 때린 것이 맞는다면 진심이 담긴 태도로 "죄송합니다. 아이가 많이 안 다쳤는지 모르겠네요. 앞으로 이런 일이 없도록 집에서 잘 지도하겠습니다"라면서 마음을 다해 사과합니다. 이때 상대방이 사과를 받아들이지 않을 수도 있습니다. 그렇다고 해서 '뭘 더 어쩌라고' 하는 식으로 따지는 것은 부모끼리 또 싸우자는 뜻이 될 수 있습니다. 따라서 이때는 사과하러 간 것이라는 원래 목적을 되새기면서 뒤로 물러납니다. 보편적인 수준에서 사과를 했는데도 받아들이지 않는다면 그건 어쩔 수 없습니다.

아이에게 사과를 가르치기

사과는 자신의 행동이 다른 사람에게 미친 영향을 깨닫고 책임을 지는 첫걸음입니다. 이를 통해 아이는 자기 잘못을 인정하고 바로잡는 방법을 배울 수 있습니다. 나아가 사과는 상대방과의 신뢰를 회복하고 관계를 긍정적으로 유지하는 데 중요한 역할을 합니다. 어린 시절부터 이런 과정을 배우는 것은 아이가 책임감 있는 성숙한 어른으로 성장하는 데 밑거름이 됩니다. 따라서 아이가 갈등 상황에서 다른 아이에게 피해를 주었다면 직접 사과하도록 가르쳐야 합니다. 이때 자기 잘못에 대해 책임을 인정하도록 지도합니다. 다음과 같은 표현은 하지 않도록 합니다.

- **변명이 담긴 사과**: "네가 먼저 부숴서 그런 거긴 한데, 미안."
- **조건부 사과**: "미안해, 하지만 네가 너무 재촉하는 바람에 정신이 없었어." "내가 잘못한 건 아닌 것 같은데, 그래도 네가 기분 나쁘다면 사과할게."
- **잘잘못을 따지는 사과**: "내가 잘못한 것은 알겠어. 미안. 그런데 너도 잘못했잖아."

사과하는 방법은 다음과 같습니다.

- **1단계. 구체적으로 사과하기**: 아이가 '미안해'라고만 하지 않고, 무엇이 잘못되었는지 명확하게 말하도록 합니다.

"내가 주위를 잘 살피지 않고 네가 만든 공룡을 떨어뜨렸어. 미안해."

- **2단계. 행동 개선 약속하기**: 아이가 같은 행동을 반복하지 않겠다는 약속을 표현하도록 지도합니다. 구체적인 대안이 있다면 제안하도록

합니다.

"다음에는 주위를 잘 살필게."

아이에게 사과하는 방법을 가르쳐준 뒤에는 상대 아이가 바로 사과를 받아들이지 않을 수도 있음을 이해시키고, 상대방의 마음이 풀릴 때까지 기다리도록 지도합니다. "친구가 지금 바로 받아들이지 않더라도 기다려보자. 우리가 진심으로 노력하면 마음이 풀릴지도 몰라. 그때까지는 시간이 필요할 수도 있어."

아이가 나중에 사과를 잘 한다면 "잘했어. 용기 내서 잘못을 인정하고 친구에게 사과한 건 책임감 있는 행동이야"라면서 격려해줍니다. 하지만 아이가 사과를 건성으로 성의 없이 할 수도 있습니다. 그렇더라도 일단 사과했다면 "사과한다는 건 정말 용기 있는 행동이야"라고 격려해주는 것이 좋습니다. 자기 잘못을 인정하고 사과한다는 것은 어른뿐 아니라 아이에게도 용기를 필요로 하며, 이렇게라도 하고 나면 나중에는 진정성 있는 사과를 할 가능성이 높으니까요. 아이가 사과 자체를 거부할 수도 있습니다. 이때 부모가 아이에게 "빨리 사과해. 안 해? 엄마한테 더 혼나야 정신 차릴래?"라면서 사과를 강요하지 않도록 합니다. 사과는 스스로 다른 사람에게 피해를 주거나 상처 입힌 것에 대해 정말 미안한 마음이 들 때 해야 합니다. 사과를 강요하면 나중에는 상황을 모면하기 위한 형식적인 것이 되어버릴 수 있습니다. 또한 욕구가 무시된 채 사과를 강요받으면 부모가 자기 마음을 몰라준다고 생각하게 되거나, 자기감정이 무시당했다고 여겨 부모에 대한 반항심이 생길 수 있습니다. 심리학자 로라 마컴은 어릴 때 억지로 사과한 경험은 수치심을 일으킨다고 했습니다. 이는 결국 진정성 있게 사과해야 하는 상황을 회피하게 만들 위험이 있습니다.[1]

그리고 아이가 사과하지 않는다면 이유가 있을 것입니다. 우선 아이 입장에서 잘못을 인지하지 못했거나, 억울한 마음이 있을 수 있습니다. 혹은 사과를 하고 싶지만 민망하거나 수치심을 느껴 행동으로 옮기지 못할 수 있고, 때로는 어떻게 사과해야 할지 몰라 당황스럽거나, 친구와의 갈등으로 감정이 격해져 사과하기 어려울 수도 있습니다. 이런 이유일 때는 그저 강요하기보다는 "사과하기 힘들지? 미안한 마음을 표현하는 거 정말 어려운 일이야"와 같은 말로 공감해주는 것이 아이가 자신의 감정을 안전하게 표현할 기회를 제공합니다. 또한 사과의 의미와 중요성을 알려주는 것도 필요합니다. 예를 들어 "사과는 잘못을 인정하고 다시 좋은 관계를 맺기 위한 행동이야. 우리가 실수했을 때, 그걸 인정하는 용기를 내면 상대방 마음도 풀어질 수 있어"라고 이야기하며 아이가 사과의 본질을 이해하도록 도와줍니다. 단, 이때 아이가 충분히 상황을 이해하고 받아들일 수 있도록 시간을 주어야 합니다. "조금 있다가 차분해지면 친구한테 어떻게 이야기할지 같이 생각해보자"와 같은 말로 아이가 감정을 정리할 여유를 주는 것도 방법입니다.

자신을 지키는 방법 가르치기

타인을 배려하는 것도 중요하지만 그만큼 자신을 소중히 여길 수도 있어야 합니다. 자신을 존중할 줄 알아야만 다른 사람도 존중할 수 있기 때문입니다. 더욱이 앞으로는 부모가 곁에서 보호해주지 못할 일이 점점 더 많아질 테니 아이가 스스로를 지킬 방법을 알아야 합니다.

자신을 보호할 수 있는 경계에 대해 설명해주기

사람들과 건강한 관계를 맺고 유지하기 위해서는 그 관계에서 나를 지킬 수 있는 선, 바로 경계가 필요합니다. 아이도 타인과의 관계에서 경계를 설정하는 법을 배워야 외부 위협으로부터 스스로를 보호할 수 있습니다. 경계를 모르는 아이는 부당한 요구나 행동에 노출되었을 때 이를 거절하지 못할 수도 있습니다. 따라서 부모는 '경계'가 무엇이고 어떻게 지키는지 알려주어야 합니다. 이를 위해 "너는 엄마 아빠에게 정말 소중한 사람이야. 네 자신도 네가 얼마나 소중한 사람인지 알았으면 좋겠어. 네가 불편한 상황에서는 스스로를 지킬 권리가 있어"와 같은 말을 평소 아이에게 꾸준히 해줍니다. 그리고 '경계'가 무엇인지 초등학교 저학년이 이해할 수 있는 말로 알려줍니다. "경계는 우리 몸과 마음을 지키는 울타리 같은 거야. 어떤 사람이 그 울타리를 넘어서 불편하게 하면 그건 안 되는 일이야. 우리는 그 울타리를 잘 지켜야 하고, 불편하면 '그만해'라고 말할 수 있어야 해." "네가 누군가랑 같이 있을 때 이상하다고 느껴지거나, 무섭거나, 불편하면 그건 우연이 아니야. 네 몸과 마음이 '안 좋아'라고 말하는 거야. 그럴 땐 거기서 벗어나야 해."

자신을 지키는 말과 행동 가르치기

친구와 우정을 더 소중하게 오래 유지하기 위해서는 내 생각과 감정을 존중하지 않는 상대로부터 나를 지킬 수 있어야 합니다. "하지 마" "싫어" "그만해" "안 돼"는 간단한 말이지만 아이가 타인의 불편한 말과 행동으로부터 스스로를 보호하도록 합니다. 대신 소리 지르거나 공격적으로 말하지 않으면서 단호하게 표현하도록 가르치는 것이 중요합니다.

"누군가 네 마음을 속상하게 하거나, 너한테 불편한 말을 할 때 '그런 말 하지 마'라고 하거나, 싫은 건 '싫어'라고 말해도 돼."

또한 친구들과 놀다보면 물건을 빼앗기거나 다른 아이의 부당한 요구에 응해야 하는 상황에 놓일 수 있습니다. 이때 "이건 내 거야. 만지지 마" "내 차례니까 나 먼저 할게"와 같은 표현을 통해 자신의 권리를 지키도록 가르쳐야 합니다. 부모가 갈등 상황을 피하기 위해 무조건 양보하라고 할 수도 있는데, 양보보다 더 중요한 것은 자신의 권리를 지키는 것입니다.

다른 사람의 신체 폭력으로부터 자신을 보호하는 방법은 뒤에서 자세히 다루겠습니다.

위험한 상황에서 벗어나는 방법 알려주기

아이들이 스스로를 지킬 수 있는 또 하나의 중요한 방법은 위험한 상황에서 벗어나는 능력을 기르는 것입니다. 초등학교 저학년에게는 아직 스스로 대처하기 어려운 위험한 상황들이 있습니다. 성인들과의 관계가 그중 하나입니다. 예를 들어 아이가 길을 걷다가 낯선 이가 다가오면, '내가 알지 못하는 사람'이라는 사실을 인식하고, 그 자리에서 즉시 벗어나거나 공공장소로 향할 수 있어야 합니다. 부모는 아이에게 혼자 외출할 때는 항상 안전한 경로를 택하고, 모르는 사람과 대화하지 않기와 같은 기본적인 안전 규칙을 반복해서 가르쳐야 합니다.

또한 아이가 갈등 상황에서 혼자 해결하기 어려워한다면 부모나 선생님, 신뢰할 수 있는 어른에게 이를 알리고 도움을 청할 수 있어야 합니다. 부모는 아이에게 "어떤 문제가 생기면 언제든지 말해라"라고 지속적으로 이야기해 아이가 도움을 요청하는 것이 두려운 일이 아니며, 그 행동이 안전을 지키는 방법임을 알게 해야 합니다.

"만약 누군가 네가 싫다고 했는데도 계속 귀찮게 하거나, 너한테 불편한 행동을 한다면, 그 사람한테서 멀어져야 해. 그리고 꼭 엄마, 아빠, 선생님처럼 믿을 수 있는 어른에게 바로 말해야 해. 네가 혼자 해결하려 하지 않아도 돼."

"만약 네가 '그만해'라고 여러 번 말했는데도 상대가 듣지 않는다면, 그건 네가 잘못한 게 아니야. 그땐 선생님이나 엄마, 아빠처럼 네가 믿을 수 있는 어른에게 바로 말해야 해. 누군가에게 말하는 건 아주 용기 있는 행동이야."

전문가와 협력하기

갈등 상황에서 아이의 행동과 정서 상태를 면밀히 살펴보는 것은 매우 중요합니다. 대부분의 경우 부모가 따뜻한 지도와 조언으로 아이를 도울 수 있지만, 부모의 개입 이후에도 갈등이 반복된다거나 다음과 같은 상황이라면 전문가의 도움을 받는 것이 필요합니다.

갈등 상황에서 아이의 행동이 또래들과 비교할 때 지나치게 어리거나 미성숙하다면

- 문제 해결 능력이 또래에 비해 너무 부족할 때(예: 친구와 장난감을 두고 다툼이 생겼을 때 "네가 다 가져가"라며 포기해버림, 혹은 반대로 "이건 내 거야!"라고 고집만 부림, 아무 말 못 하고 울기만 함)

- 자기감정을 비롯해 상대방의 감정, 입장, 상황을 파악하는 능력이 많이 부족할 때
- 상대방의 표정, 몸짓, 말투가 의미하는 바를 파악하지 못할 때
- 농담이나 비유와 같은 표현을 잘 이해하지 못해 자기를 괴롭힌다고 오해하는 일이 반복될 때
- 갈등의 원인이 되는 행동을 멈추지 못하고 계속할 때
- 감각적으로 예민해 친구가 자신에게 가볍게 닿거나 목소리가 커지는 등 사소한 자극에도 지나친 반응을 보일 때

규범에서 일탈한 행동, 충동 조절의 어려움을 보인다면
- 원인이 되는 사건에 비해 지나치게 흥분하며 소리 지르고 폭발적인 반응을 보일 때
- 산만하거나 행동이 너무 커서 오해를 사는 일이 빈번할 때(예: 줄을 서 있을 때 계속 앞뒤로 움직여서 "왜 밀었어?"라는 항의를 받음)
- 차례를 기다리지 못하고, 친구들을 방해하거나 거기에 간섭해 갈등이 반복될 때
- 말보다 공격적인 행동이 앞서는 일이 반복될 때
- 경쟁심이 지나칠 때(예: 놀이 중 자신이 지는 상황을 참지 못하고 반칙하거나 소리 지르거나 물건을 던짐, "난 안 해!" 하고 갑자기 이탈함)

- 규칙을 계속 어길 때

갈등으로 인한 심리적 고통이 너무 크다면

다음과 같은 신호가 있다면 아이가 감당하기 어려운 우울감, 불안감을 겪는 것일 수 있으므로 전문가의 도움을 받아야 합니다.

- 학교에 가거나 사람들을 만나는 것을 두려워하고 거부/ 아프지 않은데도 기운이 없음/ 즐거워하던 일에 흥미를 보이지 않음/ 악몽을 꾸다 소리 지르거나 잠을 잘 자지 못함/ 잘 먹던 아이가 잘 먹지 않음/ 두통, 복통과 같은 신체 증상을 자주 보임/ 소변이나 대변 실수를 하기 시작/ 소변을 너무 자주 보러 다님/ 자기 자신을 비하함/ 자해를 함/ 갑자기 짜증을 많이 냄/ 손톱이나 머리카락을 심하게 뜯음/ 안절부절못하고 계속 돌아다님/ 이전과 달리 집중을 잘 못 함/ 멍한 모습을 많이 보임/ 작은 일에도 깜짝깜짝 놀람/ 과도한 경계심을 보임

꾸준히 연습하고 지지하기

 아이의 갈등 해결 능력을 키우기 위해서는 꾸준한 연습과 지지가 필요합니다. 같은 상황이 반복될 것에 대비해 부모와 함께 대처 방법을 연습해봅니다.(1장 참고) 이런 과정에서 아이가 단번에 변하지 않을 수 있다는 점을 이해하고 포기하지 않아야 합니다. 아이는 갈등 상황에서 좋아졌다가도 어려움을 겪는 과정을 반복할 수 있습니다. 이는 성장 과정의 자연스러운 부분입니다. 부모가 바라는 속도와 방향대로 아이가 변화하지 않을 수 있음을 인정하고, 아이 고유의 속도와 과정을 존중하며 기다려주는 자세가 필요합니다. 비록 변화가 더디게 느껴질지라도 아이는 성장하고 있다는 사실을 기억하며 작은 변화에도 기뻐하고 격려하는 것이 중요합니다. 꾸준한 연습과 지지는 아이가 건강하고 안정적으로 성장하는 데 큰 힘이 될 것입니다.

 "와, 이번엔 화내지 않고 마음을 말로 표현했네! 정말 대단해." "엄마(아빠)는 네가 조금씩 노력하고 있다는 걸 알아. 잘하고 있어." "지금처럼 조금씩 연습하면 앞으로 더 나아질 거야."

2.
사례로 알아보는 갈등 대처 방법

갈등 상황에서 화나면 과격하게 표현하는 아이

은비(초1, 여)는 화날 때 소리를 꽥 지르거나 물건을 던지는 등 과격하게 표현하는 아이입니다. 이날도 놀이터에서 놀고 있던 은비는 자기한테 모래를 뿌리는 호수 때문에 화가 났습니다. 그래서 참다가 갑자기 호수에게 돌을 던졌고, 호수의 머리에서는 피가 났습니다. 호수의 부모는 병원에서 진단서를 떼어와 은비를 학교폭력 가해자로 신고했습니다.

은비는 화를 폭발적으로 내는 아이입니다. 이런 아이들은 자기 감정을 말로 표현하지 못하다가 격해지면 행동으로 표현하곤 합니다. 은비도 그랬습니다. 자기에게 모래를 뿌리는 호수에게 "그만해"라고 말하지 못하고 돌을 던지고 만 것입니다. 화는 사실 다른 사람이 휘두르는 날선 말과 행동으로부터 우리를 보호해주는 역할을 하는 소중한 감정입니다. 부당한 대우를 받거나 잘못된 상황에 처했을 때, 자신의 경계를 명확히 하고 이를 타인에게 전달하려면 화를 적절히 표현할 수 있어야 하고 이는 갈등 상황에서도 마찬가지입니다. 폭발적인 화는 갈등을 키우지만, 잘 다룬 화는 문제를 해결하고 관계를 개선하는 데 중요한 역할을 합니다. 이는 건강한 의사소통을 가능하게 하며, 자기감정을 효과적으로 전달하는 기반이 됩니다. 중요한 것은 화를 억누르거나 폭발시키지 않고, 적절히 표현하는 방법을 배우는 것입니다. 그렇지만 우리 세대의 부모들은 화란 나쁘고 드러내면 안 되는 것이라 배워 아이들이 짜증내거나 화내면 "그만해" "짜증 좀 내지 마" "누가 엄마한테 그렇게 화내라고 했어" "너 한번 혼나볼래?"라고 반응하며 아이를 억누르곤 합니다. 그렇게 하면 은비처럼 갈등 상황에서 화났을 때 참다가 결국 과격하게 폭발시킬 위험이 있습니다. 그러니 평소 아이가 화를 잘 내도록 도와주어야 합니다. 다음의 방법들을 배워서 아이에게도 알려줍시다.

감정 알아차리기

갈등 상황에서 화를 잘 다스리고 말로 해결하려면 자기감정을 다스릴 수 있어야 하고, 이를 위해서는 우선 감정을 빨리 알아차릴 수 있어야 합니다. 평소에 부모가 아이의 감정을 읽고 공감하는 반응을 해주었다면 아이는 자기감정에 대해 좀더 쉽게 알아차릴 수 있을 것입니다. 예를 들어 아이가 친구들이랑 놀고 싶은데 잘 안 놀아준다고 할 때 부모가 "다 너를 좋아할 순 없어. 다른 친구랑 놀면 되지"라고 반응하기보다 "친구랑 놀고 싶은데 안 끼워줘서 속상했겠다"라고 해주었다면 아이는 자기감정을 더 쉽게 알아차릴 수 있을 것입니다.

문제는 부모도 자기감정을 잘 모르는 사람일 수 있다는 겁니다. 그래서 더 쉬운 방법은 자신의 신체 반응을 통해 감정을 알아차리는 것입니다. 호수가 모래를 뿌려서 화났을 때 만약 은비가 주먹이 쥐어지고 숨이 가빠지는 것을 느꼈다면 '나한테 화가 올라오고 있구나'를 빠르게 알아차릴 수 있었을 것입니다. 따라서 아이와 함께 화가 났을 때 신체에서 어떤 변화가 나타나는지 미리 얘기를 나눠보면, 아이 역시 스스로 빠르게 알아차릴 수 있습니다. 화났다는 것을 알 수 있는 신체 반응에는 다음과 같은 것이 있습니다.

- 가슴이 두근거린다, 호흡이 가빠진다, 얼굴이 뜨거워진다, 주먹을 쥐게 된다, 발로 바닥을 세게 차게 된다, 손발이 떨린다, 뒷목이 당긴다, 목소리가 커진다.

마음 진정시키기

주체할 수 없을 정도로 화가 난다면 일단 마음을 좀 진정시켜봅니다. 화가 너무 많이 난 상태에서는 나중에 후회할 말이나 행동을 하기 쉽고, 상대방을 공격하는 말과 행동을 하면 갈등은 더 커질 수 있습니다. 특히 상대방의 심한 장난에 화가 난 나머지 폭력으로 대응하면 내가 더 잘못한 사람이 될 수도 있습니다. 은비처럼 학교폭력의 가해자로 오해받는 것입니다. 그래서 화가 너무 날 때는 우선 마음을 가라앉혀야 합니다. 간단한 방법으로는 숨을 천천히 들이마시고 내쉬기, 1부터 10까지 세기(혹은 10부터 1까지 거꾸로 숫자 세기), 잠깐 그 자리를 뜨기, 물 마시기가 있습니다. 은비가 숨을 크게 들이마시고 내쉰 다음 마음을 가라앉혀 아래의 '나 전달법'을 사용해 표현했다면 학교폭력 가해자가 되는 일은 없었을 것입니다. 1장에 나와 있는 복식호흡과 버터플라이허그를 아이와 함께 연습해보면 좋습니다.

말로 표현하기

마음을 조금 진정시킨 후에는 상대방에게 자신의 마음을 말로 드러낼 방법들을 알려주세요. 단어를 많이 알아야 표현도 할 수 있으므로 내 마음을 나타낼 수 있는 단어로는 어떤 것들이 있는지 아이와 함께 살펴봅니다. 이때 상대방을 주어로 하면 그 아이가 비난받는 느낌이 들고 기분 나쁠 수 있기 때문에 나를 주어로 하는 '나 전달법'을 사용하도록 알려줍니다. 처음엔 조금 어색할 수 있지만 이건 다른 사람의 기분을 나쁘게 하지 않으면서 나의 불편함을 표현하는 효과적인 방법 중 하나입니다. 부모도 평소 아이에게 감정을 표현할 때 '나 전달법'을 사용하면 아이가 더 쉽게 배울 수 있습니다. 짜증스러운 목소리로 "너 왜 그러니 진짜"라고 하기보다 "은비가 갑자기 그렇게 소리 지르니까 엄마 놀랐어"라고 말하는 게 더 도움이 될 것입니다.

표 3. '나 전달법'

1. 상대방의 행동(상황): 상대방이 한 행동을 객관적으로, 비난 없이 표현합니다. "네가 모래를 뿌리면"
2. 영향: 그 행동이 나에게 어떤 영향을 미쳤는지 또는 그로 인해 어떤 결과가 발생했는지 설명합니다. "눈에 모래가 들어가서 아프고"
3. 감정: 그 행동과 영향으로 인해 내가 느끼는 감정을 솔직히 표현합니다. "화가 나"
4. 바라는 행동: 상대방에게 바라는 바를 구체적으로 말합니다. "나한테 모래 뿌리지 마. 그만해."
종합하면 "네가 나한테 모래를 뿌리면 눈에 모래가 들어가서 아프고 화가 나. 나한테 모래 뿌리지 마. 그만해."

친구의 잘못을 지적해서 미움받는 아이

지호(초1, 남)는 주변 사람들의 규칙 위반이나 실수를 잘 참지 못하는 아이입니다. 학교에서 친구들과 놀이하던 중 누군가 규칙을 지키지 않으면 "그렇게 하면 안 돼!"라며 큰소리로 행동을 지적하곤 합니다. 점심 시간에도 친구가 음식을 흘리자 "음식 흘리면 지저분해져. 그렇게 먹으면 안 돼"라고 말하며 친구의 행동을 바로잡으려 합니다. 지호는 자신의 말이 옳다고 생각하고 친구들에게 도움을 주는 것이라 여깁니다. 그러나 친구들은 지호의 행동을 불편해하며 같이 놀기 싫다는 반응을 보이기 시작했습니다. 지호는 왜 친구들이 자신을 멀리하는지 이해하지 못하고, 오히려 '내가 잘못한 게 아닌데 왜 친구들이 나를 미워하지?'라며 속상해합니다.

규칙과 규범을 잘 지키는 것을 유독 중요시하는 사람들이 있습니다. 그래서 자신도 규칙에 맞게 행동하려 하지요. 하지만 자신의 높은 기준을 타인에게 적용하는 것은 문제가 되기도 합니다. 그건 아이들 사이에서도 마찬가지입니다. 특히 친구들의 잘못을 시시콜콜 지적하거나 선생님이 된 듯 훈계하면 미움을 살 수 있습니다. 사실 잘잘못을 가리기 좋아하는 것은 6~8세 아이들의 특징 중 하나입니다. 이 시기 아이들은 남의 잘못된 행동을 보면 상황이나 상대에 관계없이 지적해서 부모를 당황스럽게 합니다. 피아제의 도덕성 발달 이론에 따르면 5~7세 유아들은 사회적 규범이란 무조건 복종해야 하며, 옳고 그름이 분명히 나뉘어 있다는 이분법적 사고를 한다고 합니다.[2] 따라서 이 시기에 남의 잘못을 지적하고 따지려드는 것은 흔한 일일 수 있습니다. 8~11세에는 사회적인 규범은 임의적인 약속이고 사람들의 동의에 의해 변할 수 있다는 것을 이해하며, 결과보다 내면의 동기, 의도를 고려하게 되면서 다른 사람의 행동을 지적하는 행동은 줄어듭니다. 친구의 잘못을 꼬집는 행동은 나이를 먹으면서 자연스럽게 감소하지만, 만약 우리 아이가 또래에 비해 지적하는 행동이 과도하고, 이로 인해 관계에 어려움을 겪는다면 부모의 도움이 필요합니다.

부모의 양육 태도 점검하기

아이는 부모의 말과 행동을 그대로 모방해 학습하고, 그 결과 부모와 비슷한 방식으로 행동합니다. 따라서 아이가 친구들의 잘못을 사사건건 지적하는 행동을 보인다면, 먼저 부모가 자신의 양육 방식을 점검해봐야 합니다. 부모가 아이에게 "글씨가 이게 뭐야. 삐뚤어졌잖아" "왜 세수를 이렇게 해? 물이 다 튀었잖아"라며 사소한 부분까지 지적한다면 아이는 부모가 자신에게 한 것처럼 다른 사람의 실수나 잘못을 예민하게 포착하고 이를 지적하는 게 옳은 행동이라고 인식할 가능성이 높습니다.

또한 부모들이 저지르는 실수 중 하나는 간섭과 교육을 혼동하는 것인데, 아이를 바르게 키우기 위한 교육은 당연히 필요하지만 매사에 이래라저래라하는 것은 교육이 아니라 지나친 통제일 수 있습니다. 부모의 마음속에는 자신의 생각대로 다른 사람을 움직이려는 통제 욕구가 감춰져 있을 수 있습니다. 이런 부모 밑에서 자란 아이들은 규칙을 강조하면서 친구를 통제하려 할 수 있습니다. 지호의 아빠도 시시콜콜한 행동 하나하나에 간섭하는 사람이었습니다. 심지어 밥먹을 때조차 "너 왜 다리를 이렇게 벌리고 앉아. 다리 붙여. 똑바로 앉아"라고 지적받던 지호는 어느새 점심 시간에 밥 먹는 자세를 지적하는 '재수 없는' 아이가 되어 있었던 것입니다. 따라서 부모가 먼저 이런 통제 욕구를 버리고, 위험하거나 다른 사람에게 피해를 입히는 것이 아니라면 아이 스스로 배울 기회를 주어야 합니다.

부모에게 완벽주의 성향이 있는지도 살펴봐야 합니다. 이런 성향의 부모는 아이에게 높은 기준을 요구하며 그에 맞지 않는 행동들은 고치도록 합니다. 그래서 높은 기준과 평가에 익숙해진 아이들은 자신과 타인의 행동을 끊임없이 평가하고, '완벽해야만 옳다'는 생각을 내면화합니다. 이는 아이가 자신에게 가혹한 기준을 적용하는 동시에, 다른 사람의 행동에도 똑같이 비판적 시각을 갖는 원인이 되며 친구의 실수를 지적함으로써 자신이 더 우위에 있다는 감정을 느끼게 만들 수 있습니다.

융통성과 관대함 길러주기

조그만 실수도 용납하지 않고 원칙을 고수하는 아이들은 규칙과 예상에서 벗어난 상황에 불안감을 크게 느끼기 때문에 자기 자신뿐 아니라 다른 사람이 벗어나는 것도 참지 못할 수 있습니다. 이런 경우 실수하거나 원칙에서 벗어나도 괜찮다는 경험을 하는 게 좋습니다. 물론 규칙을 지키는 것은 중요하며 규칙을 어기는 사람이 되자는 뜻은 전혀 아닙니다. 하지만 규칙은 사람들이 더 즐겁고 행복해지기 위해 있는 것입니다. 일부러 규칙을 어기고 다른 사람을 불편하게 할 필요는 없지만, 실수로 혹은 잘 몰라서 어긴다면 나쁜 사람이 아니며 큰일도 아님을 알려주고 자기 자신도 그럴 수 있다는 것을 수용하도록 도와주어야 합니다.

"지호야, 우리가 규칙을 지키는 건 중요해. 규칙이 있으면 사람들이 다 같이 즐겁고 행복하게 지낼 수 있잖아. 그렇지만 사람마다 중요하게 생각하는 게 다를 수 있고 모든 상황에서 모든 규칙을 지켜야 되는 건 아니야. 가끔은 실수로 어길 수도 있어. 그런 일이 생기면 너무 화내거나 불안해하지 않아도 돼. 실수는 누구나 할 수 있는 거니까."

"지호도 실수하거나, 규칙에서 살짝 벗어날 때가 있을 수 있지? 그럴 때 네가 나쁘거나 잘못된 사람이 되는 건 아니야. 누구나 실수할 수 있어. 그걸 통해 배우는 것도 많고."

친구관계의 본질을 이해하도록 돕기

친구는 관심사를 공유하고 즐거운 놀이를 함께하며, 생각과 감정을 나누는 관계입니다. 선생님과 부모는 아이의 행동을 바로잡고 가르치는 책임을 지고 있지만, 친구는 그런 역할을 맡을 필요가 없습니다. 잘못된 행동을 고치고 바른길로 이끄는 것은 친구가 아닌 어른의 몫입니다.

물론 아주 친한 친구라면 조언이나 충고를 할 수도 있습니다. 하지만 그 역시 신중해야 합니다. 상대방이 원할 때, 그 기분을 상하지 않게 조심스러운 방식으로 해야 합니다. 우리가 친구에게 충고할 수 있는 건 함께한 시간이 쌓여서 서로 깊은 신뢰가 만들어졌을 때입니다. 깊은 신뢰가 없는 상태에서 한 충고는 비판이나 간섭으로 받아들여져 관계를 멀게 만들 수 있습니다.

"지호야, 친구는 네가 잘못된 걸 고쳐주려고 만나는 사람이 아니야. 친구는 너랑 재미있게 놀고, 서로의 생각과 감정을 나누는 존재야. 혹시 친구가 실수했더라도, 그걸 고쳐주는 건 그 부모님이나 선생님이 할 일이야. 그리고 가끔은 실수를 그냥 넘기는 것도 배려하는 한 가지 방법이야."

놀림에 쿨하게 대처하는 법

지원이(초1, 여)는 요즘 학교에 가기 싫어합니다. 같은 반 아이들이 "지원, 지원금! 너 지원금 받아야 해?"라며 놀리기 때문입니다. 지원이는 처음에 아무 말 하지 않고 가만히 있었지만, 친구들이 계속 놀리자 화가 나서 울음을 터뜨리며 소리쳤습니다. "그만해! 이 멍청이들아!" 지원이의 반응에 아이들은 오히려 더 크게 웃으며 "와, 지원이 화났다! 지원금 울었다!"라고 다시 놀려댔습니다. 그날 이후 친구들은 더 자주 지원이를 놀리며 재미있어합니다.

놀림은 매우 흔하게 일어납니다. 어른들 중에서 어릴 때 누군가를 놀려보지 않았거나, 놀림을 한 번도 당하지 않은 사람은 아마 없을 것입니다. 그렇다고 해서 놀림이 사소한 것은 아닙니다. 올베우스는 놀림이 단순한 장난으로 시작되지만 반복되거나 심해지면 괴롭힘으로 나아갈 가능성이 높다고 분석했습니다.[3] 따라서 놀림에 적절하게 대응하도록 교육하는 것은 괴롭힘으로 나가지 않도록 방지하는 데 있어 중요합니다.

그럼 어떻게 대응해야 할까요? 아이들은 놀림을 당하면 똑같이 되갚아주기도 하는데, 친구가 놀린다고 나도 똑같이 놀리면 싸움으로 번질 수 있어 좋은 방법은 아닙니다. 또 놀릴 때마다 선생님께 이른다면 고자질쟁이가 되어 또 다른 놀림거리가 될 수도 있습니다. 놀림을 피하는 것도 하나의 방법이겠지만, 놀림받는 이유를 없애지 않는다면, 행여 그 상황을 피하더라도 놀림은 다른 장소에서 다른 아이로부터 또 받을 수 있습니다. 태권도 학원에서 놀림을 받아서 끊었더니 이번엔 수영 학원에서 놀림을 받는 거죠. 아이들에게 그냥 무시하라고 가르치기도 하는데, 가만히만 있으면 만만하게 보고 짓궂은 다른 아이들의 타깃이 되어 더 놀림을 받을 수도 있습니다.

따라서 아이들이 놀리는 이유를 통해 어떻게 대응하는 것이 효과적일지 생각해보면 좋겠습니다. 아이들이 놀리는 이유는 다양합니다. 첫째, 아이들은 다른 아이들을 웃기거나 재미있게 만들려고 누군가를 놀립니다. 이를 통해 또래들에게 '재미있는 사람'으로 인정받고 주목을 끌고 싶어할 수 있습니다. 둘째, 아이들은 종종 특정 친구를 놀림으로써 그룹 내에서 자신이 우위에 있음을 과시하고 또래관계에서 지위를 얻으려고 합니다. 셋째, 단순히 다른 사람을 따라 하기도 합니다. 부모나 교사의 부정적인 언어, 또래들이 누군가를 놀리는 모습을 보고 이를 따라 할 수 있습니다. 넷째, 그룹 내에서 소외되지 않기 위해 다른 아이들과 함께 특정 친구를 놀리는 행동을 하기도 합니다. 이는 또래 압력과 집단 동조의 영향이라고 볼 수 있습니다.

이렇게 다양한 이유가 있지만, 놀림의 주된 동기는 놀리는 아이의 불편함을 보고 즐거움을 얻기 위한 것이라고 합니다.[4] 아이들은 놀림받은 아이가 화내거나 울면서 반응하는 게 재미있기 때문에 놀리는 것입니다. 그래서 놀림에 대처하는 효과적인 방법은 놀림을 재미없게 만드는 것입니다. 놀릴 이유를 없애는 거죠.[5] 물론 이 방법으로 모든 놀림이 단번에 사라지지는 않겠지만 줄어들게 할 수는 있을 것입니다.

놀림거리 줄이기

일단 우리 아이에게 실제로 놀림거리가 있는지 점검해봅니다.
① 위생 관리: 청결하고 단정한 모습을 유지하면 불필요한 놀림을 예방할 수 있습니다. 예를 들어 깨끗한 옷을 입고, 속옷이 보이지 않게 하고, 머리카락과 손톱을 정리하며, 코 푸는 방법을 익히는 등 기본적인 위생 관리를 돕는 것이 중요합니다.
② 적절한 옷차림의 선택: 옷차림이 지나치게 눈에 띄거나 상황에 맞지 않을 때도 아이들이 놀릴 수 있습니다. 계절에 맞는 옷을 입도록 하고, 아이가 좋아하는 스타일을 존중하면서도 또래 문화에서 너무 벗어나지 않는 옷을 고르도록 도와주세요. 너무 크거나 작아서 불편해 보이는 옷도 피하도록 합니다.
③ 습관 개선: 식사 중 음식을 흘리지 않도록 연습하고 공공장소에서 코를 파지 않는 등 작은 습관을 고치는 것만으로도 놀림의 빌미를 줄일 수 있습니다.
④ 말투 개선: 아이들이 사용하는 말투가 놀림의 대상이 되기도 합니다. 지나치게 큰 목소리, 어색한 말투, 발음이 부정확하거나 어눌해 놀림의 대상이 된다면 언어 치료를 통해 교정하도

록 합니다.

⑤ 독립성 기르기: 부모에게 지나치게 의존하거나 너무 매달리는 모습도 놀림의 대상이 될 수 있습니다. 독립성을 키우는 작은 행동, 예를 들어 혼자 가방 챙기기, 스스로 의견 말하기 등을 연습시켜주세요.

이외에도 1장의 '사회성만큼 중요한 아이의 자조 기술' 부분을 참고해 불필요한 놀림을 예방하고 그 빌미를 줄이도록 도와줍니다.

놀림을 가볍게 넘기는 방법

아이들은 놀림받은 아이의 반응을 보면 재미있어합니다. 따라서 놀림받았을 때 침착함을 잃고 어찌할 줄 몰라 하거나 움츠러들고 울면, 놀리는 아이들은 더 놀리고 싶어질 수 있습니다. 그러니 효과적으로 대응하는 방법은 아무렇지 않은 듯 가볍게 넘기는 것입니다. 재미없게 만드는 것이지요.

먼저 아이에게 놀리는 이유에 대해 질문을 던지고, 함께 생각해 봅니다.

"지원아, 애들이 너를 놀리는 이유가 뭘까? 그 이유는 네가 울고, 소리 지르고, 곤란해 보이거나 바보처럼 보이는 게 재미있기 때문이야. 누군가 너를 놀릴 때 화내거나 격한 반응을 보이는 건 너를 놀리는 상대방을 즐겁게 해주는 거야. 지원이 너는 너를 놀리는 애들을 즐겁게 해주고 싶어? 놀리는 아이를 즐겁게 해주고 싶은 게 아니라면 이렇게 해보자."

다음의 예시들은 놀림을 가볍게 넘김으로써 재미없어지게 만들 수 있는 반응입니다. 이 문장들을 침착한 태도로, 상관없다는 듯 무심한 표정을 지으며 분명하게 말하도록 합니다. 아이와 함께 아래의 예시 외의 다른 반응들을 생각해보는 것도 좋습니다.

표 4. 놀림을 가볍게 넘기는 반응 예시

"그래서 뭐."
"다른 할 말은 없어?" "그래서 하고 싶은 말이 뭐야?"
"응, 그래" "그렇구나~"
"알려줘서 고마워."
[들리지 않는 척] "어? 어? 뭐라고?"
[지루한 말투로] "오~ 신기하네~"
[하품을 크게 하며] "도대체 몇 번째야."
[갑자기 다른 이야기] "오늘 저녁 뭐 먹지?"

남을 괴롭히는 아이

도담(초2, 남)이는 또래에 비해 덩치가 큰 남자아이입니다. 아빠는 얼마 전 학교에서 전화를 받고 고심에 빠졌습니다. 도담이가 같은 반 친구 해솔이가 하기 싫다고 하는데도 계속 그네를 태우고 철봉에 매달려 있게 했다면서 이런 일이 다시는 없도록 집에서도 지도해달라는 내용이었습니다. 퇴근 후 물어보니 아이는 장난이었다고 합니다. 아빠는 아이가 나중에 학교폭력 가해자가 될까봐 두려웠고 아이를 어떻게 가르쳐야 할지 몰라 혼란스러웠습니다.

부모로서 이런 상황을 접하면 당황하고 놀라며 흥분할 수 있습니다. 화나고 걱정도 되면서 아이를 잘못 가르친 것은 아닌지 자책감도 들고, 때로는 바르게 살려고 노력해온 자신의 인생이 망가지는 듯한 느낌이 들기도 합니다. '우리 애가 설마?' 하고 처음에는 부인하는 마음이 들지도 모릅니다. 그렇지만 이런 때일수록 일반 원칙에서 언급한 것처럼 사실 확인을 하고 침착한 태도로 아이에게 어떻게 된 일인지 물어보며 대처하는 것이 중요합니다. 초등학교 저학년은 아직 자신의 행동이 다른 사람에게 어떤 영향을 미칠지 충분히 생각하지 못한 채 '장난'이라는 이름으로 친구를 불편하게 만들 수 있습니다. 그렇지만 단순히 재미를 위해 상대방 의사를 존중하지 않은 채 상처 주는 행동은 괴롭힘이 될 수 있습니다. 따라서 다른 사람의 몸과 마음을 아프게 하는 것은 폭력이며, 폭력은 어떤 경우에도 정당화될 수 없다는 것을 아이가 저학년일 때 부모가 분명히 알려주어야 합니다. 더욱이 학교폭력예방 및 대책에 관한 법률에서 규정한 '학교폭력'이란 학교 내외에서 학생을 대상으로 발생한 상해, 폭행, 감금, 협박, 약취·유인, 명예훼손·모욕, 공갈, 강요·강제적인 심부름 및 성폭력, 따돌림, 사이버 폭력 등에 의하여 신체·정신 또는 재산상의 피해를 수반하는 행위를 말하며, 장난으로 시작한 말과 행동이 학교폭력 사안이 될 수 있으므로 주의가 필요하다는 것을 명심해야 합니다.[6] 여기서는 우리 아이가 장난이라며 남을 괴롭혔을 때 부모가 어떻게 대처해야 하는지 다루려 합니다.

장난과 괴롭힘의 차이를 가르치기

초등학교 저학년은 아직 남을 괴롭힌다는 인식 없이 도담이처럼 장난으로 시작했을 수 있습니다. 따라서 아이에게 장난과 괴롭힘의 차이를 알려주어야 합니다. 둘은 의도, 상대방의 반응, 상호성, 거부 가능성, 행동의 결과에 따라 구분할 수 있습니다.

표 5. 장난과 괴롭힘의 차이

1. 의도
장난: 서로 재미를 느끼기 위해 하는 행동 괴롭힘: 상대방에게 고통, 불쾌감, 수치심을 주려는 의도로 하는 행동
2. 상대방의 반응
장난: 같이 웃고 즐김 괴롭힘: 피해자가 불편함, 두려움, 수치심, 고통을 느낌. 위축됨
3. 상호성
장난: 상호적으로 이루어짐. 상대방도 즐겁고 하는 사람도 재미있음 괴롭힘: 일방적으로 이루어짐. 가해자는 즐겁지만 피해자는 괴로움
4. 거부 가능성
장난: 상대방이 불편해하거나 싫다고 하면 행동이 바로 중단됨. 양쪽 다 그만두도록 요청할 수 있음 괴롭힘: 상대방의 거부 의사나 불편함에도 불구하고 멈추지 않고 반복됨
5. 행동의 결과
장난: 관계를 더 돈독하게 만들고, 서로의 유대감이 강화됨 괴롭힘: 피해자에게 신체적·심리적 상처를 남김. 피해자는 불안, 우울, 자신감 저하, 대인관계 회피 등의 문제를 겪을 수 있음

위의 표를 참고해 초등학교 저학년 아이가 이해할 수 있도록 다음과 같이 말해줍니다.

"도담아, 장난은 서로 즐거워야 하는 거야. 하지만 해솔이는 싫다고 했잖아. 친구가 싫다는데 계속하는 것은 장난이 아니라 괴롭힘이 될 수 있어. 그건 잘못된 행동이야. 친구가 하기 싫다고 하면, 네가 재밌어도 행동을 바로 멈춰야 해. 앞으로는 친구가 싫다고 하면 그만하자."

그리고 일반 원칙의 사과하는 방법을 참고해 피해를 입은 아이에게 사과하도록 지도합니다.

괴롭히는 행동 제한하기

다른 사람을 괴롭게 하는 말과 행동은 재미있는 게 아니라 잘못된 행동임을 분명하게 알려준 후에는 당분간 남을 괴롭히는 데 사용해온 시간을 차단하고(예: 놀이터 못 가게 하기 등), 피해 아이 근처에 가지 못하도록 부모가 적극적으로 감독합니다. 등하교 길, 학원 차를 기다리는 때는 괴롭힘이 가장 많이 일어나는 시간대이므로 부모가 같이 다니고, 한동안 부모 시야 안에서 놀도록 합니다. 친구 집에 갈 때도 그 집 부모의 시야 안에서 놀도록 합니다. 또 같이 괴롭힘에 가담했던 친구는 없는지 확인하고, 괴롭히는 데 함께했던 아이들과는 다시 어울리지 못하게 합니다. 단, 다른 아이를 괴롭힌 적 없는 친구들과의 관계까지 제한할 필요는 없습니다.

이때 부모가 주의해야 할 점이 있습니다. 바로 아이를 가르친다는 명목으로 폭력을 행사해서는 안 된다는 것입니다. 더군다나 아이에게 폭력은 절대로 안 된다는 것을 가르치는 중이니 체벌은 금물입니다. 아이를 지나치게 비난하는 언어 폭력, 위협도 금지 사항입니다. 어떤 엄마는 아이가 친구를 물고 오자 "다시 한번 물면 나도 너랑 똑같이 물어줄 거야. 엄마가 네 손가락 물면 손가락 없어질 수도 있어"라고 했는데, 이 말 이후 아이가 다시는 친구를 물거나 때리지 않는다고 했습니다. 그럼 이 엄마는 잘한 걸까요? 단기적으로 효과를 낼지는 몰라도, 두려움을 유발하는 방식은 두려움이 사라지는 즉시 힘을 잃습니다. 더욱이 아이는 다른 사람을 협박함으로써 자신의 의사를 관철시키는 방법을 배웠을 수도 있습니다.

혹시 아이가 장난으로 괴롭힌 게 아니라 상대가 자기 마음에 안 든다거나 싫어서 괴롭혔다면 다음과 같이 말해주도록 합니다.

"다른 친구가 불편하거나 잘 안 맞는다거나 싫게 느껴질 수도 있어. 다 좋을 순 없지. 그런 감정은 잘못된 게 아니야. 그렇지만 그걸 행동이나 말로 표현하고, 괴롭히거나 따돌리는 것은 옳지 못한 행동이야. 절대로 그렇게 하면 안 돼." "네가 그 친구를 싫어할 수도 있어. 하지만 싫다고 괴롭히면 안 돼. 그건 잘못된 행동이야. 그냥 신경 쓰지 않거나, 거리를 두면 돼."

신체 폭력에 대처하는 방법

강이(초1, 남)와 해담이는 같은 태권도 학원에 다닙니다. 학원에 즐겁게 다니던 강이의 얼굴이 오늘은 어둡습니다. 엄마가 이유를 물어보니 학원 차를 기다릴 때 해담이가 자꾸 자신을 상대로 발차기 연습을 한다고 합니다. 깜짝 놀라 몸을 얼른 살펴보니 허벅지에 멍이 들어 있습니다. 엄마는 당장 학원에 전화를 걸었고 해담이 엄마에게도 이 사실을 알렸습니다. 해담이 엄마는 재차 사과했고 집에서 알아듣게 교육하겠다고 했지만 엄마는 지금까지 아이가 얼마나 괴로웠을까 생각하며 더 빨리 알아차리지 못한 자신을 원망했습니다. 다른 아이들한테 우리 아이가 만만해 보였나 싶기도 하고 나중에 더 심한 괴롭힘을 당할까봐 걱정됐습니다. 아빠는 이 얘기를 듣더니 먼저 때리는 건 안 돼도, 맞았을 땐 너도 때려야 한다며 난리입니다.

아이가 친구랑 놀다가 얼굴에 상처가 생겼거나 맞고 오면 일단 엄마는 화가 나고, 쉽게 지나칠 수 없습니다. 그래서 당장 때린 아이의 집으로 끌고 가서 그 집 부모에게 항의하고 싸우기도 합니다. 감정이 격해지죠. 때로는 속상한 나머지 "너 바보야? 왜 맞고 다녀"라며 오히려 맞고 온 아이를 다그치기도 합니다. 그러나 이런 말은 아이로 하여금 '내가 못나서 맞은 거구나'라고 생각하게 만들고 아이의 자존감을 무너뜨립니다. "맞지만 말고 너도 한 대 때렸어야지"라는 말을 하는 부모도 있는데, 폭력에 폭력으로 맞서는 건 좋은 해결 방법이 아닐뿐더러, 아이에게 내가 대처를 잘못했구나 하고 비난받는 마음이 들게 할 수 있으므로 조심해야 합니다. 다른 한편 무조건 참으라고 해서도 안 됩니다. 사소한 신체 폭력이라도 생명을 위협하는 심각한 상황으로 치달을 수 있으므로 가능한 한 빨리 상황에서 벗어나도록 도와주어야 합니다. 또한 폭력이나 부당한 대우를 견디라는 말은 아이에게 '내가 부당한 일을 당해도 아무도 도와주지 않는구나'라고 생각하게 만들 수 있으며, 세상과 타인에 대한 신뢰감을 떨어뜨릴 수 있습니다. 이는 내가 부당한 상황도 받아들여야 하는 사람이라는 메시지를 전달해 무력감을 느끼게 만들며 자존감이 저하될 수 있습니다. 아울러 갈등 상황을 적절하게 해결하는 방법을 배우지 못한 아이는 비슷한 상황에서 반복적으로 피해를 입을 수 있습니다. 따라서 부모가 아이의 신체 폭력에 적절히 대처하는 것이 중요합니다. 이 글에서는 아이가 신체 폭력을 당했을 때 부모가 어떻게 대처해야 하는지 지침을 제안하고자 합니다.

상처 돌보기

아이가 신체 폭력을 당했을 때 부모가 가장 먼저 할 일은 아픈 부위를 살피고 상처에 필요한 조치를 취하는 것입니다. 만약 상처가 깊고, 여러 군데서 발견되며, 발생 및 회복에 시간 차가 있는 상처(예: 멍이 붉은색, 보라색, 녹색, 노란색 등 다양한 색깔과 진하기를 보이는 경우), 초등학교 저학년 아이의 활동 특성상 다치기 어려운 부위의 상처(겨드랑이, 팔뚝 안쪽, 허벅지 안쪽, 목 뒤, 귀 뒤, 복부 등), 특정 도구의 형태를 띠고 있는 상처가 발견된다면 반복적으로 맞고 있는 것일 수 있습니다. 이는 지속적인 괴롭힘과 연결되므로 학교폭력으로 신고해야 합니다. 이러한 상처는 사진을 찍어두며 병원에 가서 검사와 치료를 받고 진단서도 떼어둡니다.

아이의 마음 돌보기

일반 원칙에서 언급한 방법으로 사실관계를 확인한 후 부모의 마음을 다스리고 침착한 태도를 유지하며 아이에게 공감하고 위로합니다. "혼자서 많이 힘들었겠구나" "말하기 힘들었을 텐데 이렇게 얘기해줘서 고마워" "그런 일이 있었구나. 정말 무섭고 힘들었겠다" "이제 엄마 아빠가 도와줄게. 우리 같이 고민해보자"라고 하면 아이는 말하길 잘했다고 생각하면서 부모에 대한 신뢰가 깊어질 수 있습니다. 신체 폭력을 당했을 때 특히 중요한 것은 아이가 맞은 게 자기 잘못이라는 생각을 갖지 않도록 하는 것입니다. "강이가 발차기 연습을 한다면서 너를 때린 건 잘못된 행동이야. 너는 맞을 이유가 없었어. 이 상황에서 네 잘못은 없어."

또 부모가 자신을 도울 수 있다는 확신을 주어 아이가 부모를 믿고 안정감을 얻도록 해야 합니다. 이러한 확신을 갖지 못한다면 앞으로 똑같은 일이 생기더라도 '말해봤자'라는 생각에 부모에게 알리는 것조차 하지 않을 수 있습니다. "그동안 얼마나 아팠을까. 엄마가 선생님이랑 해담이 엄마한테 이야기해서 이런 일이 다시는 생기지 않도록 할게."

그리고 폭력에 폭력으로 맞서지 않은 것을 칭찬해줍니다.

"같이 때리지 않은 게 더 대단한 거야. 폭력에 폭력으로 대응하지 않은 네가 엄마는 자랑스러워."

"너도 때리고 싶었을 텐데 잘 참았구나."

자신을 보호하는 방법 알려주기

폭력과 소중한 내 몸을 지키는 방어는 다르다는 것을 설명해줍니다. "네 몸은 소중하니까 아무도 너를 함부로 때리거나 다치게 해서는 안 돼. 폭력은 다른 사람을 다치게 하려는 거지만, 방어는 너를 보호하려는 거야. 만약 누군가 너를 아프게 하려고 하면 그렇게 못 하도록 보호해야 해" "다른 사람을 때리는 건 절대 안 돼. 하지만 누군가 너를 다치게 하려 한다면, 네 몸을 지켜야 해. 방어는 나를 지키는 거지, 다른 사람을 다치게 하려는 게 아니야"라고 말할 수 있습니다. 그리고 폭력으로부터 나를 방어할 수 있는 다음과 같은 방법을 알려줍니다.

① 두 팔로 막기. 다른 사람에게 들리도록 큰소리로 "하지 마"

"그만해" "때리지 마"라고 소리치기. 또다시 때리려고 하면 밀쳐내기(단, 밀친 후 친구를 때리거나 밟으면 그건 폭력에 해당되므로 안 됨).

② 교사 등 주변에 도움 요청하기. 다른 사람에게 도움을 요청하는 것은 고자질하는 것이 아니라 내가 내 몸을 지키기 위한 것이라고 알려주기. "도움을 요청하는 건 고자질이 아니야. 네가 어려운 상황에 있을 때, 어른들은 너를 도와주기 위해 있는 거야." "누군가 너를 괴롭히거나 네가 다칠 것 같을 때, 반드시 도움을 요청해야 해. 어른들은 네가 더 안전하고 행복하도록 돕기 위해 있는 거야."

학교·학원 등 감독자, 상대 부모와 소통하기

일반 원칙에서 언급한 방법으로 관련된 어른들과 소통해 신체 폭력이 반복되지 않도록 조치하고 사과를 받습니다. 상처를 치료하는 데 비용이 들었다면 치료비 영수증을 제시하고 상대 부모에게 비용을 청구합니다.

*부모가 주의할 것

① 가해자보다 더한 부모의 말을 조심하세요

아이 마음에 신체 폭력보다 더 깊은 상처를 낼 수 있습니다.

표 6. 가해자보다 더한 부모의 말 예시

"이 멍충아, 진작 말했어야지 당하고 있으면 어떡하니!"
"빨리 말해야 엄마가 도와주지. 그렇게 말 안 할 거면 네 맘대로 해!"
"맞고만 있으면 어떻게 해. 너도 때렸어야지, 이 등신아." "내가 못 살아! 그동안 왜 말 안 했어?"
"왜 바보같이 당하고 살아!" "어이구 이 바보야, 왜 맞고 다녀."
"왜 맞고만 있어? 너도 같이 때려야지."
"네가 어떻게 했길래 걔가 널 때려."
"너 그러니까 엄마가 평소에 그렇게 하지 말랬지."
"네가 잘못한 건 없어? 네가 가만히 있는데 그러진 않았을 거 아냐?"
"다른 애들은 별일 없이 학교 잘만 다니는데 너는 왜 이런 일이 생겨!"
"별일도 아닌 거 같은데 웬만하면 참고 넘어가자."

② 가해 아이를 직접 처벌하지 마세요

우리 아이가 괴롭힘을 당한다는 것을 알게 됐다고 해서 가해 아이를 직접 찾아가 혼내는 것은 또 다른 학교폭력이나 아동 학대 사건이 될 수 있습니다. 직접 찾아가지 말고 사실관계 확인 후 학교나 경찰에 신고해야 합니다. 또 가해 아이에게 직접 훈계하는 것은 우리 아이를 더 괴롭히게 만드는 빌미가 될 수 있습니다.

다른 어른이 우리 아이를 함부로 대할 때

샛별이(초1, 여)는 주말에 엄마, 아빠와 함께 키즈 카페에 놀러 갔습니다. 놀던 중 미끄럼틀을 타고 내려가는데 밑에 미처 보지 못한 조그만 남자아이가 놀고 있었습니다. 샛별이는 비키라고 소리 질렀지만 아이는 움직이지 않았습니다. 샛별이는 아이와 부딪치면 다칠 것 같아 본능적으로 아이를 밀쳐냈습니다. 그때 어떤 아줌마가 "야, 너 당장 사과해. 어디 얼굴에 손을 갖다 대"라고 소리 지르며 다가왔습니다. 샛별이는 깜짝 놀라 아무 말 못 하고 얼어붙었습니다. 그때 엄마가 다가왔습니다. 엄마는 샛별이를 밀친 아줌마나 남자아이에게는 아무 말 하지 않고 샛별이에게만 다른 사람을 그렇게 밀면 안 된다고 했습니다. 샛별이는 아이가 다칠까 봐 했던 행동인데 오히려 혼이 나 속이 상했습니다. 엄마 또한 샛별이한테 티는 내지 않았지만 며칠 동안 이날의 일이 맴돌아 힘들었습니다. 엄마는 남의 아이를 그렇게 함부로 대해도 되는지 생각하면 할수록 화가 났지만 당시 아무 말도 하지 못하고 샛별이만 나무란 자신이 싫기도 하고 아이를 지켜주지 못한 것 같아 죄책감이 들었습니다.

자신의 어린 딸을 때린 초등학생들이 자전거를 타고 도망가자 자동차로 추적해 박은 엄마가 있다는 뉴스 기사를 보신 적 있나요? 그 엄마는 1년 구형을 받았는데 항소를 했다고 합니다. 극단적인 사례이긴 하나 아이를 키우다보면 우리 아이를 함부로 대하는 성인을 만날 때가 있습니다. 아이들끼리 갈등이 있을 때 자기 아이를 보호한다는 명목으로 우리 아이에게 또 다른 폭력을 가하는 상황에 맞닥뜨릴 때가 있습니다. 이럴 때 부모는 참 당황스럽습니다. 우리 아이가 딱히 잘한 건 아니지만 그래도 남에게 내 아이가 훈계받는 게 기분 좋을 리는 없죠. 더군다나 그 수위가 높아 우리 아이의 신체나 정신에 위해가 될 정도라면 이건 폭력에 해당될 것입니다. 그런데 엄마도 처음 이런 일을 겪으면 샛별이 엄마처럼 어떻게 해야 할지 몰라 당황스럽고 그 일이 지나고 나서야 아무 말 못 한 자신에게 화나고 다른 사람의 부당한 행동으로부터 아이를 지켜주지 못한 것 같아 죄책감이 듭니다. 이럴 때 우린 어떻게 해야 할까요? 이런 상황에서는 아이와 부모 모두의 감정을 보호하면서도 상대방에게 적절히 대처하는 것이 중요합니다. 부모로서 차분하면서도 단호한 태도를 통해 아이에게 모범을 보이고 '엄마(아빠)는 항상 네 편이야'라는 메시지를 전해주는 것입니다.

아이의 안전과 감정을 우선적으로 돌보기

내 앞에서 벌어진 일이라면 아이에게 함부로 하는 상대방의 행동을 일단 멈추게 합니다. 그리고 아이가 안심할 수 있도록 부드럽게 말을 건넵니다. "괜찮아, 무서웠지? 엄마(아빠) 여기 있으니까 걱정하지 마"라고 말할 수 있습니다. 상황을 확인하고 아이가 자리를 피할 수 있다면 피하게 하거나 다른 보호자에게 인계합니다.

아이를 위협한 성인과 대화하기: 차분하지만 단호하게

다른 성인이 우리 아이를 함부로 대할 때, 대처하는 임무는 아이가 아닌 부모의 일입니다. 만약 상대방이 지나치게 공격적인 언행을 했다면 차분하지만 단호하게 대응해야 합니다.

표 7. 아이를 위협한 성인과의 대화 방법

1. 흥분하면 상황이 악화될 수 있으므로 차분한 어조로 대화 시도하기 "잠깐만요, 진정하고 저랑 이야기하실까요?"
2. 상대방에게도 그들의 입장을 말할 기회를 주기 "방금 우리 애한테 소리를 지르시던데, 어떻게 된 일인지 설명해주시겠어요?"
3. 아이의 입장을 설명하기 "그 전 상황은 못 보시고 우리 아이가 그쪽 아이를 밀치는 것만 보셨나봐요. 우리 아이가 비키라고 소리 질렀는데 그쪽 아이가 비키지 않았어요. 그래서 제 딸도 그쪽 아이가 다칠까봐 본능적으로 그렇게 행동한 것 같아요. 미안합니다. 그런 상황이라도 말로 했어야 하는데요. 그렇지만 우리 아이도 일부러 밀친 것은 아니에요." "우리 애가 미끄럼틀에서 내려가다가 밑에 그쪽 아이가 있어서 다칠까봐 순간적으로 밀게 된 것 같아요. 일부러 그런 건 아니고, 위험한 상황을 피하려던 행동이었어요."
4. 아이에 대한 존중을 요구하기 "그런데 어른이 어떤 상황인지 정확하게 파악하지도 않으시고 다짜고짜 소리를 지르시면 아이가 무서워할 수 있어요. 자제해주세요."

아이와 대화하기

다른 성인이 아이를 함부로 대했다면 이는 아이에게 매우 위협적으로 느껴졌을 것입니다. 따라서 일이 마무리된 후 부모가 아이와 충분히 대화하며 왜 그런 일이 일어났는지, 아이가 어떤 감정을 느꼈는지 들어주는 것이 중요합니다. 아이에게 네가 잘못한 일은 아니라고, 잘 알지도 못하면서 너한테 그렇게 소리 지르고 화낸 것은 상대 어른의 잘못이라고 설명해주세요.

또한 아직 초등학교 저학년이므로 나중에 유사한 일이 생기더라도 스스로 대처하기 어려울 것입니다. 만약 위협적이거나 위험하다고 느껴지면 얼른 그 자리에서 벗어나도록 가르칩니다. 그리고 가까이 있는 안전한 곳(예: 학교 교실, 집, 파출소 등)으로 이동하거나, 믿을 수 있는 어른에게 도움을 요청하도록 지도합니다. 일이 벌어질 때는 도움을 요청하지 못했더라도 나중에 꼭 부모에게 알려야 한다고 말해주세요.

"샛별아, 무서웠지? 네가 아이를 다치지 않게 하려고 한 거 알아. 그런데 그 아줌마가 잘 알지도 못하면서 소리 지르고 화를 냈어. 그건 그 아줌마가 잘못한 거야. 네 잘못이 아니야. 나중에 또 어떤 어른이 그렇게 무섭게 하면 다른 어른에게 도와달라고 소리치거나 얼른 그 자리를 피해서 집으로 와. 엄마나 아빠한테 전화해도 되고. 그런 일이 있으면 꼭 엄마(아빠)한테 말해야 돼. 앞으로도 엄마(아빠)가 너를 지켜줄 거야."

심각한 경우 법적 조치 고려하기

상대방이 아이에게 신체적으로나 정신적으로 깊은 상처를 남겼거나 이후 지속적으로 아이에게 위협적인 언행을 시도한다면 아동학대로 신고할 수 있습니다. 필요하다면 주변 목격자와 CCTV를 확인합니다.

부모의 감정 추스리기

사건이 다 끝난 후 샛별이 엄마처럼 부모로서 아이를 충분히 지켜주지 못했다고 느낄 수 있습니다. 그런 죄책감이나 화는 자연스러운 감정입니다. 그러나 너무 자책하지 마세요. 앞으로 또 이런 상황에 부딪히면 어떻게 더 잘 대처할 수 있을지 돌아보는 게 중요합니다. 필요하다면 배우자, 친구, 전문가와 이야기하며 자신의 감정을 풀 수 있습니다.

▲

초등학교 저학년은 갈등을 배우고 해결하는 과정을 통해 아이들이 사회적 관계의 기본을 익히는 중요한 시기입니다. 친구와의 다툼이나 갈등은 곧잘 발생할 수 있지만, 이를 통해 아이들은 자신의 감정을 이해하고 서로의 다름을 배우며 타인의 입장을 배려하는 법을 알아갑니다. 즉 갈등은 단순히 피해야 할 게 아니고 더 나은 관계를 만드는 기회가 될 수 있습니다. 갈등을 성공적으로 해결해본 경험은 아이들이 자신감을 키우고 더 성숙한 인간으로 성장하는 발판이 됩니다. 물론 자기감정을 표현하는 데 서툴러 친구와의 오해가 깊어지거나, 상대방의 입장을 충분히 이해하지 못해 갈등이 지속될 수 있습니다. 그렇지만 기회는 또 옵니다. 그때 잘하면 된다는 마음으로 격려해주어야 합니다. 사실 한 번에 잘될 수 없습니다. 달라지지 않는 것 같은 우리 아이를 보면 무력감에 빠지기도 하지만, 나도 매일 소리 지르지 말아야지 하면서 소리 지르는데 아이들은 더 바꾸기 힘들겠지요. 부모의 따뜻한 관심과 지지는 아이들이 스스로의 힘으로 갈등을 극복하고 더 나은 관계를 만들어나가는 데 중요한 밑거름이 될 것입니다. 부모 또한 아이들이 서로를 이해하고 존중하며, 함께 성장해나가는 모습을 지켜보면서 많은 것을 배울 수 있고요. 오늘 하루도 성장하느라 수고했을 아이들과 부모님을 응원합니다.

부록
학교폭력 가이드라인
―

학교폭력은 아이 스스로 해결할 수 있는 상황이 아니기 때문에 아이에게 학교폭력을 의심할 만한 정황이 보인다면 부모가 적극적으로 빠르게 개입해 상황이 악화되는 것을 막고 아이에게는 곧 나아질 거라는 기대를 갖게 해주어야 합니다. 특히 저학년이라면 자신에게 어떤 일이 일어나고 있는지 잘 표현하지 못할 수 있습니다. 따라서 부모는 다음과 같은 변화들이 있는지 눈여겨보고 학교폭력을 당하고 있지는 않은지 확인해야 합니다.

- 옷이 찢어지거나 엉망이 됨.
- 학용품이 자주 망가지거나 없어짐.
- 신체에 없던 상처가 발견됨.
- 친구들을 자주 초대하던 아이가 갑자기 친구들을 집에 데려오지 않고, 놀러도 가지 않음.
- 밖에 나가려고 하지 않음.
- 학교에 가기 싫다, 전학 가고 싶다는 말을 자주 함.
- 밥을 잘 먹지 않음.
- 머리나 배, 어딘가 아프다는 말을 자주 함.
- 등하교 시 자주 다니던 길이 아닌 먼 길을 택함.

- 악몽을 꾸고 잠을 설침. 자면서 울거나 비명을 지름.
- 재미있어하던 일들에 흥미를 잃음, 전과 달리 기운이 없고 울적해 보임.
- 짜증이 늘고 화를 자주 냄.
- 돈을 요구하거나 훔침. 갑자기 평소보다 준비물이 많이 필요하다고 함.
- 공격적으로 행동함(물건을 던짐, 가족을 때림, 장난감을 부숨, 동물을 괴롭힘 등).

학교			학교폭력제로센터	
사전 예방 (상시)	생활 지도 (상시)	학교 폭력 접수 및 초기 사실 확인	분석/ 조사관 배정	조사관 사안 조사
• **예방 교육** -관리자 -교직원 -학생 -학부모 • **예방활동** -체험학습 -캠페인 등 • **실태 조사** -학교 단위 -학급 단위 등 • **상담/순찰** -위Wee 클래스 -교내 지도 -교외 지도	• **갈등 조정** -학업 및 진로 -보건 및 안전 -인성 및 대인 관계 -그 밖의 분야 • **관계 개선** -학급활동 -외부 전문가 초청 프로그램 • **학생지도** -조언 -상담 -주의 -훈육 -훈계 -보상	• **접수/초기 대응** -신고·접수 대장 기록 -피해·가해학생 상태 확인 -최초 학생 작성 확인서 접수 -접수보고서 작성 -학교장 보고 -보호자 및 해당 학교 통보 • **분리/긴급 조치** (필요시) -피해·가해학생 분리 -피해학생 긴급 조치 -가해학생 긴급 조치 • **교육(지원) 청보고** (사안 접수 보고서) -신고 개요 -피·가해학생 상태 -분리 및 긴급 조치 여부 -조사관 배정 요청 여부*	• **접수 내용 분석** -조사의 긴급성 -다문화·장애 여부 -관련 학교 -학생의 연령 등 • **조사관 배정** -학교 방문일 확인 -배정 적합성 검토 (저학년, 성별 등) -배정 인원 (1명 또는 2명 이상)	• **학교 방문** -관련 학생 및 학부모 면담 -추가 학생 작성 확인서 접수 -목격자 면담 (학생, 담임 교사 등) -증거 자료 인수 • **전문가 의견 청취**(필요 시) -의사, 변호사, 특수교육·상담 전문가 등 • **보고서 작성** (사안조사보고서) -사안 개요, 경위 • **조사 결과 보고** -전담기구, 제로센터

조사관 배정 요청 →

자체 사안 조사 희망 시 →

학교
전담기구 사안 조사
• 관련 학생 및 보호자 등 면담 • 전문가 의견 청취(필요 시) • 사안 조사 보고서 작성 • 조사 결과 보고(학교장)

*학교의 장(이하 '학교장'이라 함)은 사안 접수 보고 시 학교폭력 전담조사관을 배정해줄 것을 요청하거나, 학교폭력 전담기구에서 자체 사안 조사를 실시하도록 할 수 있음

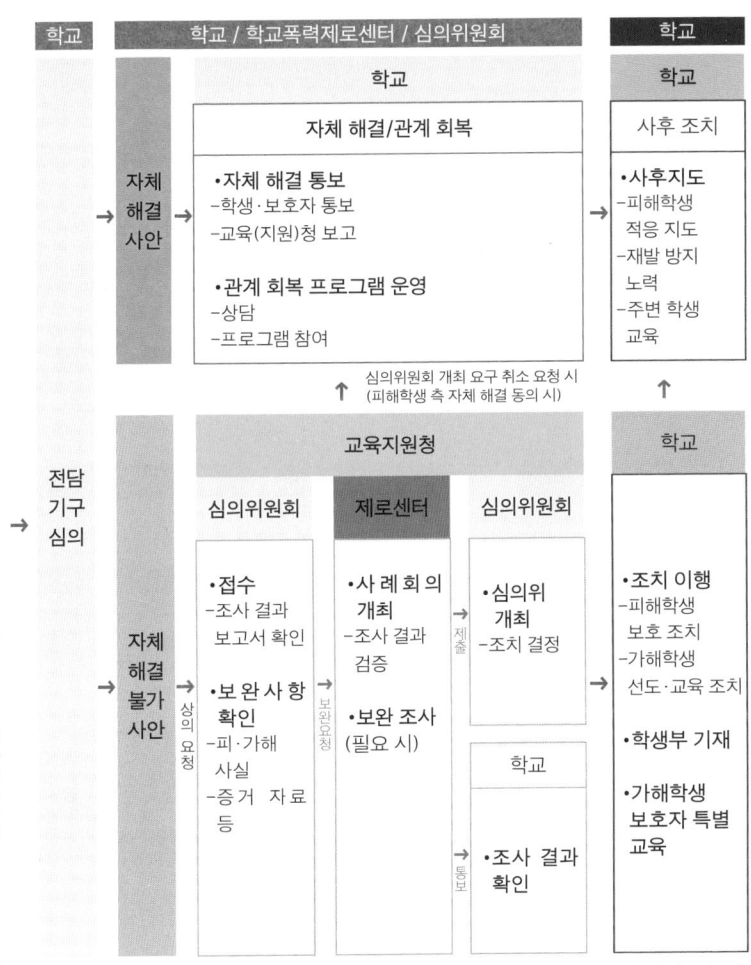

출처: 2025년도 학교폭력 사안처리 가이드북 9쪽

학교폭력 사안 처리 절차

신고 및 접수

학교폭력 신고는 피해 아동뿐 아니라 보호자, 교사, 상담가, 폭력을 알게 된 누구라도 할 수 있으며, 학교, 117, 교육청, 경찰에 할 수 있습니다. 부모는 변호사를 선임하고 신체적 위해가 있다면 사진과 의사의 진단서를 받아두는 것이 도움이 됩니다.

신고 및 접수 절차

신고 접수자	업무 담당자	업무 담당자
학교폭력 신고 접수	신고 접수 대장 기록	접수 보고
• 다양한 경로를 통해 사안 접수 • 성폭력 사안의 경우 익명으로 학교폭력 신고 가능	• 신고 내용을 신고 접수 대장에 기재하여 보관 • 접수 사실을 신고자에게 통보 • 피해 및 가해학생 상태 확인	• 학교장 보고 및 담임 교사 통보 • 최초 학생 작성 확인서 작성 • 가해학생 제2호 조치 시행 • 가해자와 피해학생의 분리 • 보호자 통보 • 다른 학교와 관련된 경우 해당 학교에 통보 ※통보 시 개인정보 및 민감정보 유출 유의(공문 '비공개' 설정 필요) • 학생 대상 성범죄 사실을 알게 된 때에는 즉시 수사기관에 신고 • 교육(지원)청 보고 (인지 후 48시간 이내)

출처: 2025년도 학교폭력 사안처리 가이드북 22쪽

사안 조사

학교폭력 사건이 접수되면 학교폭력 전담 조사관 또는 학교폭력 전담기구가 피해자와 가해자의 진술을 받고, 사건의 경위를 파악하며 증거 자료(메시지, 사진, 동영상, 목격자 진술, 진단서 및 소견서 등)를 수집합니다. 학교폭력 사건은 자녀의 신체적·정신적 안전과 법적 문제를 동시에 고려해야 하는 민감한 사안이므로 초기 진술 단계부터 변호사의 조력을 받는 것이 도움이 됩니다.

학교폭력 전담기구의 심의

학교폭력 전담기구에서는 학교장 자체 해결에 대한 심의를 하게 됩니다.

① 2주 이상의 신체적·정신적 치료가 필요한 진단서를 발급받지 않은 경우
② 재산상 피해가 없거나 즉각 복구되거나 복구 약속이 있는 경우
③ 학교폭력이 지속적이지 않은 경우
④ 학교폭력에 대한 신고, 진술, 자료제공 등에 대한 보복 행위(정보통신망을 이용한 행위를 포함한다)가 아닌 경우

위의 네 가지 객관적 요건이 모두 충족되고 피해학생과 보호자가 모두 동의한다면 학교장 자체 해결 절차로 사건을 종결합니다.[7] 그러나 위 요건 중 하나라도 충족되지 않으면 학교폭력대책심의위

원회(이하 학폭위)가 열려야 합니다. 또한 학교장 자체 해결로 결정된 사안이라도 피해학생 측과 약속한 피해 보상을 가해학생 측이 이행하지 않거나, 사건의 조사 과정에서 확인되지 않았던 사실이 추가로 확인되면 다시 학폭위를 열 수 있습니다.

학폭위 개최 및 심의

학폭위 개최 여부가 결정되면 피해자와 가해자 양측 보호자에게 일정과 관련 정보를 통보합니다. 전문가와 교사들로 구성된 위원회가 사건을 심의하며, 피해자와 가해자 양측의 입장을 모두 청취합니다. 심의 결과에 따라 가해자에 대한 처분을 결정하고, 피해자 보호 조치를 논의합니다.

피해학생에 대한 보호 조치

학교의 장은 학교폭력 사건을 인지한 경우, 대통령령으로 정하는 특별한 사정이 없으면 지체 없이 가해자(교사 포함)와 피해학생을 분리시켜야 합니다. 그리고 학폭위는 보호를 위해 필요하다고 인정하는 때에는 피해학생에게 학내외 전문가에 의한 심리상담 및 조언, 일시 보호, 치료 및 치료를 위한 요양, 학급 교체, 그 밖의 피해학생의 보호를 위해 필요한 조치에 해당되는 조치를 할 것을 교육장에게 요청할 수 있습니다. 이러한 요청이 있다면 교육장은 피해학생의 보호자 동의를 받아 7일 이내에 해당 조치를 해야 합니다. 피해학생이 상담 등을 받는 데 사용되는 비용은 가해학생의 보호자가 부담해야 합니다. 다만 피해학생의 신속한 치료를 위해 학교의 장 또는 피해학생의 보호자가 원할 경우 학교안전공제회 또는 시·도교육청이 부담하고 이에 대한 상환청구권을 행사할 수 있습니다.[8]

가해학생에 대한 처분

학폭위는 폭력의 심각성, 지속성, 고의성, 반성 정도, 화해 정도 등을 고려해 처분을 심의합니다. 가해학생이 받을 수 있는 처분은 다음과 같습니다.

피해학생에 대한 서면 사과 / 피해학생 및 신고·고발 학생에 대한 접촉·협박 및 보복 행위의 금지 / 학교에서의 봉사 / 사회봉사 / 학내외 전문가에 의한 특별교육 이수 또는 심리치료 / 출석 정지 / 학급 교체 / 전학 / 퇴학 처분

이러한 요청이 있는 때에 교육장은 14일 이내에 해당 조치를 해야 합니다.[9]

학폭위 이후

결과에 불복하면 양측은 행정심판 또는 행정소송을 청구할 수 있습니다. 학폭위 이후에도 아이가 심리적으로 안정되고 학교생활에 적응할 수 있도록 보호자는 적극적으로 도와야 합니다.

학교에서 적절한 조치를 취하고 있는지 계속 확인하면서 당분간은 어디에서도 혼자 있지 않도록 등하교 길에 부모가 함께합니다. 또 전문적인 치료를 받도록 함으로써 빨리 생활에 적응하도록 도와줍니다. 아이가 등교를 거부하고 전학을 강력히 요구한다면 이를 고려해볼 수 있습니다. 이후에도 혼자서 해결하기 힘든 일이 생긴다면 언제든 도움을 요청하도록 믿음을 심어주는 것이 중요합니다.

4장
엄마들 모임, 잘하는 방법
_김효원

아이가 세상에 나오는 순간부터 우리는 아이로 인해 연결된 다양한 사람을 만나게 됩니다. 시터 이모님, 조리원 동기, 유치원이나 학교 선생님, 그리고 아이 친구 엄마들…… 그중에서도 가장 신경 쓰이고 어려운 관계는 아마 아이 친구 엄마들일 겁니다. 특히 아이가 초등학교에 들어갈 무렵이면 학부모 모임이 많아지고 아이 친구 부모들을 만날 일도 많아집니다. 그러면서 학부모 모임에 나가는 것이나 아이 친구 부모님들과 관계 맺는 것을 어려워한다거나 그로부터 스트레스를 받는 부모님이 많습니다. 아이를 먹이고, 입히고, 재우고, 공부시키고 아이와 놀아주는 것만으로도 몸과 마음이 지치고 버겁고 시간마저 없는데, 아이 친구 부모님들과도 만나서 어울려야 하는 것인지 고민이 됩니다.

우리가 직장이나 사적인 모임에서 새로운 사람을 만나고 친해지는 것도 사실 어려운 일입니다. 그런데 학부모 모임에서 만나는 이들은 친구나 동료에 비해 살아온 배경도 다르고 관심사나 공통점도 적습니다. 그래서 어떻게 관계를 시작하고 이어가야 할지 막막하게 여겨지곤 합니다. 거기다 내가 아이 친구 부모님과 맺는 관계가 아이들 사이의 관계에 영향을 줄 수 있다고 생각하면 말 한마디 한마디가 조심스럽기만 합니다. 어렵고도 먼 아이 친구 엄마들과의 관계를 어떻게 하면 좋을지 함께 고민을 풀어가보려 합니다.

1.
학부모 모임에 꼭 가야 할까요?

학부모 모임, 왜 중요한가?

아이가 유치원이나 초등학교에 들어갈 무렵이 되면 학교와 유치원 행사에 꼭 가야 하는지, 혹은 엄마들끼리의 사적인 모임에 꼭 가야 하는지 고민이 시작됩니다. 별생각 없이 지내다가 내 자녀만 빼고 다른 아이들끼리 모여서 놀고 있거나 같이 수업 듣고 있는 것을 발견하고는 깜짝 놀라기도 합니다. 저도 그랬는데요. 아들이 유치원을 다닌 지 1년 반이 지난 뒤에야 같은 유치원 남자아이들끼리 (우리 아이는 빼고) 올림픽공원에서 축구 수업을 하고 있다는 것을 알게 되었습니다. 아들이 다녔던 유치원은 워낙 서로 잘 지내도록 돕는 곳이었고, 아들도 친구들과 잘 어울리는 성격이어서 특별히 어려운 점은 없었지만, 그래도 아이가 친구들과 더 재미있는 시간을 보내게 해줄 수도 있지 않았을까 하는 아쉬움이 남더라고요.

아이의 성향이나 부모님의 성격, 가치관이 모두 다르기 때문에 학부모 모임에 참여하는 것에 대해서 정해진 답은 없습니다. 그래도 진료실에서나 주변 사람들이 학부모 모임에 가야 하는지 물어보면, 내 성격과 성향, 가치관에 상관없이 유치원이나 학교 공식 행사는 참여하는 것이 좋고, 최소한의 관계는 필요하다고 말씀드립니다.

유치원이나 학교 공식 행사 가운데 가장 중요한 것은 학부모 총회입니다. 총회는 담임 선생님 및 다른 아이의 부모님들과 자연스럽게 인사할 수 있는 공식적인 자리입니다. 학교 운영 계획, 학년별 주요 교육, 연간 학사 일정 안내를 확인할 수 있고, 담임 선생님께 우리 반의 특징, 수업 운영 계획, 생활 지도 계획, 특색 교육에 대해서 들을 수도 있습니다. 총회 때 학부모회, 녹색교통봉사, 도서명예사서, 급식 모니터링 등 부모님들께 봉사 참여를 요청하기도 합니다. 또 요즘에는 개인정보보호법 때문에 학교에서 다른 부모님들의 연락처를 알려줄 수 없고, 부모님들끼리 단톡방을 만들 때도 서로 동의와 양해를 구하곤 하는데, 학부모 총회에는 부모님들이 많이 오시기 때문에 자연스럽게 연락처를 주고받을 수 있습니다. 내 아이랑 친한 친구의 엄마와 인사하고 연락처를 교환하며 연결고리를 만들 좋은 기회입니다. 그래서 가능하면 총회는 꼭 참여하시라고 말씀드립니다. 저도 워킹맘으로 아이 둘을 키우면서 학부모 총회 때는 연차를 쓰고 참석했습니다. 15년 동안 개학 첫날 아이가 학사력을 받아오면 제일 먼저 하는 일이 학부모 총회 날짜를 확인하고 연차를 내는 일이었으니까요.

엄마가 내향적이거나 사람 만나는 것을 좋아하지 않아도, 혹은 일하느라 바빠도 다른 엄마들과 최소한의 관계와 연결은 꼭 필요합니다. 2장에서도 언급했듯이 요즘 저학년 아이들은 놀이터에서 자연스럽게 만나기보다 대부분 엄마들끼리 약속을 잡아 놀기 때문에, 우리 아이가 다른 친구들과의 놀이나 생일 파티에 초대받으려면 엄마들과의 연결이 필요합니다. 많은 엄마와 연락하지 않더라도 아이와 친한 친구 엄마 한두 명과는 가끔 연락하고 있어야, 그 엄마를 통해서 다른 엄마들과의 관계를 이어갈 수 있습니다.

또 우리 아이에게 무슨 일이 생겼을 때 알려줄 수 있는, 가깝고 신뢰할 만한 친한 엄마가 한두 명이라도 있으면 좋습니다. 아이마다 학교에서 일어난 일을 엄마한테 이야기하는 정도가 다릅니다. 여자아이들이 학교에서 있었던 일을 종알종알 이야기하는 데 비해, 남자아이들은 꼭 필요한 내용만 말하거나 자기가 잘한 것만 말하는 아이도 많습니다. 또 아이들은 자기 이야기는 잘 못 하지만 다른 친구들에 대한 이야기는 잘 하기도 합니다. 그래서 다른 아이와 그 엄마를 통해 우리 아이가 학교에서 어떻게 지내는지 전해 들을 수도 있습니다.

아이를 키우다보면 예상치 못한 일이 종종 생깁니다. 특히 최근에는 괴롭힘이나 따돌림이 늘고 있습니다. 아이들이 이런 일을 당해도 부모에게 말하지 못해서 몇 달 후에야 부모가 알게 되기도 합니다. 재준이(초1, 남) 엄마도 그랬습니다. 같은 반 연진이(초1, 여)가 집에 놀러 왔다가 "아줌마, 옆 반 명오(초1, 남)가 바깥 놀이 시간에 재준이 머리에 모래를 뿌렸어요"라고 말해서 아이에게 자세히 물어보니, 명오가 괴롭히는 일이 종종 있었다는 것입니다. 또 우리 아이가 가해자로 지목되었을 때도, 아이는 사건의 자초지종을 정확하게 설명하지 못하며 안 그랬다는 말만 할 수 있습니다. 아이의 말만 듣고 우리 아이는 잘못한 게 없다고 주장하다가 오히려 더 심각한 처분을 받는 경우도 있습니다. 그래서 특히 아이가 학교폭력의 가해자로 지목되었을 때는 자녀의 이야기도 충분히 들어봐야 하지만, 좀더 중립적인 입장에서 우리 아이가 파악하지 못한 것이나 설명하지 못한 상황을 알려줄 사람이 있다면 부모가 더 잘 대응할 수 있습니다.

그리고 엄마도 학부모 모임을 통해서 아이의 학교생활에 대한 궁금증이나 불안을 달래고 함께 고민할 사람을 찾을 수 있습니다. 특히 가족이나 친구들이 알지 못하는 엄마들의 감정에 공감해주는 사람이 있다는 것은 엄마 자신에게도 중요한 사회적 자원이 됩니다.

학부모 모임에 안 나가면 아이가 친구를 사귀기 어려운가요?

주빈이(초1, 여) 엄마는 워킹맘입니다. 아침에 등교할 때는 아빠가 데려다주고, 하원할 때는 도우미 시터님이 데려와 엄마가 퇴근할 때까지 돌봐줍니다. 주빈이가 다니는 학교는 아파트 단지 안에 있는데, 전업주부인 엄마들은 아침에 아이를 학교에 데려다준 뒤 티타임을 갖고, 방과 후에도 늘 같이 아이를 데리러 갑니다. 체조 수업이랑 영어학원도 같이 다니고, 저녁에 종종 함께 놀기도 합니다. "엄마, 봄이, 여름이, 가을이, 겨울이는 체조 수업 같이 한대. 맨날 같이 집에 가고, 쉬는 시간에도 넷이서만 놀아"라면서 주빈이가 속상해하는 것을 보니 엄마의 마음이 무겁습니다. 그 아이들이 특별히 우리 아이를 따돌리는 것은 아닌데, 매일 같이 놀다보니 아주 끈끈한 사이가 되어 다른 아이들이 끼어들기가 힘듭니다. 주빈이 엄마도 그중 한 명의 엄마와 연락하면서 주말에 같이 놀게도 하지만, 일대일로는 잘 놀아도 학교에 가면 원래 놀던 친구들끼리 어울리는 경향이 있어 주빈이가 소외감을 느끼는 것 같습니다.

초등학교 저학년 때는 아이들이 서로 약속을 잡고 놀기가 어렵고, 엄마들끼리 연락해서 놀이 약속을 잡게 됩니다. 그러다보니 아이들의 또래관계가 엄마들 사이의 관계로부터 영향을 많이 받습니다. 방과 후에 자주 만나서 노는 아이들의 무리가 생기고, 그 아이들 사이에 끈끈한 관계가 생기면 주빈이처럼 끼어들기 어려울 수 있습니다. 그래서 초등학교 저학년, 특히 1학년 때는 학부모들과의 연결이 필요합니다.

그런데 주빈이의 사례에서 전업맘의 아이들끼리, 같은 영어유치원 출신끼리, 수영 수업을 같이 받는 친구들끼리, 그리고 그 아이들의 엄마끼리 이미 너무 친해져 있어서 끼어들기 어렵다면 어쩔 수 없기도 합니다. 주빈이 엄마가 그런 것처럼 학교에서 잘 어울리지는 못하더라도 플레이 데이트를 하면서 관계를 쌓거나 다른 친구와 함께 놀 기회를 만들어주는 수밖에 없습니다. 아이들끼리의 친한 사이라는 게 고정되어 있지 않고 시간에 따라 변하기 때문에, 아이들과 연결을 유지하다보면 친한 친구를 만들 기회는 반드시 옵니다. 그리고 아이들도 학교와 놀이터에서 자기 나름의 사회생활을 하므로 아이가 가진 힘으로 친구를 만들고 관계를 유지하기도 합니다. 게다가 학년이 올라갈수록 엄마가 맺어주는 관계보다 아이 자신의 힘으로 만들어가는 관계가 중요해집니다.

또한 엄마들끼리 친하며 자주 모인다고 해서 꼭 아이들끼리 친해지는 것은 아닙니다. 서윤이(중3, 여)는 중학생이 된 후에야 "사실 그때 엄마가 영서 엄마랑 윤지 엄마랑 친해서 어쩔 수 없이 영서랑 윤지랑 놀았던 거야. 영서는 다른 애들이랑 놀 때 나를 살짝 따돌리고 몰래 뒷담화해서 정말 같이 놀기 싫었어. 엄마가 걔네 엄마랑 친하니까 말도 못 하고 얼마나 마음고생했는지 몰라"라고 말하기도 했습니다. 엄마들끼리 친하고, 아이들끼리 어울릴 기회를 만들어줘도 반드시 서로 친해지는 것은 아님을 보여주는 예입니다.

학부모 모임은 초등학교 입학 이후부터 저학년 때까지가 가장 활발합니다. 학부모 모임이 아이의 친구관계에 영향을 주는 것도 초등학교 저학년 정도까지입니다. 그리고 엄마 모임이나 엄마들과의 관계보다 더 중요한 것은 아이가 가지고 있는 친화력과 사회성이므로 학부모 모임에 나가지 않는다고 해서 아이가 친구를 사귀지 못할까봐 지나치게 걱정할 필요는 없습니다.

성격에 안 맞는데도 나가야 하나요?

학부모 모임은 서로 다른 인생을 살아온 사람들이 같은 반 아이의 학부모라는 이유로 만난 것입니다. 나이 차가 있고 성격도 저마다 다르며 인생에서 중요하게 생각하는 가치도 다릅니다. 학부모 모임에서는 아이들 생일 파티는 어떻게 할지, 녹색어머니회, 운동회, 바자회 때 역할을 어떻게 나눌지, 반 친구들의 분위기는 어떤지에 대한 이야기뿐 아니라, 어느 아파트에 사는지, 아이에게 동생이나 누나가 있는지, 아빠는 무슨 일을 하는지, 엄마는 직장에 다니는지 등의 사적인 이야기도 오갑니다. 또 피아노 학원은 어디 보내고 태권도는 몇 년을 시켰는지, 수학 선행은 얼마나 했는지와 같은 정보도 주고받으며, 여기서 수영팀이나 독서 모임이 만들어지기도 합니다. 가끔 모임에 참석하지 않는 아이 엄마에 대한 뒷담화도 오갑니다. 이렇게 아이에 대한 민감한 이야기와 사적인 대화들이 뒤섞이기 때문에 누구나 어느 정도는 불편할 수밖에 없습니다. 엄마들 모임에 다녀오면 진이 빠진다고 하는 분도 많습니다.

특히 내성적이거나 예민한 부모들은 이렇게 민감한 이야기가 나오면 스트레스를 받습니다. 그리고 다른 부모들이 빠르게 무리를 형성하고 관심사를 나누는 데 끼어들기 힘들어합니다. "직장에서 잘 모르는 사람들과 대화하는 것도 긴장되고 힘든데, 아이 친구 부모까지 꼭 만나야 하는지 모르겠어요." "저는 극 I 성향이라 사람이 많으면 대화하기 힘들고 무슨 말을 할지도 모르겠고 스트레스가 커요."라고 말하는 부모님들도 계셨습니다. 학부모 총회와 같이 공식적인 모임은 그나마 괜찮지만, 끝나고 엄마들끼리 하는 모임에 가면 구석에서 말없이 커피만 마시다가 집으로 돌아오기도 합니다. 또 엄마들끼리 집에 초대하고 커피 마시자고 하고 개인적으로 가까운 사이가 되려고 하면 마음이 갑갑하고 부담스럽다는 분들도 있습니다. "참관수업 때 얌전하게 듣고 손 한번 들지 않는 우리 아이의 소극적인 모습이 학부모 모임에서 말 한마디 못 하는 저를 닮은 것 같아 미안했어요."라고 한 어머니는 말씀하셨어요.

그렇지만 학부모 모임에서 불편하고 어색함을 느끼는 것은 어느 부모든 마찬가지입니다. 수현이(초5, 여) 엄마는 처음 학부모 모임에 나갔던 때를 떠올리면서 "학부모 모임이 있는 날이면 전날 저녁부터 긴장했어요. 우리가 사는 데는 아파트 맘카페도 활성화 돼 있고, 소문도 금방 나는 곳이라 더 그랬던 것 같아요. 그래도 수현이가 학교에서 친구들과 잘 지냈으면 하는 바람에 다른 학부모들과 잘 지내려고 애썼어요. 제 평생의 사회성을 학부모 모임에 다 끌어다 쓴 것 같아요"라고 말했습니다. 학부모 모임에서 잘 웃고 먼저 말을 거는 사람들도 수현이 엄마처럼 속으로는 불편하지만 용기를 낸 것일 수 있습니다. 그러니 불편함을 느끼고 활발하게 어울리지 못하는 나 자신을 비난하지는 않았으면 합니다. 우리가 다른 사람을 만나고 알아가고 관계를 맺는 것을 좋아하는 정도나 잘하는 정도는 개인마다 다릅니다. 그렇지만 사람을 만나고 관계를 쌓아가는 것도 노력과 연습으로 더 잘할 수 있습니다. 다른 모든 능력과 마찬가지로 사람과 사람 사이의 관계도 배울 수 있고 연습을 통해 더 쉽게 해나갈 수 있습니다. 그리고 그런 과정에서 좋은 사람을 만나기도 합니다.

우선 공식적인 학부모 모임부터 참여해보고, 마음이 약간 편해지면 커피 모임에도 가보고, 마음 맞는 분을 만나면 한번 따로 보는 식으로 노력해보세요. 그리고 모인 엄마들 가운데 성향이 비슷하거나 가치관과 관심사를 공유하는 사람이 있는지 한번 찾아보세요. 자신과 비슷하게 뒤로 물러나 있는 부모에게 다가가보는 것도 좋습니다. "학부모 모임에 가면 저처럼 뒤로 물러나 있는 부모가 꼭 있더라고요. 곧바로 서로 알아보죠. 아, 나랑 비슷하구나 하고요. 신기하게 옷차림도 비슷해요. 눈에 띄지 않는 무채색 옷이요. 그래서 그렇게 자주 마주치다보면 수줍게 인사도 하고, 말도 한마디씩 하게 되는데 성향이 비슷해서인지 말도 서로 조심스럽게 하는 편이고요. 신기한 건 제 경우 일부러 붙여준 것도 아닌데 저랑 비슷한 엄마 애가 우리 애랑 또 친해지더라고요."라고 말하는 엄마도 있었습니다.

학부모 모임에 나오는 모든 사람과 잘 지낼 필요는 없습니다. 한두 명과만 연결을 유지하고 있으면, 반에서 일어나는 중요한 일들을 자연스럽게 알 수 있습니다. 모임에서 할 가벼운 대화를 미리 생각해뒀다가 편한 엄마에게 먼저 말을 걸어보는 것도 좋습니다.

2.
학부모 모임에서 엄마들과 어떻게 지내야 할까요?

스몰토크

처음 만나는 사람과 관계 맺는 일은 언제나 어렵습니다. 어색한 분위기를 편안하게 만들며 대화를 시작하거나 서로를 탐색하며 관계를 열어가는 일은 늘 쉽지 않은 일이죠.

지안이(초1, 여) 엄마는 아이의 초등학교 입학을 앞두고 새로운 학부모들과 만날 일이 걱정되었습니다. 처음 만나는 사람들과 무슨 말을 할지, 어떻게 해야 친해질 수 있을지 고민하느라 밤에 잠이 잘 안 오기도 했습니다. 그런데 막상 교문 앞에서 하교하는 지안이와 손을 잡고 나온 민영이 그리고 그 애 엄마랑 인사하고, 학교에서 있었던 이야기를 듣다보니 인사하고 이야기 나누는 게 생각보다 어렵지 않았습니다.

관계나 분위기를 부드럽게 만들어주는 소소한 대화를 스몰토크라고 합니다. 서로의 상황에 맞춰가며 편안하고 매끄럽게 대화를 시작하는 데는 잡담, 즉 가벼운 이야기로 마음을 여는 과정이 필요합니다. 스몰토크는 인간관계를 유지하는 데도 중요합니다. 소소한 이야기를 나누면서 즐거움, 호기심, 기대감과 같은 감정을 공유하며 마음이 연결되고, 이런 순간이 많아질수록 서로 더 가깝다고 느끼는 것입니다. 엄마들의 스몰토크 주제로는 쉽게 대화할 수 있는 보편적인 소재, 학교에서 있었던 일상적인 일, 상대방 아이의 근황, 아이들 사이의 공통점과 같은 것이 적절합니다.

표 1. 엄마들의 스몰토크 주제로 적절한 것

쉽게 대화할 수 있는 보편적인 소재	·오늘 날씨가 갑자기 추워진 것 같아요. ·오는 길에 차 많이 막혔죠? ·스타벅스 딸기라테 드셔봤어요?
아이들 학교에서 있었던 일상적인 일	·점심에 피자가 나왔다면서요. ·내일은 일찍 끝난나봐요.
상대방 아이의 근황	·축구를 시작했다면서요. ·학급 부회장이 됐다면서요.
아이들 사이의 공통점	·○○이도 종이접기를 좋아한다더라고요. ·○○이도 포켓몬 카드를 모은다면서요. ·점심시간에 같이 나가서 놀았다고 하더라고요.

스몰토크는 말 그대로 편안하고 가벼운 대화이므로 상대방이 대답하기 어렵거나 고민이 필요한 무거운 주제, 대화하기를 꺼릴

만한 주제는 피해야 합니다. 특히 정치나 종교, 서로 의견이 다를 수 있는 사회적 문제에 대한 것이나 아이와 가족에 대한 사적인 이야기, 아이의 학습이나 다니는 학원에 대해서 캐묻는 것, 자신과 아이에 대한 자랑 등은 피하는 것이 좋습니다.

어떤 엄마와 가까워지면 좋을까?

친한 엄마가 꼭 있어야 하나요? 어떤 엄마와 친하게 지내야 하나요? 이런 질문을 학부모 모임을 앞두고 많이 받습니다. 실제로 학부모 모임에서 만나는 엄마들은 나이도 제각각이고 성격 또한 다 다른데, 내 마음에 드는 엄마가 있는가 하면 얼굴조차 마주치고 싶지 않은 엄마도 있습니다. 입은 옷이나 가방, 아이의 성적 같은 걸로 다른 사람을 평가하는 엄마도 있고, 나이 많다고 은근히 내세우면서 대장 노릇을 하는 엄마도 있고, 말로만 "언니, 언니" 하며 얄미운 짓만 골라 하는 엄마도 있습니다. 아이 친구들을 경쟁 상대라고 여겨 정보 공유를 꺼리는 엄마도 있고, 육아 방법이나 학습법에 대해서 다른 엄마들에게 참견하고 가르치려드는 엄마도 있습니다.

제게 가장 불편했던 엄마는 여기서 하는 말과 저기서 하는 말이 다르고, 거짓말을 쉽게 하는 분이었는데요. 이렇게 다양한 성향을 가진 엄마들과 모두 잘 지낼 수는 없습니다. 나와 맞지 않는 사람은 자기 식대로 세상을 보라며 상관 않고 거리를 두는 수밖에 없죠. 대화하다가 상대방의 반응을 도저히 이해할 수 없을 때는 굳이 깊이 생각하거나 억지로 이해하려 하지 않아도 됩니다. 학부모 모임에서는 내 직장 동료나 친구들 모임보다는 다른 가치관을 가진 사람과 만날 가능성이 높습니다. 그게 아니더라도 내가 만나는 모든 사람과 늘 좋은 관계를 유지하는 것은 불가능합니다. 그러니 친하게 지낼 엄마와 적당한 거리를 유지할 엄마를 구별해야 합니다. 그리고 나와 상대방이 다치지 않게 관계 맺는 방식과 친밀해지는 속도를 조절해야 합니다.

결국 누구나 가까워지길 원하고 함께 어울리기 좋아하는 이들은 기본적인 예의를 갖춘 진솔한 사람입니다. 타인에게 예의 없이 대하거나, 거짓말하거나, 이용하려는 이들은 곧 눈에 띕니다. 시간을 두고 찬찬히 관찰해보면 남들에게 신뢰와 편안함을 주는 사람을 찾을 수 있습니다. 처음에는 잘 모를 수 있지만 시간이 지나면 대부분 그런 사람 곁에 모이기 마련입니다.

엄마들 사이에서도 적당한 거리는 필수

사람과 사람 사이에는 적당한 심리적 거리가 필요합니다. 누구에게나 타인으로부터 침범당하고 싶지 않은 심리적 거리가 있습니다. 인간관계에서 자신을 방어하기 위한 최소한의 거리로 언제, 누구와, 어떻게 상호작용하는가에 따라서 그 거리가 결정됩니다. 그리고 그 경계선을 넘으면 불편함, 불안함, 무례함과 위협을 느낍니다. 그런데 엄마들 모임에서는 이 경계선을 쉽게 넘어오는 사람이 있습니다. 아주 친한 사이도 아닌데 개인적인 내용을 꼬치꼬치 묻거나 다른 엄마들에 대한 험담과 학교에 대한 불평불만을 늘어놓는 사람도 있고, 늦은 시간이나 새벽에 전화해서 자기가 하고 싶은 말만 늘어놓는 사람도 있습니다. 나를 특별하게 생각하고 개인적인 고민까지 털어놓으면서, 내가 다른 사람에게도 똑같이 대하면 섭섭해합니다. 이렇게 학부모 모임에서 알게 된 사람이 적당한 심리적 거리를 넘어 불편함을 줄 때는, [표 2]에 예를 든 것처럼 부드러운 말투로 요목조목 불편함을 전달할 수 있어야 합니다. 불편함을 참다보면 나도 힘들고, 상대방도 계속 경계선을 넘으면서 마찬가지로 꺼림칙할 수 있습니다. 학부모 모임에서도 나를 지키는 관계가 먼저입니다.

표 2. 불편함을 전달하는 4단계

1. 불편한 상황을 중립적으로 설명한다.
이때 비난이나 판단하는 표현을 하지 않도록 주의한다.
"오늘 하루 종일 전화를 세 번, 카카오톡 메시지를 여러 통 주셨어요."

2. 상대방의 행동으로 인해 느껴지는 감정을 표현한다.
"하루에만도 연락을 자주 하시니까 좀 부담스럽고 불편해요."

3. 상대방의 행동이 나에게 미치는 영향을 설명한다.
"가족 모임 중인데 계속 연락받느라 어른들한테 눈치가 보였어요."

4. 원하는 것을 정확하게 표현한다.
"하루에 여러 번 연락하는 것은 자제해주셨으면 좋겠어요."

우리 아이가 좋아하는 친구의 엄마에게 반갑게 다가가거나, 가까워지고 싶은 엄마에게 따로 만나자고 연락했는데 상대방이 불편해하면 있는 그대로 받아들여야 합니다. 2장에서 아이가 친구들과 잘 어울리기 위해서는 친구한테 놀자고 제안했을 때 거절당해도 쿨하게 받아들이는 것이 중요하다고 말했는데요. 이건 모든 사회적 관계에서 마찬가지입니다. 그 엄마의 개인적인 성향이나 사정이 있을 수 있으니까요.

엄마들 모임에서는 특히 적당한 거리를 지키는 것이 중요합니다. 내 친구가 아닌 아이 친구 엄마이기 때문에 더 그렇습니다. 내 친구한테 하듯 편하게 대하기보다 사회생활이나 직장에서 만난 사람을 대할 때처럼 서로 존중하고 적절한 거리를 유지하는 것이 좋습니다.

부모마다 양육 철학은 다르다

2017년에서 2018년 초까지 미국 보스턴에서 아이를 키울 때의 일입니다. 아이들이 다니던 학교 앞 공원에 건물 5~6층 높이의 커다란 나무가 있었습니다. 초등학교 4학년이던 아들 친구 가운데 독일계 미국인이 있었는데요. 그 아이와 여섯 살 난 여동생은 그 나무의 꼭대기까지 즐겨 올랐습니다. 남매가 나무에 올라가는 것을 보고 저와 중국, 대만 등 아시아 지역에서 온 엄마들은 행여 나무에서 떨어져 다칠까봐 안절부절못하며 걱정했습니다. 그렇지만 남매의 엄마는 독일에선 아이들이 어릴 때부터 나무를 탄다면서 아이들에게 충분한 신체적 활동을 누리게 하는 것이 중요하다고 했습니다. 한편 미국인 엄마들은 나무가 보스턴시 소유인데, 아이들이 나무에 올라가면 시의 재산을 망가뜨릴 수 있으니 안 된다고 했고요. 아이를 키우는 방식은 나라, 문화권, 가족마다 정말 다르다는 생각이 들었습니다.

하준이(초1, 남)는 공동육아 어린이집을 졸업하고 초등학교에 입학했습니다. 하준이 엄마는 흔히 7세 고시로 대변되는 영유아 사교육이 아이의 발달과 정신건강에 별로 도움이 되지 않는다고 여겨, 야외 신체활동과 사회정서 학습을 중요시하는 공동육아 어린이집에 자녀를 보냈습니다. 그런데 학교 입학 후 첫 학부모 모임에서 같은 반 은우 엄마가 "어느 유치원 나왔어요? 어머 영유를 안 보내셨다고요? 그러면 대학 입시 때까지 계속 고생할 텐데, 왜 그러셨어요?"라고 말하는 바람에 기분이 상했습니다.

예전에 TvN 프로그램 「유 퀴즈 온 더 블럭」에서 어느 청소년이 "잔소리는 기분이 나쁜데 충고는 더 기분 나쁘다"라는 말을 해서 화제가 된 적이 있습니다. 사실 충고나 조언은 좋은 의도에서 나온 것이라 해도 상대방을 기분 나쁘게 할 수 있습니다. 그리고 학부모들 사이에서의 조언은 도움을 주려는 마음에서 나온 것도 있지만, 은근히 자신이 아는 게 더 많다거나 아이를 더 잘 키우고 있다는 우월감에서 비롯된 것도 많습니다. 그런 우월감이 상대방에게 전해져 기분을 나쁘게 하는 거죠.

특히 요즘에는 사회가 복잡하고 다양해지면서 양육과 훈육, 학습에 대한 원칙과 가치관이 가정마다 다릅니다. 부모-자녀로 이루어진 핵가족이 흔하며 부모의 육아 원칙이 확고합니다. 사실 어떤 방식으로 아이를 키우는 게 발달과 이른바 사회적 성공에 더 유리한지도 명확하지 않습니다. 이런 상황에서 다른 사람의 육아관을 폄하하거나 참견하는 것은 적절하지도 않고, 오히려 관계를 해칠 뿐입니다. 각자의 방식으로 아이를 키우는 것에 대한 기본적인 존중이 필요합니다.

워킹맘이 엄마들 모임에서 잘 지내려면

윤주(초1, 여) 엄마는 첫아이인 윤주가 초등학교에 입학하기 전부터 학부모 모임에 대해 걱정이 많았습니다. 전업맘이 많은 동네여서 워킹맘인 윤주 엄마는 다른 엄마들과 잘 어울릴 수 있을지 지레 겁먹고 움츠러든 것입니다. 전업맘들은 등하교 때 인사도 하고 따로 커피 모임도 한다는데, 엄마들 사이에서 어울리지 못해 윤주가 친구를 잘 사귀지 못할까봐 염려된 거죠. 그래서 학부모 총회 날 연차를 쓰고 총회에 이어 커피 모임에도 참석했습니다. 그런데 의외로 엄마들이 편안하게 받아들여주었습니다. 지금 전업맘일 뿐 과거에 직장생활을 했던 분도 많고 파트타임으로 일하고 있는 분도 많아서 학교 행사나 커피 모임에 참여하기 어려운 사정을 잘 이해해주었고 윤주 엄마도 곧 마음이 편해졌습니다.

미성년 자녀를 둔 워킹맘이 62.4퍼센트라고 합니다.[1] 최근에는 일하면서 아이를 돌보는 워킹맘이 점점 늘어나고 있습니다. 워킹맘은 아이를 학교에 보낼 무렵이 되면 학교 안에서 어떤 일이 벌어지는지 알 수 없어 불안해하고, 엄마들끼리 모임 약속을 잡기 어려워서 아이가 또래 사이에서 소외되지 않을까 걱정하게 됩니다. 특히 남자아이들은 대개 학교에서 있었던 일을 집에 와 자세히 이야기하지 않기에 엄마의 불안을 더하기도 합니다.

워킹맘으로 엄마들 모임에 참여하고 그들과 잘 지내려면, 자신의 상황을 설명하고 함께하려는 의지를 먼저 보여야 합니다. 학교에서나 아이들과 관련된 일이 있을 때마다, "제가 직장을 다녀서" 하고 빠지거나 다른 부모들에게 일을 미루면 얄미워 보일 수 있습니다. 바빠서 모든 일에 참여할 순 없지만, 시간 내서 함께하겠다는 자세가 중요합니다. 학부모 총회나 모임에서 먼저 전업맘을 포함한 다른 부모들에게 다가가 본인 상황을 설명하고 아이들 사이의 일이나 학교에서 일어나는 일 가운데 중요한 것을 알려달라고 부탁하는 것도 좋습니다. 아이를 학교에 데려다준다면, 등굣길에 만나는 엄마들과 인사 나누면서 소소히 교류하고 가까워지는 것도 좋고요. 그러면서 아이의 학교생활에 대한 이야기, 전반적인 팁을 들을 수 있습니다. 한번쯤 학부모 모임을 저녁이나 주말에 하자고 먼저 제안하는 것도 해보세요. 약간의 노력과 교류로도 충분히 마음 맞는 소수의 사람을 사귈 수 있습니다.

아이들끼리 친하다면 전업맘이 아이를 함께 픽업해서 같이 놀게 해주는 일도 종종 있습니다. 이때 이걸 당연시해서는 안 됩니다. 내가 없는 사이에 누군가 우리 아이를 조금이라도 챙겨줬다면 감사 인사를 꼭 해야 합니다. 가끔은 커피 쿠폰 같은 부담스럽지 않은 선물을 해보고요. 주말에 가능할 때 전업맘의 아이를 초대해서 같이 놀게 하거나 함께 놀러 가는 것도 좋고요. 그리고 학교 행사나 일이 있을 때 가능하다면 조금이라도 나눠서 하길 권합니다.

특히 아이가 학급 회장이나 부회장이 되어서 엄마도 학부모회 일이나 다른 책임을 맡게 된다면, 직장 일이 바쁘더라도 시간을 내어 해야 할 일들은 하는 것이 좋습니다.

저도 워킹맘으로 두 아이를 키우면서 15년 동안 주변 엄마들의 도움을 많이 받았습니다. 워킹맘이라서 큰 배려를 받았고 학교에서 일어나는 일을 알려주는 고마운 엄마들도 많았어요. 특히 둘째가 초등학교 입학할 무렵에는 누나 친구의 엄마들이, 둘째와 같이 입학하는 동생이 있는 분들을 소개해주셔서 함께 수영도 하고 축구도 하면서 둘째가 학교생활에 편안히 적응할 수 있었습니다. 결국 중요한 점은 워킹맘이나 전업맘이냐 하는 것보다는 그 엄마가 어떤 태도와 마음을 가진 사람인가 하는 것입니다.

3.
엄마들과의 관계에서 주의할 점

기본적인 예의를 지킨다

성연이(초1, 남) 반은 입학 후 반 엄마들끼리 모이는 일이 많았습니다. 엄마들이 모이면 학교에서 일어났던 일에 대해 주로 이야기합니다. 학교에서의 경험을 집에 가서 잘 늘어놓는 아이도 있지만, 말이 없는 아이도 많아서, 엄마들 모임에서 학교생활이나 우리 아이에 대한 이야기를 전해 들으려는 것입니다. 그런데 엄마들끼리 여러 번 만나다보니 시댁이나 남편 욕을 하기도 하고 자기 자랑을 하기도 해서, 성연이 엄마는 모임에 나가는 것이 점점 불편해지기 시작했습니다. 한편 같은 반 지율이 엄마는 늘 웃는 표정이면서 말수가 많지 않고, 눈에 안 띄게 다른 사람을 배려해 '찐이다'라고 생각했습니다. 사적인 이야기를 많이 하는 사람보다. 지율이 엄마처럼 아이 친구 엄마로 관계 맺는 사람이 더 편안하게 느껴졌습니다.

학부모 모임에서 만나는 이들은 나와 개인적인 관계라기보다는 아이의 인간관계의 확장판입니다. 내가 사귀는 사람들과 다르고, 내 직장 동료나 친구들에 비해서 성장 배경도 다르며, 성격이나 가치관이 다른 사람과 만날 가능성이 높습니다. 그러니 내 주변 사람들을 만날 때보다 대화의 주제를 더 신중하게 고르고 조심스레 대하는 것이 좋습니다.

엄마들과의 관계도 사람과 사람 사이의 관계이므로 기본적인 예의를 지키는 것이 제일 중요합니다. 우선 가능한 한 존대하는 것이 좋습니다. 나이가 많다고 나보다 어린 엄마에게 반말하거나 "야"라고 부르는 것은 실례입니다. 학부모 모임에서 중요한 것은 아이의 나이니까요. "같은 엄마 대 엄마로 만나는데 내 아이 앞에서 서열 낮게 보이는 것 같아서 기분 나쁘다"고 하는 엄마도 본 적이 있습니다. 어느 정도 관계가 쌓이고 친해진 다음, 상대방이 먼저 "말 놓으세요"라고 한다면 그때 말을 놓는 것이 좋습니다. 호칭도 처음 만난 사이에는 "은우 어머니" 하고 예의를 갖추는 것이 좋습니다. "언니"라고 부르는 것은 개인적으로 많이 가까워진 다음에 하길 권합니다. "언니" 하면서 친근하게 지내다가 아이들끼리 다투거나 문제가 생기면 오히려 합리적인 해결은 안 되고 감정이 얽혀서 서운함과 배신감이 커지기도 합니다. 그래서 아이 친구 엄마를 만날 때는 최대한 신중하게 천천히 알아가는 것이 좋고, 좀 친해져도 선을 지키려고 노력해야 합니다.

모든 관계가 그렇듯이 이 관계에서도 서로 주고받는 것이 비슷해야 합니다. 궁금하거나 필요한 것이 있으면 아무 때고 연락해 도와달라 하면서 정작 자기가 아는 정보는 다른 엄마들과 공유하지 않는다면, 다들 마음이 상할 겁니다. 소소하게 만나는 모임에서도 돈 내는 데 인색하고 매번 얻어먹으려고만 하거나, 약속 시간에 늘 늦게 나와 일행을 기다리게 한다면 아무도 그 사람과 다시 만나고 싶어하지 않을 겁니다. 비용을 나눠서 내거나, 시간 약속을 지키는 것은 모든 인간관계에서 기본 중의 기본입니다. 대화할 때도 나 혼자 너무 많은 말을 하고 있는 것은 아닌지, 상대방이 충분히 얘기할 수 있었는지, 상대방이 들었을 때 불쾌한 말을 하지는 않았는지 항상 고려해야 합니다. 설령 좀 어색하거나 말실수를 하더라도 상대를 배려하고 관계의 거리를 고민하는 진심이 전해진다면, 좋은 관계를 유지할 수 있을 겁니다.

아이와 가족에 대한 자랑과 과시는 금물

학부모 총회 때부터 엄마들 모임에서는 서로가 서로를 스캔하고 주변을 살피며 또래 학부모들을 관찰합니다. 나이가 어느 정도

일지, 어떤 옷을 입었는지, 누구한테 학원 정보가 많을 것 같은지, 우리 아이와 친한 아이의 엄마는 누구인지, 아빠는 뭘 하는지, 학교는 어딜 나왔는지 등등 서로를 탐색하고 미묘한 기싸움을 하는 듯한 분위기마저 있습니다. 엄마들이 총회에 나갈 때 명품 옷, 명품 가방을 들고 나가는 것에 대해서 조선일보에서는 '학부모 모임에 700만 원은 걸치고 간다'[2]는 기사를 쓰기도 했습니다.

명품 가방이나 옷뿐 아니라 집안 자랑, 돈 자랑, 남편 자랑, 자기 자랑, 아이 자랑을 늘어놓는 엄마들은 대부분의 사람이 좋아하지 않습니다. "우리 아이 아빠는 ○○구에서 제일 큰 정형외과 병원 원장이에요" 하면서 유세를 떨거나, 대화 중간중간에 "우리가 미국 디즈니월드에 여행 갔을 때는요" 하면서 은근히 특별한 경험을 섞어 말하는 것은 상대방을 불편하게 만듭니다. "우리 아이가 이번에 수학 경시대회에서 최우수상을 받았어요" "중간고사에서 수학 만점 받았어요"라며 아이의 성적을 굳이 자랑하거나 이야기할 필요도 없습니다.

아이와 가족에 대한 자랑은 상대방에게 위화감과 불편감을 줄 수 있습니다. 말하는 이가 상대의 감정이나 기분을 고려하지 않는 자기중심적인 사람으로 느껴질 수도 있습니다. 자신을 내세우고 싶어하는 모습은 상대방을 진정성 있게 대하지 않는 것으로 느껴지게 합니다. 잘난 척하는 엄마라고 나쁜 소문이 나기도 합니다. 그러니 과시는 모든 인간관계에서 금물입니다.

자랑은 아이와 가족의 성취가 어떤 의미인지를 이해하고 진심으로 축하해줄 수 있는 아주 가까운 사람들에게만 하는 것이 좋습니다. 아이 친구 엄마들끼리의 모임은 개인적으로 가까운 사이도 아니고 다양한 사람이 모인 것이기에 자랑은 가능한 한 하지 않아야 합니다. 오히려 그것밖에 내세울 게 없는 자존감 낮은 사람처럼 보일 수 있습니다.

개인사 캐묻지 않기

선우(초1, 남) 부모는 선우 할아버지가 돌아가시고 나서 할아버지가 살던 집을 정리하는 과정에서 일시적으로 아빠의 주민등록상 거주지를 할아버지가 살던 곳으로 옮겨놓았습니다. 그런데 선우 엄마가 동사무소에서 주민등록등본을 발급받다가, 우연히 같은 반 주아(초1, 여) 엄마를 만났습니다. 주아 엄마는 얼핏 주민등록등본에 두 명만 올라 있는 것을 보고 다른 엄마들한테 선우 부모가 이혼했다는 소문을 냈습니다. 선우 엄마는 나중에 이 사실을 전해 듣고는 경악을 금치 못했습니다.

엄마들 모임에서는 이렇게 다른 아이의 개인적인 일이나 가정사를 노골적으로 물어본다든가 뒤에서 알아내 소문을 퍼뜨리고 다니는 분들이 있습니다. 개인사를 나누는 것은 가까운 친구 사이에서도 편치 않은 일입니다. 그런데 주아 엄마처럼 확실하지도 않은 소문을 다른 사람들에게 떠들고 다니면, 선우 엄마뿐 아니라 주아 엄마의 말을 듣는 다른 엄마들도 주아 엄마에 대해서 좋게 생각하기 어렵습니다. 선우 가족에 대한 개인사를 캐고 말하며 다닌다는 것은, 우리 가족에 대해서도 언제든지 떠벌릴 수 있다는 뜻이기 때문입니다. 재산, 학력, 직업과 같은 것은 상대가 먼저 얘기하지 않으면 묻지 않는 게 인간관계의 기본입니다.

학부모 모임뿐 아니라 모든 만남에서 가족관계나 직장, 경제력 등 지나치게 사적인 질문으로 대화를 시작하면 상대방이 심리적 부담을 느껴 대화를 이어가기 힘들 수 있습니다. 그런데 학부모 모임에서는 "그 집 몇 평이에요?" "자가예요?" "아빠 뭐 해요?" "연봉은 얼마예요?"와 같은 대화가 너무 쉽게, 자주 일어납니다. 개인적인 사정을 캐묻는 것은 기본적으로 상대방을 불편하게 할 수 있다는 것을 고려하지 않는 나쁜 태도입니다.

반대로 내 개인사에 대해 너무 자세히 말하거나 남편과 시댁에 대한 욕을 하는 것도 좋지 않습니다. 내가 했던 말들이 돌고 돌아서 나에 대한 공격이나 험담으로 오기도 하고 엄마들끼리의 단톡방에서 가십거리가 되기도 합니다.

학원 정보와 선행 정도를 캐지 않기

아이를 키우는 엄마들의 불안 가운데 가장 큰 것은 학습과 관련된 것입니다. 혹시 엄마가 뭔가를 잘 몰라서, 아이가 자라며 제때 배워야 하는 것을 놓치고 아이가 공부를 잘 못하거나 좋은 대학을 가지 못하면 어떻게 하나 하는, '정보'에 대한 두려움은 모든 엄마가 가지고 있습니다. 이 때문에 많은 엄마가 학부모 모임에서 다른 아이들은 어떤 학원을 다니는지, 진도를 어느 정도 나갔는지, 선행은 얼마나 했는지 알아보고 싶어합니다.

그렇지만 엄마들 모임에서 아이들의 학습이나 학원에 대한 이야기는 정말 조심스러운 주제입니다. 부모마다 학습에 대한 가치관이 다를 수 있기 때문입니다. 선행 진도를 많이 나가고 있다거나 어떤 학원을 다니고 있다는 정보가 다른 부모에게 심리적 부담을 주거나 불안감을 불러일으킬 수도 있습니다. 엄마들 가운데는 자기 아이가 공부를 어떻게 하는지 별로 말하고 싶어하지 않는 사람도 많습니다. 경쟁자라고 여겨 정보를 공유하지 않을 수도 있지만, 아이의 부족한 모습을 말하는 게 불편하거나 잘하는 것을 떠벌리고 싶지 않기 때문입니다. 저도 아이들을 교육할 때 수학학원은 선행을 하고, 책읽기-논술-국어학원은 아파트 상가에 있는 곳을 보내고, 영어는 드문드문 동네학원을 보냈는데요. 별로 친하지 않은 엄마가 "수학 진도를 많이 뺐네요"라고 말해도 불편하고, "너무 공부를 안 시키는 영어학원을 보내네요. 그렇게 하면 나중에 큰일나요"라고 말해도 걱정되고 불안하더라고요.

특히 워킹맘들은 학원 정보부터 아이들의 학습 진도에 대한 것까지 정보가 부족하다고 여겨 알고 싶어합니다. 실제로 학원이나 공부에 대한 정보를 공유할 수 있는 친한 엄마가 생기면 정보를 얻는 것뿐만 아니라 심리적 안정에도 큰 도움이 됩니다. 그러나 두 사람 사이에서 한쪽만 정보를 얻는다면, 서로 대등하지 않기 때문에 그 관계는 오래 지속되기 어렵습니다.

만약 우리 아이의 공부나 학원과 관련해서 고민된다면, 솔직하게 "다른 아이들은 수학 선행을 많이 하더라고요. 우리 아이는 6개월 정도 선행인데 괜찮은지 모르겠어요" "우리 아이는 영어를 잘 못하는데, 어떻게 공부를 도와줘야 할지 모르겠어요" 하고 물어보는 것이 좋습니다. 공식적인 자리나 사람이 많은 곳에서 물어보면 괜히 눈에 띌 수 있으니 가능한 한 따로 있을 때 조용히요. 아이에 대한 고민을 숨김없이 털어놓으면 많은 분이 자신이 알고 있는 것들을 알려주십니다.

어쩌면 자신의 정보를 알려주고 싶어하지 않거나, 일부러 잘못된 정보를 알려주는 분도 있겠지만, 어쩔 수 없죠. 세상에는 다양한 사람이 있으니까요. 가끔은 다른 엄마들이 말해주지 않는 학원 정보를 알아내려고 놀이터에서 다른 아이의 가방을 뒤지거나, 남의 집에 가면 애 방에 가서 문제집이나 교재 같은 걸 스캔하는 분들도 있는데요. 이런 일은 결국 다 드러납니다. 그리고 다들 그런 엄마와는 거리를 두게 됩니다.

사실 학원이나 학습과 관련된 것은 아이마다, 과목마다 필요한 것이 다릅니다. 학원의 진도나 가르치는 스타일, 숙제의 양, 집에서의 거리 등 고려해야 할 요소도 저마다 다르고요. 지후에게 잘 맞았던 학원이 주영이에게는 안 맞을 수도 있습니다. 그래서 옆집 엄마에게 물어보는 것보다 발품을 팔아서 직접 학원을 알아보는 게 더 좋을 수 있습니다. 학원 선생님에게 우리 아이의 상황을 설명하고 상담하다보면 더 잘 맞는 학원을 찾을 수도 있죠. 육아, 교육 등에서는 서로의 라이프스타일을 존중하고 가르치려들지 않는 것이 가장 중요합니다.

뒷담화하지 않기

뒷담화는 의도적으로 상대방을 흠집 내거나 불이익을 주기 위해 그 사람이 없는 자리에서 그에 대한 이야기를 하는 것입니다. 보통 아이나 가족이 감추고 싶어하는 사생활, 가족 문제, 갈등이나 경제적·심리적 어려움, 부족한 능력과 같은 취약한 부분을 말하고 다니는 것입니다. 엄마들 모임에서도 뒷담화하며 소문을 만들고 다니는 분들이 있습니다. 결국 이런 이야기는 반드시 뒷담화의 대상에게 들어갑니다. 누군가에 대해 내가 언급한 것은 반드시 캡처되어서 카카오톡 채팅방을 통해 그 사람에게 전달됩니다. 이로써 관계는 악화되지요. 예전에 어느 학교에서 다음 학년의 반 배정이 발표된 후 오지랖 넓은 엄마 몇몇이 어떤 아이가 몇 반인지 새로운 반 명단을 미리 만들어서 돌렸는데, 그때 명단을 만든 엄마가 장난꾸러기 남자애들 이름 뒤에 별 표시를 한 것이 그대로 돌아서 엄마들끼리 싸움이 난 적이 있습니다. 엄마들 모임에서는 이런 일이 꽤나 자주 일어납니다.

그러니 뒷담화는 가능한 한 하지 않는 것이 좋습니다. 다른 사람에 대해 나쁜 말을 할 때는 내가 말한 내용이 반드시 상대방한테 전달될 것이라고 생각해야 합니다. 내가 뒷담화하지 않는 것만큼 중요한 것이, 자리에 없는 사람의 뒷담화를 들어도 옮기거나 동조하지 않는 것입니다. 옆에서 누군가 자리에 없는 엄마의 뒷담화를 한다면, 아무렇지도 않은 듯 중립적인 표정으로 "그러셨군요" "기분이 안 좋으셨겠어요" 정도로 간결하게 반응하면 됩니다. 뒷담화가 계속된다면 그 자리를 뜨는 것도 한 가지 방법입니다. 나중에 누구누구가 있는 자리에서 뒷담화가 있었는지까지 당사자에게 전해질 수도 있기 때문입니다.

다른 엄마에 대한 뒷담화도 해서는 안 되지만, 남의 아이, 특히 자리에 없는 엄마의 아이에 대해서는 절대 나쁘게 얘기해서는 안 됩니다. 남의 자녀가 다니는 학원, 유치원, 학교에 대해서도 되도록 나쁜 이야기는 하지 않는 것이 좋습니다. 자기 아이에 대해서 나쁜 말을 하는 이를 좋아하는 사람은 없습니다. 나에 대한 공격보다 더 싫은 게 우리 아이에 대한 뒷담화와 참견입니다. 더구나 뒷담화는 보통 질투나 시기심, 열등감의 산물입니다. 자존감이 낮은 사람이 뒷담화로 타인을 은근히 깎아내리면서 우월감을 느끼려고 합니다. 그래서 뒷담화의 대상이 된 아이나 엄마보다 뒷담화하는 사람에 대한 인상이 더 나빠질 수도 있습니다.

우리 아이가 다니는 학교와 선생님에 대한 뒷담화도 피하는 것이 좋습니다. 학교에서 일어났던 일이나 선생님의 교육 방침에 대해 서로 이야기를 나누는 것은 좋지만, 선생님에 대한 평가나 뒷담화는 조심해야 합니다. 우리 아이와 선생님이 좀 맞지 않는 것 같아도, 다른 엄마나 아이는 그 선생님을 좋아할 수 있습니다. 또 가끔 선생님에게 ○○ 엄마가 선생님에 대해서 이렇게 말하더라는 이야기가 전해지기도 합니다. 아무리 좋은 선생님이라도 그런 얘기를 들으면 엄마와 아이에 대한 선입견이 생길 수 있습니다.

때로는 내가 뒷담화 대상이 되어 몹시 불쾌해지기도 합니다. 기분이 나쁘고 화도 나고 찾아가서 따지고 싶지만, 혹시 아이에게 영향을 주지 않을까 걱정되어서 조심스럽기도 합니다. 이럴 때는 [표 3]을 참고해서 대처하면 도움이 될 것입니다.

표 3. 뒷담화에 대처하는 5단계

1. 뒷담화의 영향을 평가하기
별로 중요하지 않은 이야기라면 무시하고 그냥 넘어갈 수도 있다. 하지만 만약 아이의 평판과 엄마들 사이의 인간관계에 큰 영향을 준다면 잘못된 사실을 바로잡아야 한다.

2. 뒷담화의 구체적인 내용을 인용하며 내용 자체에 대해 직접적으로 묻기
"주아 어머님께서 우리 부부가 이혼했다고 다른 어머님들께 말씀하셨다면서요."

3. 사과와 책임 인정을 유도하기
"확실하지도 않은 내용이고 사생활인데 다른 사람들 앞에서 그런 얘기를 해서 다른 어머님들이 우리 집 상황을 오해하시게 됐어요. 불쾌하네요."

4. 앞으로 그런 일이 없도록 요청하기
"앞으로는 다른 어머님들 앞에서 우리 집 일에 대해서 함부로 말씀하지 않았으면 좋겠어요."

5. 만약 관계가 잘 유지되기를 원한다면 협력 의사를 함께 표현하기
"아이들끼리 친한데, 엄마들끼리도 잘 지내면 좋겠네요."

편 가르지 않기

엄마들 모임에 가면 꼭 편을 가르거나 누군가를 모임에서 소외시키려는 분들이 있습니다. 몇몇 엄마하고만 정보를 공유하며 유리한 위치를 점하려고 합니다. 또 엄마들 사이를 오가며 부풀리거나 왜곡해서 말을 옮겨 사소한 일을 크게 만들기도 합니다. "주은 엄마, 수빈이 엄마 알죠? 그런데 그 엄마가 그렇게 잘난 척하면서 공부 못하는 애들 엄마를 무시한다더라고요. 수빈 엄마한테 연락 오면 만나지 말아요"와 같이 말입니다.

엄마들끼리 만나다보면 마음이 더 잘 맞는 사람이 있고 덜 맞는 사람도 있습니다. 몇 명의 엄마와 개인적으로 친해져서 따로 연락하고 만나게 되기도 합니다. 그렇지만 많은 사람 앞에서 노골적으로 편 가르기 하는 모습을 보이면 다른 엄마들과도 멀어집니다.

이런 편 가르기는 당하는 입장에 놓이면 놀라고 황당하고 기분이 언짢습니다. 나와 친했던 엄마가 나를 빼고 다른 엄마와 만났다고 하면 조마조마하고, 내가 없는 자리에서 나와 내 아이의 이야기가 어떻게 떠돌까 싶어 불안해집니다. 그렇지만 주류 엄마들 모임에 속하지 못해도 괜찮고 엄마들끼리 나를 빼고 약속을 잡아도 큰일이 생기지는 않습니다. 학부모 모임에서 대단한 정보를 얻겠다거나 주도권을 잡겠다거나 하는 것은 욕심입니다. 주도권을 잡고 휘두르던 엄마들끼리 싸워서 관계가 벌어지거나 그 아이가 전학 가는 일도 종종 있습니다.

청소년들을 상담하다보면 목소리가 크고 그룹을 만들며 휘두르는 아이나 지나치게 다른 사람들 눈치를 보면서 맞추려는 아이보다는 혼자서도 씩씩하고 안정적으로 잘 지내는 아이를 친구들이 편안해하면서 먼저 친해지려고 다가오곤 합니다. 어른들 모임도 마찬가지입니다. 편을 가르거나 어느 편에 속하려고 애쓰기보다는 언제나 같은 모습으로 자기 자신을 지키는 것이 중요합니다.

상대 아이의 문제점 지적하지 않기

아이를 키우다보면 아이의 친구가 하는 잘못된 행동을 알게 될 때가 있습니다. 아이의 친구가 명백히 잘못했거나 혹은 누군가에게 피해를 입혔다 하더라도 당사자가 나서기 전에 먼저 그 아이가 누구한테 이랬고 나쁜 행동을 하더라며 그 아이 엄마에게 고자질하듯 말하는 것은 좋지 않습니다. 좋은 의도로 한 말이어도 우선 그 말을 들을 때는 기분이 나쁘고, 그 말을 전한 엄마에게 마음이 상할 수 있습니다. 상대 아이를 평가하는 말이나 갈등에 대한 이야기는 되도록 안 하는 게 좋습니다. 아이 때문에 만난 관계라서 아이 때문에 틀어지곤 하거든요.

제 아들이 초등학교 1학년 때 같은 반에 심한 장난꾸러기인 A가 있었습니다. 다른 아이들이 젠가를 하고 있으면 와서 넘어뜨리고, 레고를 만들고 있으면 부숴뜨리고, 바깥에서 게임하고 있으면 방해하고, 친구들에게 모래를 던지거나 툭툭 치고 다녀서 3월 말이 되자 아무도 그 아이와 놀고 싶어하지 않았습니다. 참관수업 때 가서 보니 계속 엉덩이를 들썩들썩하고 옆 친구에게 장난치고 맨 앞자리에 있는 아이에게 종이비행기를 접어서 날리는 등 수업을 심하게 방해했는데요. 주의력결핍, 과잉행동, 충동성을 나타내 병원 검사를 받아보라고 말해주고 싶었지만, A 엄마가 마냥 좋은 의도로 받아들이지 않을 수도 있다는 생각에 망설였습니다. 하루는 A 엄마가 저에게 만나자고 하더라고요. 그러고는 우리 반 아이 가운데 B, C가 A를 괴롭힌다며, 자기 생각에는 B, C가 ADHD 같아 치료가 필요해 보이는데, 소아정신과 의사인 제 생각은 어떻냐고 물었습니다. 사실 다른 아이들은 A의 장난이 너무 심하니까 A를 피하고 함께 놀지 않는데, B, C는 A를 챙겨서 같이 놀아주었습니다. 가끔 A가 다른 아이들을 괴롭히거나 심한 장난을 치면 말렸는데요. A 엄마는 자기 아이에게 지적하는 B, C가 보기 싫었던 겁니다. 그때 깨달았죠. A 엄마는 A가 조금이라도 잘못했거나, 문제가 있을 가능성에 대해서는 생각해본 적이 없는 겁니다. 제가 A에 대해서 조금이라도 안 좋은 얘기를 했다면, 도와주려는 의도나 진심과는 상관없이 굉장히 불쾌하게 여기고, 저에 대해서도 안 좋은 얘기를 하고 다녔을 겁니다. 그때 이후로 저는 다른 엄마가 먼저 저에게 "우리 아이의 ○○ 점이 걱정이에요" 하고 물어올 때를 제외하고는 다른 아이에 대해서 절대 언급하지 않았습니다. 남의 아이의 잘못에 대해서 조금이라도 이야기하는 것은 늘 주의를 요구하는 일입니다.

상대 아이에 대한 요란스러운 칭찬은 하지 않기

학부모 모임에 가면 우리 아이에 대해서 너무 요란스럽게 칭찬하는 엄마들이 꼭 있습니다. "동은이는 와, 정말 똑똑하고 다 잘해서 좋겠어요. 공부도 잘하고 운동도 잘하고, 뭐 하나 부족한 게 없네요"라며 추켜세우는 바람에 어떻게 대처해야 할지 모르는 일이 가끔 생깁니다. 엄마들 모임에서 "용석이가 ○○대학교 수학 경시대회 대상이라면서요" 하고 큰 소리로 말하는 바람에 의도치 않게 부러움과 질투, 경계심을 사기도 합니다. 간혹 "우리 아이는 잘하는 게 하나도 없는데 태현이는 공부도 잘하고 농구도 잘하고 못하는 게 없다면서요" 하고 자기 아이를 평가절하하면서 우리 아이를 치켜세우는 엄마를 만나기도 합니다. 그런데 알고 보면 그 아이가 우리 아이보다 공부도 더 잘하고 운동도 더 잘하고 학급회장도 해서 당황스럽습니다. 우리 아이는 저 정도만 해도 잘하는 거지만, 자기 아이는 더 잘해야 한다고 생각하는 건가 싶어 불쾌해집니다. 칭찬도 적당히 배려하면서 하는 게 좋을 것입니다.

아이 친구 엄마에게 너무 의지하지 않기

"육아는 왜 이렇게 힘든 걸까? 곰곰이 생각해봤거든요. 엄마가 처음이라 서툴러서? 도와주는 사람 없이 독박 육아를 하다보니 몸이 지쳐서? 그런 점도 있지만. 아이를 데리고 나가서 만날 수 있고, 육아에 대한 이야기도 나눌 수 있는 친구가 없어서 외롭고 힘들었어요. 제 친구들은 아직 미혼이거나 기혼이더라도 대부분 자녀는 없거든요. 그래서 학부모 모임에서 만난 엄마들한테 자꾸 마음을 의지하게 되더라고요. 시댁이나 친정에서 속상한 일이 있으면 하소연하고요."

아린이(초1, 여) 엄마의 말입니다. 엄마인 우리도 사람입니다. 게다가 육아는 신체적, 심리적으로 에너지가 많이 드는 일입니다. 그러다보니 지치기도 하고, 외롭기도 합니다. 누군가와 어른의 대화를 하고 육아의 고단함과 막막함을 털어놓고 싶다는 생각이 굴뚝같습니다. 남편이나 시댁, 친정에서 도움을 받을 수 없거나, 아린이 엄마처럼 주변에 아이를 키우는 지인이 없을 때는 더 그렇습니다. 학부모 모임에서 만난 다른 엄마들은 아이의 나이도 같고, 사는 동네도 비슷해서 공통의 화젯거리가 있을 뿐 아니라 만날 기회도 많다보니 의지하고 싶은 마음이 들 수 있습니다.

그렇지만 아이 친구의 엄마는 내 친구가 아닙니다. 친구는 나와 삶의 한 부분, 즉 관심사나 고민, 생각이나 감정을 서로 나누는 사람인데요. 학부모 모임에서 만난 엄마들과 친구가 되기는 어렵습니다. 서로 공통된 부분이 나 자신과 관련된 것이라기보다는 아이들과 관련된 것으로 한정되기 때문입니다. 이사하거나 전학을 가면 쉽게 멀어지고, 아이들이 자라고 진로가 달라지면 서로의 관심사도 바뀌어서 공유할 수 있는 부분은 더 줄어듭니다. 가끔 아이 친구 엄마와 친구가 될 수도 있지만, 이때는 서로에게 상당한 노력과 에너지를 쏟아야 합니다.

다른 엄마들도 각자의 사정이 있고 나름의 고단함과 외로움을 느낍니다. 개인적으로 가까운 사이가 아닌데 너무 사적인 이야기를 털어놓거나 가까이 다가오면 상대방 엄마가 부담을 느끼면서 뒤로 훅 물러날 수 있습니다. 한번 만나면 헤어질 때까지 자신의 고충을 쉼 없이 늘어놓거나, 시댁에 대한 불평, 남편 벌이에 대한 불평을 하는 엄마의 이야기를 듣다보면 힘이 빠지고 지칩니다. 이런 이야기만 되풀이하는 사람은 솔직히 만나기 꺼려집니다. 그래서 힘든 일, 자기 집안일 얘기를 너무 많이 하거나, 상대방 엄마에게 지나치게 가까이 다가가지 않도록 항상 조심해야 합니다. 어느 인간관계에서나 서로 주고받는 마음의 거리가 비슷할 때, 그리고 서로를 배려하고 맞춰줄 때 좋은 관계가 유지될 수 있습니다.

4.
아이들이 다툴 때 부모들이 할 일

 엄마들과의 관계에서 가장 어려운 상황은 아이들끼리 다툴 때입니다. 초등학교 입학할 무렵의 아이들은 정말 쉽게 싸웁니다. 서로 기싸움을 하거나 위계질서를 정하기도 하고, 장난감을 먼저 가지고 놀겠다거나, 자기가 하고 싶은 놀이를 같이 하자는 등 주로 사소한 것들이 싸움의 발단이 됩니다. 그런데 이 나이의 아이들이 싸우는 것은 어떻게 보면 정상입니다. 목숨 걸고 싸우는 것 같다가도 뒤돌아서면 다시 잘 놉니다. 즉 아이들 싸움은 자기 자신의 생각이나 의견을 표현하고 갈등을 해결하는 방법을 배우는 과정이기도 합니다. 다투고 용서하고 용서 구하는 법을 배우며, 협조를 구하고 타협하는 방법을 배우면서 사회성을 키워갑니다.

 가끔은 아이들이 치고받거나 서로에게 상처라도 입히면 아이들보다 엄마들이 더 흥분합니다. 엄마들끼리 누가 더 잘했니 못했니

하면서 큰소리로 다투다보면 아이들이 나중에 다시 친해지고 싶어도 엄마들 눈치 보느라 그러지 못하기도 합니다.

그러니 아이들 싸움에는 현명하게 대처해야 합니다. 내 아이가 친구와 싸우고 당하면 당연히 속상합니다. 그렇지만 아이들 싸움이 어른들 싸움으로 번지지 않으려면 우선 우리 아이와 상대방 아이의 이야기를 충분히 듣고 서로 속상한 기분에 공감해주어야 합니다. 오해한 부분은 풀고, 사과할 부분은 사과하고, 앞으로 어떻게 하면 잘 지낼 수 있을지 이야기를 나눠봅니다. 가끔 자기 아이가 잘못했는데도 기가 꺾이면 안 된다며 무조건 두둔하고 되레 상대방 아이를 나무라는 엄마도 있습니다. 이렇게 하면 엄마들끼리나 아이들끼리 감정이 크게 상합니다. 반대로 우리 아이가 부당한 일을 당했는데도 문제 제기를 힘들어해 상대 아이 엄마에게 한마디도 못 하는 분도 있습니다. 하지만 그렇게 하면 다른 엄마나 아이들이 우리 아이를 만만하게 생각하고 함부로 대할 수도 있습니다. 학교나 다른 부모에게 문제 제기하는 것은 힘들어도 엄마가 꼭 해야 하는 일입니다.

싸움이 일어나기 전부터 관찰하고 있어야 합니다

놀이터에서 아이들끼리 놀 때, 혹은 플레이 데이트를 할 때 부모의 역할은 아이들을 지켜보며 관찰하는 것입니다. 학령전기나 초등학교 저학년 아이들은 갈등이 생겼을 때 그걸 해결하는 능력이 아직 갖춰지지 않을 수 있기 때문입니다. 우리 아이가 친구와 어떻게 놀고 있는지, 흥분할 때는 어떻게 반응하는지, 어떤 성향의 아이와 놀기 좋아하는지를 관찰하고 친구에게 자기 의견을 표현하는 법, 배려하는 법, 함께 놀이하는 법, 친구 이야기에 귀 기울이는 법 등을 알려줘야 합니다. 그리고 아이들끼리 다투거나 싸울 때는 빠르게 개입해야 합니다.

아이들끼리 싸우는 것을 봤을 때 부모의 역할

아이들끼리 싸우는 것을 봤을 때 가장 중요한 점은 부모가 심판자가 되어서는 안 된다는 것입니다. 아이들의 갈등은 아이들의 것이므로 직접 갈등을 해결하는 힘을 길러주어야 합니다. 괴롭힘이나 신체적 폭력과 같은 심각한 상황이 아니라면, 아이들이 스스로 왜 싸움이 일어났는지를 되짚어보고, 서로의 감정과 생각을 말로 표현하며, 앞으로는 갈등 상황에서 어떻게 대응하는 게 좋을지 생각해보도록 해주는 것이 좋습니다.

표 4. 싸우는 아이들을 도와주는 5단계

1단계: 도움을 제안하고 부모의 역할을 설명하기
다툰 아이들을 따로 조용한 곳으로 데리고 가서 이야기를 나눕니다. 양쪽 엄마가 모두 그 자리에 있다면 함께 가서 얘기를 나눕니다. 초등학교 1학년 남자아이인 유찬이와 승우가 싸우는 상황을 생각해봅니다.

"유찬아, 승우야, 엄마들이 보니까 둘이서 다투는 것 같아 불렀어. 속상한 일이 있는 것 같은데 서로 이야기해서 너희 둘이 함께 문제를 해결하게 도와주고 싶어."

2단계: 첫 번째 아이의 마음 물어보기
더 많이 다쳤거나 속상해하거나 억울해하는 아이, 혹은 상황을 더 차분하게 설명할 준비가 된 아이, 혹은 우리 아이가 아닌 상대방 아이부터 스스로 생각하는 상황, 자신의 입장과 의도, 감정에 대해서 물어봅니다.

승우 엄마: 유찬아, 승우랑 무슨 일이 있었는지, 지금 네 기분이 어떤지 말해줄래?
유찬: 줄 서서 미끄럼틀을 타고 있었는데요. 승우가 새치기했어요. 그래서 속상해요.
승우 엄마: 그랬구나. 승우야, 유찬이가 미끄럼틀 타고 있을 때 승우가 새치기를 했다는데 그게 맞니?

3단계: 두 번째 아이의 마음 물어보기
첫 번째 아이가 이야기한 것을 바탕으로 두 번째 아이가 생각하는 상황, 아이의 입장과 의도, 감정에 대해서도 물어봅니다.

승우 엄마: 승우가 보기에는 무슨 일이 있었니? 그때 네 마음은 어땠니?
승우: 줄 서서 미끄럼틀을 타는 줄 몰랐거든요. 앞으로 가다가 줄 선 거 같아서 '어, 줄 선 건가' 하고 있는데, 유찬이가 소리 지르면서 밀쳐서 깜짝 놀랐어요.
승우 엄마: 그랬구나. 유찬아, 소리 지르면서 승우를 밀친 게 맞아?

4단계: 사과하도록 하기
서로의 입장과 감정을 이해하도록 하고, 앞으로 비슷한 상황에서 어떻게 하면 좋을지 생각해보도록 한다.

승우 엄마: 승우야, 유찬이는 네가 새치기하는 줄 알고 속상했다고 하네. 유찬아, 승우는 네가 큰소리로 말하고 밀쳐서 깜짝 놀랐다고 하고. 그럼 서로 사과할까.
승우: 줄 서서 타는지 제대로 안 보고 속상하게 해서 미안해.
유찬: 소리 지르고 밀쳐서 깜짝 놀라게 한 거 미안해.

> **5단계: 앞으로 어떻게 하면 좋을지 생각해보도록 하기**
> 앞으로 비슷한 상황에서 어떻게 하면 싸우지 않고 문제를 잘 해결할 수 있을지 생각해보고 말하도록 한다.
>
> **승우 엄마**: 그럼 앞으로 똑같은 상황에서 어떻게 하면 서로 마음 상하지 않고 잘 해결할 수 있을까?
> **승우**: 다른 친구들이 미끄럼틀을 탈 때 뒤에 줄 서 있는 친구가 있는지 확인할게요.
> **유찬**: 소리 지르거나 밀치지 않고 "승우야, 여기 줄 서 있어. 너도 여기로 와" 하고 말할게요.

아이들끼리 다투는 것을 봤을 때 부모가 해야 할 가장 중요한 일은 다툰 아이 모두에게 "네 마음이 어땠니?"라고 물으면서 서로의 입장을 듣고 이해할 기회를 제공하는 것입니다. 아이들은 자기 감정을 표현하고 다른 친구의 마음을 이해할 기회만 주어져도 격했던 감정이 어느 정도 누그러집니다. 그러고 나서 해결 방법을 아이들이 찾도록 질문해주는 것입니다. 이런 경험이 쌓이면 아이들은 다른 사람의 마음을 이해하고 갈등을 해결하는 능력을 키워갑니다. 그렇지만 부모가 이렇게 개입하는 것은 학령전기에서 초등 저학년까지만 의미가 있습니다. 이후로는 아이들도 부모의 개입을 꺼리고, 부모가 지나치게 간여하면 아이 스스로 문제 해결 능력을 키울 수 없습니다.

부당한 일을 당해도 말하지 못하는 엄마

성우(6세, 남)는 아파트 단지 안 놀이터에서 노는 것을 좋아합니다. 성우가 놀고 있으면 꼭 놀이터에 나타나는 아이가 있었습니다. 똑같이 6세 남자아이인 준서인데요. 준서는 놀다가 기분이 좋지 않으면 "너랑 안 놀 거야. 저리 가" 하면서 종종 화를 냈습니다. 이름 가지고 놀린다거나 툭툭 치고 도망간다든가 장난감을 빼앗아가서 돌려달라고 해도 주지 않고 약을 올리기도 했습니다. 준서 엄마는 그냥 힘없이 준서에게 "야~ 하지 마~"라고 말하고 행동을 제지하지는 않았습니다. 성우 엄마는 준서 엄마에게 좀더 단호하게 준서의 행동을 제지해달라고 말하고 싶었지만, 다른 아이에 대해서 나쁜 말을 하는 것이 쉽지 않았습니다. 오히려 성우에게 "친구한테 양보하자"라고 말하곤 했습니다. 생각해보면 성우 엄마는 친구나 직장 동료가 괴롭히거나 부당하게 대할 때도 하지 말라는 말을 못 했습니다. 그래서 그냥 성우를 데리고 다른 놀이터에 가서 놀았는데, 준서가 거기까지 찾아와서 성우를 괴롭혔습니다. 그리고 초등학교 1학년 때 성우와 준서가 같은 반이 되자, 준서는 성우를 따라다니면서 괴롭히게 되었습니다.

가끔씩 성우 엄마처럼 우리 아이가 부당한 일을 당하는 것을 봐도 다른 엄마에게 항의하거나 말하지 못하는 엄마도 있습니다.

갈등 상황에 맞닥뜨리는 것이 불편한 건데, 가만히 있는다고 해서 다른 사람들이 알아서 우리 아이를 배려해주진 않습니다. 성우가 경험한 것처럼 괴롭힘이 지속될 뿐입니다. 그런 분들은 아이 친구 엄마뿐 아니라 살면서 마주치는 대부분의 사람에게 싫은 소리를 못 하시는데요. 요즘 세상에서는 자기 생각이나 의견을 표현하지 못하면 부당한 일을 당하곤 합니다. 그래서 아이가 부당한 일을 당할 때는 엄마도 적절하게 대처해주셔야 합니다. 부모가 자기 감정을 솔직히 표현하며 "싫다"고 말할 수 있어야, 아이 역시 "싫다"고 말하면서 자기 마음을 지키고 건강하게 표현하는 사람으로 자랄 수 있습니다. 아이들은 부모가 갈등에 대처하는 태도를 보면서 갈등 해결 방법을 배우기 때문입니다.

또한 아이들에게도 스스로 자기 자신을 지키는 것이 중요하다고 알려주어야 합니다. 친구를 사귈 때는 친구 의견을 잘 들어주고 배려하는 것도 중요하지만, 누군가 자신의 권리를 침해하거나 피해를 줄 때, 괴롭히거나 아프게 할 때는 단호하게 스스로를 지키고 자기 의견을 표현할 수 있어야 합니다. 그래서 진료실에서는 늘 아주 어려서부터 "안 돼, 하지 마"와 "내 거야"를 꼭 가르치라고 말씀드립니다.

무슨 일만 생기면 단톡방에 올리는 엄마

하윤이(초2, 여)와 윤서(초2, 여)는 같은 반 친구입니다. 엄마들끼리 알고 지내고 아이들도 아주 친한 사이입니다. 학교가 끝나면 둘이 꼭 손을 잡고 같이 나옵니다. 그런데 한번은 둘이 좋다고 복도에서 껴안고 반갑게 인사하다가 같이 넘어졌습니다. 하윤이는 무릎이 까지고 윤서는 팔꿈치를 바닥에 찧어서 엄청 아팠지만, 피가 나거나 멍이 들지는 않았습니다. 그런데 윤서가 집에 가서 팔꿈치가 아팠다고 말하니까, 윤서 엄마는 바로 엄마들 단톡방에 "하윤이 때문에 윤서가 넘어져서 팔꿈치를 다쳤어요. 병원에 다녀왔어요"라고 올렸습니다. 사실 하윤이가 무릎이 까지고 더 크게 다쳤는데도, 윤서 엄마가 단톡방에 저렇게 올리니까 하윤이 엄마만 죄인이 되었습니다. 마치 윤서만 하윤이 때문에 다친 것 같고, 하윤이 엄마가 미안해하지도 않는 사람처럼 보이니까요. 하윤이 엄마는 무척 당황했는데요. 윤서 엄마가 상황을 찬찬히 알아보거나 하윤이 엄마와 직접 이야기했다면, 하윤이가 더 많이 다친 것도 알고 서로 다툰 게 아닌 것도 알았을 텐데, 무턱대고 많은 사람 앞에서 이야기한 사실이 속상하기도 하고 화가 나기도 했습니다.

아이들끼리 다툼이 있을 때는 우리 아이뿐만 아니라 꼭 상대방 아이의 입장에서 이야기를 들어봐야 합니다. 그리고 아이들이 상황을 잘 설명하지 못한다면 다른 아이나 부모님을 통해서 알아보는 것도 좋습니다. 하윤이 엄마는 저 사건 이후로 하윤이와 윤서를 따로 놀지 못하게 했습니다. 윤서 엄마는 하윤이뿐만 아니라 다른 아이들과 놀 때도 무슨 일만 생기면 자기 아이 편만 들면서 많은 사람 앞이나 단톡방에서 상대방 아이의 엄마를 공격하곤 했습니다. 그러다보니 다른 엄마들도 윤서 엄마의 공격적인 성향을 알아차렸습니다. 그래서 하윤이 엄마뿐 아니라 다른 여자아이 엄마들도 점점 윤서와 자기 아이를 놀지 않게 하거나 조심하게 되었습니다.

아이들 싸움이 부모 싸움이 되지 않도록

자녀가 친구와 싸우다가 다치거나, 다른 아이에게 일방적으로 당한다고 느끼거나, 혹은 아이가 한 행동에 비해서 상대방 아이의 반응이 지나치다고 생각되면 억울하고 분한 마음이 드는 것이 당연합니다. 그렇지만 아이의 감정과 상황에 자신을 과하게 동일시해서 부모가 대신 아이 친구 혹은 그 부모와 싸우는 것은 부모 자신이 아이가 되어버리는 것과 같습니다. 오히려 아이가 스스로 상황을 파악하고 갈등을 해결해가는 능력을 배울 기회를 놓칩니다. 부모 자신의 감정을 잘 다스리면서 상황을 정확하게 파악하고 두 아이의 감정이 모두 다치지 않도록 하는 것이 중요합니다.

　아이들 싸움을 해결하는 과정에서 부모들끼리 서먹해졌다면, 시간이 흘러 감정이 조금 가라앉은 뒤 먼저 화해 시도를 해보세요. 사과할 것이 있으면 사과도 하고요. 아이들의 관계가 연결되는 동안은 엄마들 사이의 관계도 어느 정도 연결될 수밖에 없으니까요. 대부분의 사람은 먼저 연락해준 것에 고마워하면서 서서히 관계가 회복될 겁니다. 아이들이 싸우고 난 다음에도 금방 화해하고 잘 지내는 것처럼요. 그런데 상대방이 반응을 보이지 않거나 거부한다면 그것 역시 어쩔 수 없는 일입니다. 내가 원하고 노력해도 상대방이 받아들일 준비가 되어 있지 않으면 관계는 이어질 수 없으니까요. 갈등이나 다툼이 있을 때 인간관계를 끊어버리는 사람이 생각보다 많습니다. 이런 사람들에게는 계속 다가가려고 노력해도 소용없습니다. 내가 어른스럽게 사과했고 할 바를 다 했으면 어쩔 수 없는 것입니다.

　가끔 아이들 싸움 때문에 속상하고 상대에게 좋지 않은 감정이 있다 해서 다른 애들을 선동해 상관없는 애들까지 그 아이랑 못 놀게 편 가르기를 하는 엄마도 있습니다. 상대 엄마가 마음에 들지 않고 관계가 멀어지더라도 아이들끼리는 꼭 그렇지 않을 수도 있다는 것을 염두에 두고 성숙한 자세로 대하는 것이 필요합니다.

5.
엄마들 모임에서 잊지 말아야 할 것

우리 아이를 잘 키우는 것이 가장 중요

사실 가장 중요한 것은 내 아이를 잘 키우고 나 자신을 지키는 것입니다. 이 점이 엄마들 모임에서 잘 지내는 것보다 더 중요하다는 것을 기억해야 합니다. 엄마들 모임에서 수다 떨고 즐거운 시간을 보내다가 혹시 우리 아이와 함께하는 시간을 챙기지 못하는 것은 아닌지, 다른 엄마들과 어떻게 어울릴지 고민하다가 아이 마음을 제대로 들여다보지 못하는 것은 아닌지 생각해볼 필요가 있습니다.

우리가 모임에 나가서 다른 엄마들과 사귀는 것도 결국 우리 아이를 잘 키우기 위해서입니다. 그래서 우리 아이를 잘 살피고 바르게 키우는 것이 우선입니다. 아이가 공부도 잘하고 성격도 좋고 자기표현도 잘한다면 엄마들 모임에서 특별히 어떤 노력을 하지 않아도 아이 자신이 가진 힘으로 친구들을 사귀고 다른 아이들과 잘 어울릴 것입니다. 그러나 아이가 학교에서 해야 할 일을 잘 못하거나 다른 아이들과 자주 다툰다면 또래관계도 어렵고, 엄마도 엄마들 모임에서 잘 지내기가 어렵겠죠. 따라서 결국 자기 아이를 잘 키우고 잘 가르치는 것이 제일 중요합니다.

그다음으로 중요한 점은 내 아이와 사이가 좋은 것입니다. 그렇다고 훈육하지 말거나, 가르칠 것을 가르치지 말아야 한다는 것은 아니고요. 아이가 학교에서 겪었던 일들, 느끼고 생각한 것에 대해서 엄마에게 편안하게 이야기할 수 있는 관계가 되는 것이 중요하다는 뜻입니다. 제 아들이 고등학교 1학년 때 학부모 모임에서 있었던 일을 이야기하다가 저한테 "엄마랑 친한 엄마들의 특징을 알았어요. 아이랑 사이가 좋은 엄마들이에요"라고 말한 적이 있습니다. 부모와 사이가 좋고, 부모가 내 편이고, 내가 느끼고 생각한 것을 존중해준다고 느끼는 아이는, 매사에 당당하고 학교에서나 또래들 앞에서 자신감 있게 행동할 수 있습니다. 선생님께 지적당하거나 친구와 갈등이 생겼을 때도, 부모에게 혼나지 않을까 싶어 변명하고 속이려 하기보다는, 실제 상황을 설명하고 자신이 잘못한 것, 억울한 것, 속상한 것을 차분하게 표현할 수 있습니다. 결국 부모와 사이가 좋은 데서 비롯된 정서적 안정감과 자존감이 아이의 사회성에 영향을 주는 것입니다.

우리 아이를 가장 잘 아는 사람은 나!

엄마들을 만나고 관계를 맺다보면 마음이 흔들리고 불안해지는 순간이 많습니다. 또 다른 아이들이 공부를 어떻게 하고 학원을 어떻게 보내는지에 대한 이야기를 듣다보면 마음이 편치 않습니다. "왜 학원 안 보내?" "선행 안 시켜?" 이런 말을 직접적으로 하는 엄마도 많고, "○○학원이 좋다더라" "○학년에는 ○를 해야지" 이런 말을 하는 사람이 너무 많습니다. 늘 학습회장이나 부회장으로 뽑히고, 친구들과 잘 어울리는 아이들을 보면 우리 아이만 소심하고 친구를 잘 못 사귀는 것은 아닌가 걱정되기도 합니다. 이렇게 불안을 자극하는 상황은 아이가 자라면서 점점 더 많아져 엄마가 중심을 잡지 못하기도 합니다.

예서(4세, 여) 엄마는 예서를 유명한 영어유치원에 보내고 싶습니다. 예서는 머리도 좋고 영어도 잘하는데 불안이 높아서, 지능검사나 입학 레벨 테스트를 보러 갈 때마다 싫다며 울고 결국 레벨 테스트를 못 하고 돌아옵니다. 예서 엄마는 다른 애들은 다 하는데 예서만 못하는 것이 너무 속상합니다. 옆방에서는 예서와 비슷한 나이의 아이들이 다들 검사를 의젓하게 잘하고 나오는 모습을 보면 화가 나기도 합니다. 레벨 테스트를 보는 날이면 집에 돌아와서 딸아이에게 "예서한테 실망했어. 말 걸지 마"라고 한 적도 있습니다. 그리고 예서가 싫어하는데도 계속해서 재시험 예약을 잡습니다.

예서 엄마는 다른 아이들이 모두 유명한 영어유치원에 다니는데 우리 아이만 안 다니면 계속 뒤처질 것 같고 초등학교 공부도 잘 못할 것 같고, 좋은 고등학교나 대학도 못 갈 것 같아서 걱정된다고 합니다. 그런 염려 때문에 오히려 예서의 마음속 불안이나 예서의 발달과 학습 수준에 대해서는 들여다보지 못하는 겁니다. 대치동에 가면 학원을 매달 바꾸거나 지나치게 많은 학원을 다니게 하는 엄마들이 있는데요, 이런 분들은 아이의 학습과 관련해서 자신감이 없고 불안해하는 것입니다. 실제로는 이런 엄마들의 행동이 아이의 실력을 키우거나 성적을 올리는 데 도움이 되지 않습니다. 오히려 거기에는 '우리 아이가 좋은 대학에 못 가면 어쩌지' 하는 엄마의 불안을 낮추려는 의도가 숨어 있습니다. 엄마가 주위에 휘둘리거나 불안이 너무 높으면 오히려 아이들에 대해 알려고 하지도 않고 고려하지 못하는 것 같습니다.

이런 엄마의 아이 역시 자신감을 잃고 불안해합니다. 공부를 너무 많이 시키고, 불안 때문에 아이를 본인 생각대로 휘두르려다보면 아이는 견디지 못하고 우울하거나 무기력해질 수 있습니다. 혹은 부당한 것을 강요하는 부모에 대해 반항심과 분노를 느낄 수 있습니다. 엄마가 하자는 대로 어느 정도 따라오는 아이들도 좌절감,

분노를 품고 엄마와 마음으로는 점점 멀어집니다. 사실 우리 아이에 대해서 가장 잘 아는 사람은 엄마 자신입니다. 엄마가 다른 사람들 말에 휘둘리지 않고 아이에 대한 중심을 잡는 것이 제일 중요합니다.

6.
아빠가 학부모 모임에서 살아남으려면

요즘에는 아빠들이 육아에 참여하는 일이 흔합니다. 맞벌이 가정에서 아빠가 아이를 돌보는 역할을 더 많이 하는 사례도 늘고 있고, 한부모 가정에서 아빠가 주로 양육을 맡는 경우도 많습니다. 최근에는 아빠들의 육아휴직도 늘어나고 있는데, 갓난아이를 키우기 위해 육아휴직을 쓰는 대부분의 엄마와 달리, 아빠는 학교가 오전에 끝나서 돌봄 공백이 발생하는 아이의 초등학교 1학년 시기를 전후해 육아휴직을 쓰곤 합니다. 꼭 아빠가 주보호자가 아니더라도 최근에는 아빠들이 엄마와 함께 육아에 참여하는 일이 늘고 있습니다.

요즘엔 학부모 참관수업 때도 아빠들이 많이 오십니다. 연차를 내고 엄마와 함께 오기도 하고, 쌍둥이거나 형제가 있다면 부모가 자녀들 수업에 번갈아 들어가기도 합니다. 아이를 잘 키우는 데 관심을 많이 갖는 아빠들이 점점 늘어나는 것 같습니다.

학교에서 아빠들이 참여할 수 있는 활동도 많아지고 있습니다. 아빠가 학교 운영위원회 활동을 하거나, '녹색어머니회'를 비롯한 학부모 봉사활동을 하거나, 아버지회를 포함한 자발적인 모임을 만들어 교내 활동을 하는 등 다양한 형태의 '아빠 활동'이 생겨나고 있습니다. 맞벌이 증가로 아빠들의 육아활동 영역이 넓어지면서 그 영향이 학교로도 이어지는 것 같습니다. 그리고 이런 학부모 활동에 참여하면서 아이와 공감대가 넓어지고 친밀해진 것 같다고 느끼거나 아빠로서의 역할을 잘하고 있는 듯해 자존감이 높아진다고 말씀하시는 아빠도 많습니다.

이렇게 참여가 늘고 있지만, 막상 초등학교 1학년 자녀를 둔 아빠들 입장에서는 고충이 많습니다. 학급 단체 메시지 방에 아빠가 참여하는 데서부터 불편한 일이 생깁니다. 아빠도 엄마들 단톡방에 들어가서 정보를 얻고, 아이들 모임도 만들어주고 싶은데, 절대적으로 아빠의 숫자가 적다보니 혼자 낀 것 같아 눈치가 보인다고 합니다. 아빠들은 흔치 않다보니 조용히 있으려 해도 자꾸 주목받고 같은 방에 있는 엄마들이 아빠들을 불편해하는 기색도 느껴집니다. 학부모 모임에 나가거나, 반 아이들 생일 파티 등에 참여할 때도 불편합니다.

엄마들이 정보를 많이 얻는 지역 맘카페에는 남자들의 가입 자체가 제한됩니다. 아빠들도 육아나 학원 정보 같은 것을 찾아보며 공유하고 싶은데 가입 자체가 안 되다보니 엄마 아이디로 접속할 수밖에 없고, 글 쓰는 것도 엄마인 척하고 써야 합니다. 유찬이(초1, 남) 아빠는 "사회에서는 아빠들의 육아 참여를 독려하면서도 막상 엄마들 모임에서는 왜 안 끼워주는지 모르겠어요"라고 말하기도 했습니다.

그렇지만 아빠들도 노력하면 학부모 모임에서 잘 어울릴 수 있습니다. 처음엔 낯설고 불편하더라도 그것만 지나면 생각보다 엄마들과 잘 지낼 수 있습니다. 앞서 설명한 부모들 모임에서의 스몰토크나 주의해야 할 것들을 고려하면서 다른 부모-엄마들과 관계를 시작하고 가꿔가면 됩니다.

윤수(초1, 여) 아빠는 육아휴직을 하고 아이를 주로 돌보고 있습니다. 윤수 아빠는 녹색어머니회 봉사를 맡아서 하고 있는데, 함께 봉사하는 엄마들에게 인사도 잘하시고, 봉사 후 물건 정리하는 일도 도맡아 해서 엄마들이 모두 좋아하고 편하게 생각합니다. 학교에서 중요한 일이 있으면 윤수 아빠에게 챙겨서 알려주고, 반 여자 아이들끼리 놀러 갈 때도 윤수를 꼭 챙겨서 같이 갑니다.

한준(초1, 남)이는 학급의 단체 채팅방에 엄마 대신 아빠가 들어와 있습니다. 아빠가 학급에서 일어나는 일에 관심이 많고 꼭 본인이 알고 싶다고 해서 엄마 대신 자기를 채팅방에 넣어달라고 했습니다. 그런데 학부모회에서 중요한 공지 사항이 있어도 아빠가 엄마에게 전달해주지 않아서, 한준이만 참석하지 못하거나 한준이 엄마가 개인적으로 회장 엄마에게 연락하는 일들이 생겼습니다. 그리고 학급 모임 날짜를 잡거나 의논하는 일이 있을 때마다 한준이 아빠가 자기주장을 강하게 해서 다른 엄마들이 모두 한준이 아빠를 점점 피하게 되었습니다.

건영(초1, 남) 아빠는 건영이와 친한 남자아이들이랑 그 아빠들과 함께 주말에 종종 놀러 갑니다. 엄마 없이 아빠들과 아이들끼리만 캠핑을 가기도 하고, 학교 운동장에서 축구를 하기도 하고, 야구장도 갑니다. 가끔 아빠가 바빠서 같이 갈 수 없으면 아이만 데리고 가기도 하는데, 아이를 픽업하고 데려다주는 연락을 하면서 같은 반 엄마들 몇몇과 인사를 하는 사이가 되기도 했습니다.

윤수, 한준, 건영이 아빠가 모두 학부모 모임에서 다른 아빠-엄마들과 관계를 맺는 방법은 다릅니다. 자신만의 방법을 찾아서 관계를 잘 만들어가시는 분도 있고 한준 아빠처럼 갈등을 겪는 분도 있습니다. 엄마들끼리의 모임이든, 아빠들이 함께하는 모임이든 학부모 모임도 사람과 사람 사이의 관계입니다. 서로 예의를 지키고 진심으로 대하면, 다른 사람도 나에게 예의를 지키면서 진심으로 대할 가능성이 높습니다.

7.
아이의 발달이 느리거나 장애가 있다면

태준이(초2, 남)는 미숙아로 태어났고, 태어난 직후에 경련도 있어서 발달이 늦었습니다. 어려서부터 언어치료나 작업치료, 응용행동분석Applied Behavior Analysis, ABA 같은 치료를 열심히 해서 이전보다는 좋아졌지만 초등학교 입학 전에 시행한 검사에서 지능 65로 지적장애가 있고, 사회성도 좀 부족한 편이었습니다. 도움반이 있는 일반 초등학교에 배정받은 다음부터 엄마는 모든 학교 행사와 학부모 모임에 열심히 갔고 녹색어머니회 활동도 빠짐없이 하며 학교 일에 적극적으로 참여했습니다. 처음 학부모 총회 때부터 다른 부모님들에게 태준이의 사정을 이해하며 도와달라고 부탁했습니다. 그래서인지 다른 엄마들도 태준이를 챙겨야 하는 아이라고 생각하고, 자녀들이 놀 때 같이 놀게 하며 방학 때 놀러 가거나 생일 파티를 할 때도 늘 초대했습니다. 엄마는 가능하면 같이 가서 태준이가 아이들과 잘 어울리는지 지켜보고 조금이라도 문제가 있으면 바로 가서 태준이에게 상황을 설명해 주곤 했습니다. 태준이도 잘 웃고 성격이 밝은 데다 태준이 엄마도 적극적으로 다른 부모들에게 다가하고 이해를 구한 것이, 아이가 또래들에게 받아들여지는 데 큰 역할을 한 것 같습니다.

발달이 느리거나 아이에게 장애가 있으면 엄마가 학교 행사나 반 모임에 참석하기를 주저하게 됩니다. 다른 엄마들이 아무 말 안 해도 괜히 눈치 보이고, 우리 아이에 대해서 물어보면 뭐라고 답해야 하나 싶어 긴장되기도 합니다. 학원 선행 수업같이 자신과 전혀 다른 고민을 하는 엄마들의 모습에 이질감을 느끼기도 합니다.

우리 문화가 아이의 어려움을 드러내놓고 이야기하거나 도움을 구하는 분위기가 아니다보니, 가능하면 아이의 문제나 어려움을 선생님과 같은 반 부모님들께 말하지 않고 조용히 넘어가기를 바라게 됩니다. 괜히 먼저 말했다가 아이가 괴롭힘이나 따돌림의 대상이 될까봐 걱정되기도 합니다. 그런데 아이의 어려움에 대해서 미리 설명하고 이해를 구했을 때 생각보다 많은 부모님이 받아들이고 챙겨주십니다. 오히려 아이의 문제를 감추려고만 하다가 행여 아이들 사이에 다툼이나 갈등이 생기면 정작 필요한 도움과 보호를 받지 못합니다. 태준이 엄마처럼 처음부터 아이에 대해서 설명하고 도움을 구하며, 엄마가 행사에 적극적으로 참여해서 다른 부모들과 관계를 쌓아가는 편이 아이에게 더 좋을 수도 있습니다.

또 주변에 비슷한 문제를 가진 아이들의 부모님과 자조 모임을 갖는 것도 좋습니다. 아이가 학교에서 잘 적응하고 성장할 수 있도록 좀더 실질적인 도움을 나눌 수 있습니다. 또한 발달이 느린 아이를 키우면서 느끼는 엄마의 고단함과 어려움에 대해서도 서로 이야기를 나누고 위로받을 수 있을 겁니다. 발달이 느린 아이들의 부모님끼리 함께 교육청에 요청해서 도움반이 없던 중학교에 도움반이 만들어지고 다 함께 진학할 수 있었던 사례를 본 적이 있는데요. 이런 도움을 자조 모임에서 만들어갈 수도 있습니다.

▲

제 아이들이 다닌 초등학교에는 바자회가 있었습니다. 이때 집에서 안 쓰는 물건을 사고파는 행사도 하지만 학부모들이 음식을 준비해가서 팔기도 했습니다. 아들이 초등학교 3학년 때 저도 바자회에서 일을 돕고 있었습니다. 아들 친구들이 쉬는 시간에 핫바나 떡볶이를 사 먹고 주변에 쓰레기통이 없으니까, 저처럼 아는 엄마에게 쓰레기를 맡기고 갔습니다. 사실 저는 그때 아이들이 쓰레기를 아무 데나 버리지 않고 아는 엄마에게 부탁하는 것을 보고는 착하다고 생각했는데요. 그다음 해에 보스턴으로 연수 갔을 때, 학교 행사에서 아이들이 친구 엄마에게 쓰레기를 맡기니까, 한 엄마가 엄마들은 쓰레기통이 아니라면서 저기 쓰레기통이 있으니 직접 가서 버리라고 하는 것이었습니다. 제게는 그 일이 신선한 문화 충격이었는데요. 직접 쓰레기통을 찾아 버리도록 가르치는 것도 신기했고, 친구 엄마가 아이를 훈육하는 것도 신기했습니다. 지금 우리 사회에서는 남이 아이에게 지적하거나 직접 가르치면, 아이 부모가 그리 좋아하지 않을 것 같거든요. 함께 아이를 키우고 가르치려면 부모들 사이에, 그리고 사회 전체에 상당한 신뢰가 있어야 한다는 생각이 들었습니다.

아이를 키우는 데는 온 마을이 필요하다고 합니다. 학교와 동네, 그리고 지역사회의 많은 사람이 함께 아이를 키운다는 의미일 것입니다. 엄마들끼리, 학부모들끼리 연결되는 모임은 아이를 함께 키우는 데 큰 영향을 줍니다. 엄마들 사이의 관계가 신뢰 가고 안전할수록, 우리 아이가 자라는 환경도 그럴 겁니다. 이 장에서는 학부모 모임에서 다른 엄마들과 어떻게 관계를 시작하고 이어가야 할지, 어떤 부분을 조심해야 할지에 대해서 살펴봤습니다. 이런 부분을 함께 고민하다보면, 나 자신과 우리 아이를 지키면서도, 다른 학부모들과의 관계를 잘 이어가고, 나아가 우리 아이를 좀더 잘 키울 수 있는 사회를 만드는 데 도움이 될 것입니다.

5장
선생님, 아이의 가장 훌륭한 조력자

_김주연

초등학교 입학은 부모와 아이에게 굉장히 중요하고 뜻깊은 인생의 사건입니다. 아이가 독립적인 인간으로서 사회생활을 시작한다는 의미가 있고 새로운 사회로 나아가는 첫걸음이기도 합니다. 우리 아이가 겪어보지 못한 세상으로 나가는 것이 기쁘기도 하지만 다른 한편 아이가 적응하지 못하고 뒤처질까봐, 엄마가 잘 챙겨주지 못하고 놓치는 게 많을까봐 불안에 떨고 계시는 부모님이 많을 겁니다.

학교는 아이들이 친구를 사귀고 사회성을 키우는 데 중요한 배움터가 됩니다. 선생님은 사회적 규범과 예절을 가르치고, 또래와 긍정적인 관계를 맺도록 지도하며, 협동심과 배려심을 키우도록 돕는 사람입니다. 또한 학교는 아이들이 다양한 배경과 성격을 가진 친구들을 만나고, 상호작용을 통해 사회성을 배우며 연습할 수 있는 환경을 제공합니다. 학교생활을 하면서 아이들은 구성원으로서 필요한 사회적 기술을 습득하고, 건강한 관계를 만들며 성장해나갈 수 있습니다. 부모님들이 생각하는 것보다 아이들은 학교에서 꽤 잘 적응하고 새로운 환경에서 즐거움을 찾아나갑니다.

아이들의 소중한 첫 사회생활을 응원하는 마음으로, 저 또한 예비 초등학부모로서, 한때 초등학교 선생님이었던 사람으로서, 또 소아정신과 의사로서 겪고 느꼈던 선생님과 학교와 관련된 중요한 것들을 이 장을 통해 이야기하고자 합니다.

1.
선생님, 공동의 양육자

선생님은 어떤 분인가요?

초등학교 선생님은 아이들에게 지식을 전달하는 사람 그 이상의 존재입니다. 아이들은 초등학교 시기에 사회생활을 본격적으로 시작하고, 학교에서 또래관계를 맺으며, 자아를 형성하는 중요한 발달 단계를 거칩니다. 이 시기의 선생님은 아이들에게 다양한 역할을 수행할 뿐 아니라 아이들의 사회성 발달에도 커다란 영향을 미칩니다.

선생님은 사회성의 기초가 되는 규칙적인 생활 습관을 익히도록 돕고, 시간 관리, 숙제, 준비물 챙기기 등 기본적인 학교생활 습관을 지도합니다. 선생님은 따뜻한 관심과 사랑을 주고, 정서적인 안정감을 제공해 아이들의 학교생활 적응을 돕습니다. 또한 선생님의 말과 행동을 아이들이 보고 듣고 모델링하기 때문에 선생님의 가치관이나 태도는 아이들의 자아 형성에도 큰 영향을 끼칩니다. 선생님은 학교라는 공동체 생활에서 필요한 규칙과 질서를 가르치고, 또래들과 관계 맺는 방법을 지도하며, 갈등 해결 능력을 향상시키도록 중재할 뿐 아니라 아이들이 사회적 관계 속에서 협동심과 배려심을 기르도록 끊임없이 격려하는 존재이기도 합니다.

이상적인 학부모와 초등학교 선생님의 관계는 서로 신뢰하며 협력하는 것입니다. 선생님은 학부모의 양육 방식을 존중하고, 학부모는 선생님의 교육적 판단을 신뢰해야 합니다. 서로 비난하거나 평가하기보다는, 아이의 행복한 학교생활과 건강한 성장이라는 공동의 목표를 둔 협력자로서 긴밀하게 소통하는 것이 좋습니다. 간혹 아이에 대해서 상담하다보면 나와 선생님의 관점과 시선이 많이 다르구나라고 느낄 수 있습니다. 아이도 학교에서의 행동과 집에서의 모습이 크게 다를 때가 있고, 또 아이의 같은 행동에 대해서도 선생님과 학부모의 생각이 차이 날 수 있습니다.

수아(초1, 여)는 학교에 갔다가 집에 오면 엄마에게 항상 걱정을 털어놓았습니다. '내가 그림을 잘 못 그려서 다른 애들은 전부 시간 안에 끝냈는데, 나만 다 못 했어' '선생님이 율동을 가르쳐주셨는데 내가 잘 못 따라해서 자꾸 틀렸어. 다른 친구들은 예쁘게 따라했는데…… 선생님이 율동을 여러 번 알려주셨는데 아무래도 나 때문에 그러신 것 같아'라고 말하며 침울한 표정을 지었습니다. 사실 수아는 학급에서 모범 학생일 뿐 아니라 모든 일에 열심이어서 선생님께 칭찬을 받곤 했는데, 집에서는 잘한 일보다는 실수한 것에 대해서만 이야기하고 아직 일어나지도 않은 일에 대해 걱정하는 말을 많이 했습니다. 수아 어머니는 아이가 실제로 학교생활을 잘 해내지 못하고 있다고 생각해서 도움을 얻고자 선생님께 상담 요청을 했습니다.

수아는 예전에 제가 학교에서 근무할 때 실제로 가르쳤던 아이인데요. 뭐든 잘해내고 싶은 완벽주의 성향을 지녔고, 실제로는 또래보다 잘하는 게 많은데도 스스로의 기준이 높고 불안이 많아서 만족감을 잘 못 느끼는 것 같았습니다. 어머니는 수아가 유치원 시절부터 완벽주의 성향을 보였는데, 초등학교 입학 후 더 잘하려는 마음이 커진 것 같아 걱정이라 하셨고, 어머니와 얘기를 나누면서 아이의 성향에 대해서 저도 더 잘 파악하는 기회가 되었습니다. 저는 어머니가 너무 걱정하지 않도록 아이가 학교생활을 어떻게 하고 있는지 알려드리고 안심시켜드렸습니다. 무엇이든 잘하고 싶은 아이의 마음을 읽어주고, 스스로 기준을 높게 잡고 있는 부분에 대해서도 유연성을 갖도록 가정과 학교에서 같이 지도하기로 했습니다. "수아야, 항상 잘하려고 노력하는 모습이 정말 대단해. 선생님은 수아가 얼마나 열심히 하는지 알아. 그런데 가끔은 너무 잘하려다보니, 힘들고 속상하지?"라며 아이의 마음을 읽어주고, 실수할 때면 실수를 통해서 배울 수 있다는 것도 알려주고, 결과보다는 과정을 구체적으로 칭찬해주려고 했습니다. 가정에서도 학교에서처럼 일관성 있게 아이를 대하도록 조언해드리고, 여가 시간에는 아이의 긴장이나 스트레스를 해소할 수 있도록 신체 활동과 놀이 시간을 충분히 갖도록 말씀드렸습니다. 부모님과의 협력을 통해 아이의 완벽주의 성향의 장점은 잘 이용하고, 그로부터 오는 과도한 긴장은 조금 낮춰 스스로의 불안을 잘 다뤄내는 아이로 성장하게 도울 수 있었습니다. 이처럼 선생님은 아이의 성장과 발달을 위해 부모님과 긴밀하게 소통하고 협력하며, 전문적인 지식을 바탕으로 교육적 지원을 제공하는 공동 양육자라고 할 수 있습니다.

선생님을 바꿀 수 있나요?

로운이(초1, 남)는 초등학교에 입학한 지 얼마 지나지 않아 선생님이 너무 무섭다면서 학교 가기를 싫어했습니다. 유치원 선생님은 젊은 여자분이고, 친절하며 다정하게 말하셨는데, 지금 담임 선생님은 나이가 지긋한 분으로 무뚝뚝하고 엄하셔서, 아이는 선생님을 낯설어하고 부담스러워했습니다. 게다가 1학년 초 학교의 규칙과 문화를 배우는 과정에서 선생님이 규칙을 강조하고 잘못된 행동을 지적하는 일이 많자 로운이는 선생님이 무섭기만 했고, 아침마다 '선생님 무서워서 싫어. 반을 바꿔줬으면 좋겠어. 옆 반 선생님은 안 무섭단 말이야'라고 말하며 울면서 등교했습니다.

아이가 초등학교에 들어가면 아이뿐 아니라 학부모도 매년 우리 아이 담임은 어떤 분이 될까 궁금해하며 기대합니다. 담임이 정해지면 다른 엄마들에게서 선생님에 대한 정보나 소문을 수집하기도 합니다. '○○ 선생님은 글씨 쓰기와 차분한 태도를 엄청 중요하게 생각해서 필사 같은 것도 많이 시키신대' '○○ 선생님은 규율이나 원칙을 중요시해서 전체적으로는 엄하고 무서운데 생각보다 아이 한 명 한 명한테는 따뜻하시더라고' '○○ 선생님은 경제 교육에 관심이 많아서 학급 운영이나 보상도 부동산, 주식 같은 개념으로 하신대' 등등 우리 선생님은 어떤 교육철학이 있는지, 어떤 성향인지를 작년 반 아이들 엄마를 통해서 듣기도 하는데요. 여러 소문을 접하다보면 선생님을 겪기도 전에 걱정부터 앞섭니다.

겹치지 않는다면 6년 동안 여섯 분의 선생님을 만나게 되는데요, 저마다 스타일과 개성이 다릅니다. 큰 맥락의 교육과정은 같지만 교육철학과 가치관도 선생님마다 조금씩 달라서 각자 특색 있게 학급을 운영하기도 합니다. 어떤 해에는 선생님이 우리 아이를 잘 이해해주는 것 같아서 좋지만, 또 어떤 해에는 선생님의 학급 운영 방식이 우리 아이와 맞지 않는 것 같아 고민이 생깁니다.

실제로 학기 초에 '우리 아이가 다른 선생님을 원한다'며 반을 옮겨달라는 전화가 종종 학교로 오는데요. 결론부터 말씀드리자면 한번 결정된 담임과 반은 중대한 문제가 있지 않은 한 변경되지 않습니다.

학교 선생님에 대한 불만과 고민을 아이가 털어놓는다면 그 말도 귀 기울여 들어야겠지만, 아이는 아직 어려서 다양한 관점이나 연결된 상황을 파악하는 게 어려우므로 선생님 이야기도 같이 들어보시는 게 좋습니다. 아이가 느끼는 불편감이나 문제에 대해서 선생님과 직접 솔직하게 나누고, 어떻게 해결하면 좋을지를 충분히 의논하다보면 선생님과 유대관계도 깊어지고 오해도 풀리곤 합니다.

로운이는 매사에 조심스럽고 지적받는 걸 힘들어했는데, 반에 장난이 심한 남자아이가 많다보니 선생님이 '조용히 하라'고 약간만 목소리를 높여도 깜짝 놀라고 위축되었습니다. 어머니는 선생님과의 상담 시간에 로운이의 성격이나 기질, 아이가 적응하기 힘들어하는 부분에 대해서 말씀드렸고, 선생님께서도 로운이를 좀 더 이해하게 되어 아이들을 단체로 훈육할 때는 목소리를 줄이고 표현도 좀더 부드럽게 하려고 노력했습니다. 로운이 어머니도 선생님이 아이들에게 말씀하시는 게 어떤 의미가 있는지 아이 눈높이에서 자세히 설명해주고, 학교에서는 불편해도 꼭 지켜야 할 일들이 있다고 말해주었습니다.

  소아정신과 의사로서 이야기한다면, 어렵지만 꼭 배워야 하는 일을 아이가 익혀갈 때 혹은 사회 속에서 불편해도 맞춰가는 과정을 겪으며 힘들어할 때 이런 것을 없애거나 피하는 것만이 정답은 아니라고 말씀드리고 싶어요. 부모님은 자녀를 위하는 마음이 커서 우리 아이가 힘든 일을 겪지 않게 하고 싶겠지만, 아이가 가능한 선에서 좌절을 참고 겪어내는 것, 싫은 것에도 적응해나가는 것이 초등학교 시절 꼭 해야 하는 발달 과업입니다. 진료실에서 어머니들이 아이의 문제에 대해서 상담하실 때 "우리 아이가 어떻게 하면 힘든 일을 겪지 않을 수 있을까요?"라고 종종 물으시는데요. 저는 "어머니, 당장은 아이에게 비를 피하게 해주고 싶겠지만 나중에 아이가 커서 사회에 나갔을 때 계속 비가 오면 그때는 어머니가 피하게 해주실 수 없어요. 가랑비나 이슬비 정도는 맞아도 큰 문제가 없기도 하고요. 또 우리 아이들은 자라면서 스스로의 우산을 놀랄 만큼 잘 만들어내니까 걱정 마시고 아이가 잘 극복하도록 옆에서 응원하며 지켜봐주세요"라고 말씀드립니다.

  선생님들도 다양한 성격과 개성을 갖고 계신데, 누구에게나 잘 맞고 좋기만 한 분이 과연 있을까요? 우리 아이가 누구보다 잘 따르는 선생님이 다른 아이에게는 안 맞을 수도 있고, 반대로 다른 아이는 너무 좋았다는 선생님이 우리 아이에게는 힘들 수 있습니다. 우리 아이가 '선생님이 무서워서 학교에 가기 싫다'고 하면 엄마 입장에서는 정말 고민이 많으실 겁니다. 하지만 엄마가 걱정만 하고 있으면 아이의 마음속 불안을 알아차리기도, 다독이기도 어렵고 아이를 대신해서 차분하게 상황을 판단하기도 어렵습니다. 더군다나 아이들은 아직 미숙해서 어떤 사람에 대해 다양한 각도에서 판단하지 못합니다. 이럴 때 엄마가 선생님에 대해 이야기하는 내용은 아이에게 여과 없이 흡수되고, 엄마의 태도는 곧 아이의 태도로 이어지므로 언행에 신중해야 합니다. 아이가 선생님에게 적응하는 과정을 통해서 이 사회에는 다양한 사람이 있다는 것을 배우고, 조금 힘들어도 다른 사람과 맞춰나가는 경험을 한다는 것은 의미가 있습니다.

물론 선생님의 학대나 방임이 의심되는 상황은 예외입니다. 드물게 일어나는 그런 경우에는 교무실을 통해 교감이나 교장 선생님과의 면담을 신청해 상황을 설명하고 도움을 요청하며, 아이를 선생님과 분리시켜 보호하는 것이 우선입니다. 하지만 대부분의 경우처럼 '그냥 마음에 들지 않는다'의 상황이라면, 이는 견뎌나가도록 도우면서 아이가 선생님의 훌륭하고 좋은 점을 찾아 인식할 수 있도록 긍정적인 대화를 해보는 건 어떨까요? 선생님의 교육철학을 같이 고민해보고, 우리 선생님이 중요시하는 것(예: 시간 관리, 예의범절, 기본 생활 습관 등)이 무엇인지를 아이와 이야기 나눠보는 것도 좋을 것입니다.

2.
선생님과 잘 지내려면 부모는 어떻게 하는 게 좋을까요?

학교 선생님과 대화하는 법

선생님과의 소통과 대화는 아이의 학교생활을 이해하고 지원하는 데 중요한 요소입니다. 하지만 선생님과 어떤 문제에 대해 상의할 일이 생겼을 때, 막상 어떤 말을 어떻게 꺼내야 할지 고민될 것입니다. 선생님은 우리 아이를 가르칠 뿐 아니라 많은 부분에서 영향력을 끼치는 중요한 분이라 말 한마디 하는 것이 조심스럽고 어렵게만 느껴집니다. 하지만 학부모와 선생님의 관계 역시 사람과 사람의 만남이므로, 서로 예의를 지키며 존중한다면 좀더 편안하게 다가갈 수 있을 것입니다.

선생님께 이런 말은 하지 않는 게 좋아요

"선생님"이라는 호칭과 함께 공손한 태도와 정중한 말투를 사용하고, 선생님의 의견을 경청하는 것은 학부모가 갖춰야 할 가장 기본적인 예의입니다. 제가 교육대학을 갓 졸업하고 초등학교에 부임한 후 첫 담임을 맡았을 때의 일이 떠오릅니다. 한 어머니가 아픈 자녀 때문에 걱정되어서 학교생활 중 안부를 묻는 전화를 주셨습니다. "샘, 안녕하세요! 오늘 ○○이 학교에서 잘 지냈나요? 아휴…… 어제 아이가 토해서 점심은 잘 먹었는지 모르겠네. 특별한 일은 없었죠?"라며 대화를 이어가는 중간중간 반말을 섞으셨습니다. 어머니는 별 의도가 없을 수 있지만, 저는 통화 후에 '내가 너무 어리게 보여서 학부모에게 전문가다운 신뢰를 주지 못하고 있나' 싶어 선배들께 상담을 요청드렸답니다. 반존대는 사적인 관계에서는 존중과 친근함의 의미를 동시에 전달할 수 있지만, 선생님과 학부모 사이처럼 공적인 관계에서는 오해를 불러일으킬 수 있으니 사용하지 않는 것이 좋습니다. '결혼은 했는지? 아이는 있는지? 대학 졸업하고 지금 몇 년 차인지?'와 같은 개인 신상에 관한 질문은 선생님이 가장 곤란해하고 대답하기 어려운 것입니다. 비슷한 맥락으로 아무리 선생님이 어리고 미혼이더라도 '선생님은 아이가 없으셔서 잘 모르시겠지만……'과 같은 말도 관계를 불편하게 할 수 있습니다. 저처럼 신임 교사이거나, 지역에 새로 부임해 온 선생님이라면 학교 시스템과 주변 환경에 익숙하지 않을 텐데,

선생님이 다소 답답해 보여도 알고 있는 정보들을 가르쳐주려는 태도로 얘기하는 것은 좋지 않습니다. 또 아이가 고학년이라면 선생님과 대화할 때 이전 담임들의 칭찬이나 험담을 하는 것도 주의해야 하고, 우리 학년의 다른 학급 얘기를 하는 것도 비교로 들릴 수 있으니 삼가는 것이 좋습니다.

선생님께는 이렇게 이야기하면 좋아요

승기(초1, 남)는 장난기가 많고 활발한 남자아이입니다. 평소 승기는 친구들에게 관심도 많고 같이 노는 것을 무척 좋아하는데, 함께 있을 때면 친구들이 싫어하는 별명을 부르거나 하지 말라는 장난을 계속해서 종종 다툼이 생겼습니다. 최근에는 하고 싶은 놀이가 있으면 친구의 의견을 묻기보다 툭툭 건드리거나 억지로 끌고 가려고 해 다른 엄마들로부터 조금 조심해주었으면 좋겠다는 말을 몇 번 들었습니다. 승기 엄마는 혹시 이런 일이 계속되면 아이가 따돌림을 당할까봐 걱정되고 불안해서 선생님께 상담을 요청했습니다.

승기 어머니처럼 고민이 있어 선생님과 대화하게 되었을 때 아이의 문제점이나 용건만 바로 털어놓기보다는, 선생님의 고충과 어려움에 공감하고 인간적인 유대감을 형성하는 말을 덧붙인다면 관계를 더 돈독히 할 수 있습니다. "선생님, 애들 가르치시느라 때론 너무 지치시지요"와 같은 위로는 선생님이 마음을 열고 진솔한 대화를 시작하게 만듭니다. 실제로 저도 교사로 일하던 시절 제 입장을 진심으로 이해하고 공감해주는 말을 덧붙여주시는 학부모님과 대화할 때면 굉장한 힘을 받고, 어떤 일이든 도와드리고 싶은 마음이 솟아나는 경험을 한 적이 있답니다. 선생님과 아이의 문제에 대해서 이야기할 때는 긍정적인 태도로, 상황에 대한 비난이나 불평보다는 아이의 문제 해결을 위해 의논하고 협력하겠다는 뜻을 잘 담아서 전달하면 좋을 것입니다. 아래의 승기 어머니처럼 이야기해보시는 건 어떨까요?

"선생님, 아이들을 가르치시느라 수고가 많으세요. 항상 우리 아이를 위해 애써주시는 것 알고 있습니다. 저는 승기가 친구들과 사이좋게 지냈으면 하는데, 자꾸 친구들을 놀리거나 자기 딴엔 장난이라며 친구들 몸을 건드린다는 말을 듣고 걱정되어서 연락드렸어요. 학교에서는 실제로 승기가 친구들한테 어떻게 행동하는지 궁금하고, 이런 문제에 대해서 제가 가정에서 아이를 어떻게 가르치면 좋을지에 대해 선생님께 상의드리고 싶습니다."

학교생활에 관심을 가져주세요

학교에서 하는 많은 일에는 부모님의 확인이나 동의가 필요합니다. 예를 들어 가정통신문에 회신을 하거나, 또 단원평가 같은 시험을 보면 부모님께 확인을 받으라고 하고요. 알림장의 숙제나 준비물도 부모님이 매일 확인하셔야 하며, 또 알림장에 선생님이 아이와 관련된 코멘트를 써드리는 일도 종종 있습니다. 그런데 늘 이런 확인이 안 되거나 기본적인 준비물도 챙겨오지 않는 아이들이 간혹 있습니다. 코로나 시기에는 문진표를 매일 써서 보내야 했는데, 이런 문진표의 취합도 선생님이 하게 되어서 기록이 안 된 부모님께 일일이 연락드리는 게 수업에 지장을 일으킬 정도였다고 합니다. 또 각 반에서 모아야 하는 문서나 정보를 선생님이 학년부장 선생님께 정해진 시간 안에 보고해야 하는데, 취합이 늦어지면 학년 업무 처리에도 지장을 주고 정작 수업 준비 시간이 줄어드는 등 연쇄적인 문제가 생겨납니다. 기본적인 준비나 확인이 잘 안 되었던 부모님께 개인적으로 연락도 드려보고 알림장에 전달 내용이 있으니 꼭 읽어보고 신경 써달라고 말씀드려도 잘 바뀌지 않을 때도 있습니다. 이런 일이 반복되어서 선생님이 '아, 이 부모님께는 말씀드려도 변하는 게 없구나'라고 생각하게 되면 이후로는 아이의 다른 문제에 대해서도 적극적으로 말씀드리는 게 부담스러워집니다. 선생님과 소통이 줄어들면 아이의 학교생활이나 친구관계 등에 대해 들을 기회도 적어질 수 있으니 학교생활에 관심을 갖고 좀더 협조할 필요가 있습니다. 또한 학교에서 요구하는 부분들을 잘 확인하고 기한에 맞춰서 꼼꼼히 회신하는 부모님의 모습을 보면서 자녀도 '약속을 가볍게 여기지 않고 꼭 지키는 것이 중요하구나' 하는 점을 생활 속에서 배울 수 있으니, 우리 아이에게도 훌륭한 본보기가 될 좋은 기회이지 않을까요?

적절한 거리가 필요합니다

아이를 사랑하는 마음은 어느 부모든 마찬가지일 겁니다. 아이가 학교에 가기 시작하면 잘 지내는지 궁금하고 걱정도 덩달아 늘어나는 것 같아요. 학교에서 선생님 말씀은 잘 듣는지, 우리 선생님은 아이한테 어떤 말을 하는지, 친구들하고 관계는 괜찮은지, 괴롭히는 친구는 없는지, 학교에서 하는 활동들을 잘 따라가는지…… 아이가 학교에서 잘 지내게 하려고 선생님과 이런저런 의논을 하고, 가정과 학교에서 협조해 아이를 바르게 기를 수 있는 의사소통은 선생님 입장에서도 환영이지만, 가끔 과도한 요구를 하는 부모님들이 있습니다.

"선생님, 우리 아이한테 무조건 칭찬 많이 해주세요. 집에서는 칭찬을 많이 하는데 아이가 학교에서는 많이 못 듣는다고 해서요.

밥도 잘 먹는다고 옆에서 계속 칭찬해주세요. 그럼 야채도 좀 먹거든요. 아이가 선생님 말은 잘 듣는 거 같아요."

"선생님, 아이가 숙제를 안 해가도 남겨서 시키지 말아주세요. 우리는 그런 걸로 스트레스 안 주거든요. 그냥 안 해도 좋으니 집에 보내주시고, 괜히 힘들게 하지 마세요."

제가 선생님으로서 아이들을 지도할 때 들었던 말인데요. 당시에도 이런 얘기는 약간 부담스러웠습니다. 학교에서 밥 먹는 것은 칭찬받을 일이 아니라 당연한 일과입니다. 식사 시간에 선생님은 급식 지도를 하지만 어느 아이 한 명만 보고 있는 게 아니라서 편식에 관한 지도를 모든 학생에게 하기는 현실적으로 어렵고, 한 아이에게 밥 잘 먹는 것으로 칭찬을 하면 모든 아이에게 똑같이 해야 하는데 이 또한 지키기 어려운 일입니다. 편식 지도에 있어서는 가정에서 부모님의 역할이 더 중요합니다. 재료를 다르게 조리하거나 보이지 않도록 잘게 썰어넣는 방법으로 야채를 먹을 수 있다면 괜찮고, 아이가 자라면서 편식이 조금씩 개선되기도 하니 좀더 기다려주는 태도가 더 바람직할 수 있습니다. 또한 당시에는 숙제를 안 해오면 방과 후에 아이를 남겨서 하고 가게 했는데, 어머니가 학급 운영 원칙에 예외를 둬달라고 하시니 저로서 매우 고민되었고, 그 아이만 숙제를 하고 가지 않는다면 생길 형평성 문제도 걱정되었습니다. 결국 저는 숙제 원칙을 고수하기는 했지만, 이후에 그 어머니와 대화할 때 불편한 마음이 많이 들었습니다.

선생님과 어떤 문제가 있을 때 담임과 의논 없이 바로 교장실이나 교육청에 연락한다든가 수시로 민원을 넣는 부모님도 선생님 입장에서는 부담스러울 수 있습니다. 부모가 학교와 계속해서 갈등하는 모습은 아이에게 사회적 관계에 대한 부정적 인식을 심어주고, 다른 사람과의 관계에서 갈등이 발생했을 때 원만히 해결하는 법을 배우기 어려워져 사회성 발달에도 좋지 않은 영향을 줍니다. 게다가 부모가 학교와 갈등하는 모습에 계속 노출되면 아이는 학교를 안전하고 믿을 수 있는 공간으로 인식하기 어려워지고, 선생님과의 관계에서도 불안해할 수 있습니다. 선생님과의 신뢰 저하는 아이의 학교 적응을 방해하고 학습 동기를 떨어뜨리는 문제로 확대될 가능성도 있습니다.

그리고 혼자 하기 어려운 방학 숙제나 부모님이 약간은 도와주어야 하는 과제들이 있으면 '○○ 부분은 아이가 스스로 하기 어려우니 부모님이 도와주세요'라고 안내드릴 때가 있습니다. 그런데 가끔 아이의 수준을 훌쩍 넘어서는, 누가 봐도 부모님이 한 티가 역력한 작품들이 제출되는 경우가 있었어요. 겉으로는 멋지고 근사할 수 있지만 아이들이 스스로 할 수 있는 것은 약간 미숙하더라도 기다려주시는 것이 발달과 성장에 훨씬 더 도움이 됩니다.

선생님과 아이의 관계만큼 중요한 것이 선생님과 학부모의 관계라고 생각하는데요. 선생님과 학부모는 아이에 대한 정보를 교환하고 함께 고민하며, 가정과 학교가 협력해 문제를 해결해나간다면 가장 이상적일 것입니다. 그리고 선생님과 부모님의 관계가 원만하고 좋으면 그 영향이 아이에게도 긍정적으로 전해진다는 것을 꼭 기억해주셨으면 합니다.

선생님이 아이의 문제에 대해 말할 때

요즘에 ADHD가 의심되어 병원에 오는 아이들 중 상당수는 선생님 의견을 듣고 왔다고 합니다. 어머니가 보시기에도 약간 산만한가 싶어 고민됐는데, 선생님이 상담 때 아이의 학교생활에 대해 설명해주시면서 진료를 권해 심각성을 인지하게 되었다면서요.

선생님들이 학부모에게 아이의 문제에 대해서 얘기할 때 대부분은 조심스러운 입장입니다. 아무래도 아이가 학교에서 잘 지내지 못한 부분들에 대해 설명을 해야 하니 마음이 상하시지 않을까 우려되기도 하고, 혹시 어머니께서 못 받아들이면 선생님과 학부모 관계가 나빠질 수 있어 걱정도 됩니다. 그럼에도 말씀드리는 이유는 아이의 행동으로 인해 다른 친구들이 피해를 볼 수 있고, 친구들과 거리가 멀어지면 아이도 상처받기 때문입니다. 그리고 무엇보다 아이도 스스로 조절 못 하고 있는 상황이 힘겨울 수 있어서 제때 필요한 도움을 받았으면 하는 것입니다. 선생님은 아이가 겪는 문제들을 해결해서 더 잘 성장하길 바라는 마음에 조심스레 꺼내는 것인데, "우리 아이가 그럴 리 없어요. 집에서는 안 그래요" "선생님이 아이를 밉게 보셔서 그래요. 다른 애들한테는 잘 해주신다면서요" "우리 아이보고 정신과에 가라고 말씀하시는 거예요?" 등 인정하기 어려워하거나 되레 화를 내신다면 선생님은 앞으로 어떤 말씀을 드릴 수 있을지 몰라 막막해집니다. 아이에 대한 부정적인 말을 처음 들었을 때 놀라고 당황스러워하는 것은 당연합니다. 심란하고 속상하기도 하고, 죄송하기도 하고, 선생님이 우리 아이만 안 좋게 보는 건가 싶어 서운하기도 하고, 그러면서 아이한테는 화가 나고, 이제 겨우 초등 저학년인데 앞으로 어떻게 될까 불안하고, 애가 잘못될 것 같고…… 온갖 생각과 감정이 뒤섞여 엄마의 마음도 매우 힘든 상태일 것입니다.

하지만 선생님이 얘기를 꺼내신 이유는 아이를 걱정하기 때문입니다. 당황스러울 수 있지만 그 마음을 잘 다독이고 그럴수록 선생님께 더 자세히 여쭤보고, 어떻게 고쳐나가야 할지, 가정에서는 어떻게 지도해야 할지 조언을 구하는 게 좋습니다. 그리고 주변 아이의 친구들이나 엄마가 친하게 지내는 다른 엄마들로부터도 우리 아이의 학교생활에 대한 정보를 얻는 등 자녀를 제3자 입장에서 바라볼 필요가 있습니다.

ADHD 증상을 가진 아이라면 소아정신과를 찾아 진료와 검사를 통해 정확히 진단하고, 필요하다면 약물 복용이나 비약물적 치료를 병행하는 것이 큰 도움이 됩니다. 아이도 행동이나 감정이 조절 안 되어 스스로 힘들 뿐 아니라 학업, 또래관계에도 부정적인 영향을 미치므로 적절한 개입과 도움을 주는 것이 꼭 필요합니다. 진료실에서 만나고 있는 아이들 중에는 실제로 호전되어서 학교생활에 큰 어려움 없이 잘 지내는 예가 많습니다. 우스갯소리로 부모님과 이런 이야기를 하기도 합니다.

"어머니, 우리 이제부터의 목표는 열심히 치료해서 아이를 좋아지게 만들어 아이의 약 복용 사실을 말하지 않으면 아무도 모르게 하는 거예요. 그렇게 하실 수 있도록 도와드릴게요."

집에서와 학교에서 아이의 모습은 다를 때가 많고 작은 문제라도 예상치 못한 일들이 있을 수 있기 때문에 그런 정보에 대해서 선생님과 학부모는 의견을 나누어야 합니다. 이때 중요한 것은 아이의 부족한 점을 바라보는 부모의 마음입니다. 물론 힘들 수 있습니다. 그럼에도 이런 정보를 공유하는 이유는, 선생님도 학부모도 아이의 부족한 점을 메우고 도와서 아이가 잘 성장할 수 있도록 같이 이끌자는 공동의 목적이 있어서임을 꼭 기억해주셨으면 합니다.

3.
학부모 상담

최근에는 학교 상담이 수시상담으로 바뀌거나 축소되는 추세라고 하는데요, 몇 년 전만 해도 학기 상담 주간이 있어서 정해진 기간에 학부모 총회, 공개수업, 학부모 상담을 한꺼번에 진행하는 학교가 많았습니다. 학부모도 선생님과의 상담을 앞두고 어떻게 신청해야 할지, 무슨 말부터 꺼낼지 고민이 많을 텐데요. 상담할 때는 다음 사항을 참고하시면 도움이 됩니다.

언제 연락하면 좋을까요?

부모님께서 연락을 해와 "선생님, 내일 만나뵐 수 있을까요? 저는 오늘 오후도 좋아요"라고 말씀하실 때가 있습니다. 학교폭력과 관련된 사안이나 해결이 시급한 학급 내 문제라면 다른 일을 뒤로

하고 부모를 만날 수도 있지만, 그런 게 아니라면 대부분은 일정이 안 맞을 가능성이 높습니다. 수업이 끝나면 수시로 같은 학년 선생님들끼리 만나서 교육과정이나 학급 운영에 관해 의논하는 동학년 회의가 있기도 하고, 학교에서 부장 교사 등의 직책을 맡고 있다면 교장, 교감 선생님과 학교 업무에 대해 이야기하거나 보고해야 할 때도 많습니다. 선생님에 따라서는 방과후 교실에 참여하기도 하고, 각종 연수나 교사끼리의 연구회 일정 등을 앞두고 있기도 합니다. 또 내일 수업할 내용을 살펴보고 준비해야 하며, 교구나 학습지를 미리 준비하기도 합니다. 그래서 급하지 않은 일반 상담이라면 적어도 3~4일 전에는 약속을 하시는 것이 좋습니다. 이렇게 하는 게 선생님과 학부모 모두에게 준비할 시간을 주어 더 효율적인 상담으로 이어집니다.

꼭 전화로 연락드려야 할 상황이라면 오후 3~5시가 적당합니다. 가끔 수업 중에도 전화하는 부모님들이 있는데, 선생님은 아이들과의 수업에 집중하느라 휴대폰을 신경 쓸 겨를이 없습니다. "우리 아이가 내일부터 여행 갈 예정인데 체험신청서를 안 가져갔어요"라는 정도의 이야기는 문자 메시지를 남기거나 수업 시간을 피해서 전화를 주시는 게 좋습니다.

문자 메시지를 남기더라도 선생님이 그날 업무가 바빠서 미처 확인하지 못할 수 있고, 요즘에는 선생님이 업무용 휴대폰을 따로 학교에 두기도 해 바로 답장을 주지 못할 수도 있습니다. 아이가 다쳐서 병원에 입원해야 한다든지, 아이 조부모님이 돌아가셔서 장례식에 참석해야 된다든지 하는 다급한 상황이라면 전화를 하셔도 됩니다.

선생님에 따라 학부모와 카카오톡으로 자주 소통하는 분도 있고, 그렇지 않은 분도 있습니다. 최근에는 서이초 사건 이후 선생님께 오는 모든 연락을 학교 차원의 공식 루트로만 받는 곳도 있고, 반 아이들과 학부모에게 개인 휴대폰 번호를 공개하고 소통하시는 분도 있습니다. 우리 담임 선생님의 소통 유형을 잘 파악해서 적절한 방법을 선택하시면 됩니다.

상담을 요청하는 방법도 최근에는 바뀌어서 직접 담임교사가 받는 곳도 있지만, 학교 시스템을 통해 받는 곳도 있으니 정해진 절차를 미리 확인하고 신청하시길 바랍니다.

대면 상담 vs 전화 상담

선생님과 상담하기 전 작성해야 하는 신청서를 보면 대면, 전화 상담 중 선택해서 표시하는 난이 있습니다. 이전 세대의 선생님이나 학부모님들은 꼭 서로를 찾아뵙고 말씀 나눠야 예의와 정성을 다했다고 생각했는데요. 팬데믹 이후로는 비대면 활동이 흔해지기도 했고, 상담이 대부분 평일 낮 시간에 이뤄지다보니 일하시는 부모님들이 시간 내서 오기가 힘듭니다. 선생님들도 대부분 워킹맘이어서 그런 마음을 잘 이해합니다. 제가 선생님으로 일할 때 선배들이 자주 하던 말씀이 있어요. "내가 우리 아이 공개수업이랑 상담에 여태 가본 적이 없어. 아이는 맨날 서운해해. 내가 선생님인데 아이 학교에 못 가는 현실이 서글프지만 그렇다고 우리 반 수업에 빠질 수도 없고……." 저도 학부모가 되어보니 그 마음이 어떤 것인지 너무나 잘 알게 되었답니다. 대면 상담과 전화 상담 중 어떤 방법을 택하셔도 상관없지만, 상황에 따라서는 더 나은 상담이 있습니다.

학교를 방문해서 선생님과 대면할 때 좋은 점은, 우리 아이 선생님을 직접 뵙고 눈을 마주치며 대화하면서 어떤 분인지 말 이외의 여러 비언어적 소통도 할 수 있다는 것입니다. 선생님의 목소리를 듣고, 제스처나 눈빛을 보며 '아, 저런 목소리로 말씀하시는구나, 중요하게 생각하시는 것은 이런 거구나'를 더 직관적으로 알 수 있기도 합니다. 특히 다음의 경우에는 직접 선생님을 뵙고 상의드리는 것이 더 도움이 될 수 있습니다.

표 1. 대면 상담이 필요하거나 더 나은 사례

- **아이의 건강상의 문제를 알려드려야 할 때**
: 알레르기, 천식 등을 포함해 아이가 평소 앓고 있는 병이나 특별히 조심해야 하는 것들이 있을 때
: 틱이나 ADHD처럼 증상으로 인해 다른 아이들이 놀려서 지도가 필요하다거나 학교에서 아이 상태에 대한 선생님의 관찰이 필요할 때

- **학교폭력 등 좀더 심각한 사안에 대해서 상의해야 할 때**
: 따돌림, 괴롭힘, 이전 학년에서 있었던 친구 갈등 문제 등 조금 무거운 주제를 알려드려야 할 때

- **아이가 선생님의 성향에 영향을 많이 받을 때**
: 아이가 선생님이 어떤 분인지에 영향을 많이 받는다면 대면 상담을 통해 아이와 맞는 부분, 조심해야 할 부분을 파악할 수 있고 가정에서 연계해서 지도할 수 있음.

- **아이가 선생님에 대해 이야기한 것을 실제로 확인하고 아이에게 설명해주는 게 좋을 때**
: 아이가 선생님이 너무 무섭다고 했는데 실제로 만나보니 목소리가 좀 큰 편이고, 사투리를 써서 그렇게 느꼈을 수 있다고 생각되면, 아이에게 다시 설명해줄 수 있음.

그렇지만 상황이 여의치 않아 어머니가 전화로 상담드린다고 해서 선생님이 '엄마가 아이에게 소홀하다'라고 생각하거나 '예의에 어긋난다'라고 여기지는 않습니다. 선생님이나 엄마의 성향에 따라 오히려 전화 상담을 더 편히 여기는 분도 많습니다. 아무래도 전화는 직접 얼굴을 마주 보지 않으니 외적으로 신경 쓰지 않고 상담 내용에만 집중할 수 있어서 더 낫다는 분도 많답니다. 중요한 것은 상담의 형식이 아니라 내용입니다. 선생님께 어떤 내용에 대

해 어떻게 말씀을 드릴까를 고민하는 것이 훨씬 더 중요합니다.

무슨 내용을 어떻게 물어봐야 할까요?

상담 시간은 학부모당 15~20분이 배정됩니다. 많은 이야기를 나누기에는 생각보다 짧아서 어떤 질문을 할 것인지 미리 준비하는 게 효율적입니다. 부모님은 궁금한 게 많겠지만 20분이라는 한정된 시간 내에 아이의 학교생활에 대해 1부터 10까지 모두 묻고 파악하기는 어렵습니다. 꼭 필요한 질문 리스트를 작성해보고, 특별히 걱정되는 점들(친구관계, 학습 태도, 생활 태도 등)이 있다면 그 부분에 집중해서 얘기를 나누시는 것이 좋습니다.

질문은 구체적인 게 낫습니다. 학부모가 "선생님, 우리 아이는 학교에서 잘 지내나요?"라고 물으면 범위가 너무 넓어서 교사는 "네, 잘 지냅니다"라고 하거나, "어떤 부분에 대해서 말씀드리면 좋을까요?"라고 되물을 수 있습니다. "우리 아이가 집에서는 조금 산만한데 학교에서는 잘 집중하는지 궁금합니다" 혹은 "우리 아이가 약간 내성적이어서 친구들한테 다가가는 것을 어려워하는데 친한 친구는 있는지, 어떤 친구랑 주로 어울리는지 궁금합니다"라며 세밀하게 묻는 것이 의사소통을 더 원활하게 만듭니다.

1학기 학부모 상담은 아직 학기 초라서 선생님이 아이들에 대해서 완전히 파악하지 못하고 있을 때가 많습니다. 주로 학부모가 아이의 특성에 대해 이야기하는 것이 좋고, 선생님이 꼭 알아야 하는 정보는 직접 전달하는 것이 좋습니다. 예를 들면 아이의 알레르기나 천식 여부, 정기적으로 병원에 다닌다면 어떤 치료를 받는지, 그래서 학교생활 중에는 어떤 활동에 제한이 있을 수 있는지 알려드려야 선생님이 아이의 생활을 기민하게 도와줄 수 있습니다. 이외에도 전년도 학급에서 특별한 일을 겪었다거나 갈등의 소지가 있을 만한 민감한 관계들이 있다면 알려드려야 합니다. 아이의 부족한 점을 선생님께 전달할 때는 이해하기 쉽도록 상황 중심으로 설명하고, 염려되는 부분과 가정에서 노력하고 있는 부분도 같이 전달하는 것이 좋습니다. 이외에도 아이의 성격이나 기질, 선생님께 도움을 받았으면 하는 점은 아래와 같이 구체적으로 전달합니다.

"선생님, 유민이가 원칙이나 규칙을 되게 중시하는 아이인데 다른 친구들이 정해진 규칙을 안 지키거나 자기 영역을 침범한다고 생각되면 본인 일이 아닌데도 오지랖을 부리고 이르고 화를 내요. 이럴 때는 유민이가 좀더 융통성을 가질 수 있도록 다른 친구 입장에서 설명해주시면 많은 도움이 될 것 같습니다. 집에서도 제가 다른 친구 입장을 설명해주려고 애쓰는데, 제 설명이 납득되면 화를 안 내더라고요."

"선생님, 현우는 눈 깜빡이는 틱이 있는데 안 그래도 그것 때문에 친구들이 자꾸 쳐다본다고 해요. 아이들이 너무 관심을 갖고 증상에 대해서 장난스럽게 얘기하거나 놀릴까봐 걱정돼요. 아이들이 현우를 놀리거나 할 때 이런 점에 대해서 설명해주시면 감사하겠습니다."

2학기 학부모 상담은 학습 수준과 학습 태도, 친구관계, 아이의 훌륭한 점과 부족한 점에 대해서 선생님이 자세히 얘기해줄 수 있습니다. 수업 시간에 참여도는 어떤지, 발표는 잘하는지, 어떤 친구랑 잘 지내고 어떤 친구랑 문제가 있는지, 과도한 행동을 하지는 않는지, 너무 예의 없게 굴지는 않는지, 어떤 학습에 강점이 있고 어떤 학습에 보충을 필요로 하는지 세세하게 묻는다면 선생님이 평소 보고 느낀 바를 이야기해주실 것입니다.

표 2. 학부모 상담 때 질문 목록

1. 교우관계
- 아이가 어떤 친구와 잘 어울리나요?
- 혹시 친구들과 다툼을 벌인 적은 없나요? 그랬다면 그 해결 과정은 어땠나요?
- 아이가 친구들과 함께 있을 때 주도적인 편인가요, 아니면 맞춰주는 편인가요?
- 친구들 속에서 자기 생각이나 의견을 잘 표현하나요?

2. 학습 태도
- 수업 시간에 집중을 잘하나요?
- 발표나 질문은 적극적으로 하는 편인지요?
- 바르게 앉아서 수업에 참여하나요?
- 수업 시간에 준비물은 잘 챙기나요?
- 자기 자리나 주변 정리는 잘하나요?

3. 학습
- 수업 내용을 이해하는 데 어려움은 없나요?
- 아이가 잘하거나 흥미를 느끼는 활동과 과목은 무엇인가요?
- 학습에서 또래에 비해 잘 따라가지 못하거나 부족한 부분이 있나요?

4. 학교생활
- 선생님께 예의를 잘 지켜서 행동하나요?
- 정해진 규칙이나 선생님의 지시에는 협조하며 잘 따르나요?
- 쉬는 시간에는 주로 뭘 하면서 보내나요?
- 급식 시간에 편식이 심하지는 않은가요?
- 다른 친구들에게 방해가 되는 점은 없을까요?

선생님에 따라서는 아이의 좋은 점 위주로 말하는 것이 학부모와 서로 감정 상하지 않고 상담을 끝낼 수 있어서 그런 방법을 택하기도 하니, 아이의 부족한 점도 꼭 여쭤보시길 바랍니다. 또 성향에 따라서 어떤 선생님은 괜찮다, 애들이 다 그렇다고 허용적으로 말씀하시기도 하고, 또 다른 선생님은 너무 사소한 부분까지 지적하며 문제가 있다고 말씀하시기도 합니다. 선생님의 성향이나 기준점을 잘 파악하고, 엄마가 선생님께 들은 내용을 그대로 전달하거나 무작정 혼내기보다는 다시 한번 거르고 해석해서 아이에게 설명해줘야 한다는 점도 기억해야 합니다.

아이에 대해 선생님께 알려드려야 할 것

상우(초1, 남)는 유치원에 다닐 때부터 행동이 산만하다는 말을 자주 들었습니다. 착석이 잘 안 되었고, 흥미 없는 시간에는 일어서서 돌아다녔습니다. 무슨 일이든 기다리는 것을 못 해 친구들과도 문제가 많았고 시간 내에 해야 할 수행 과제들을 제때 끝내지 못했습니다. 유치원 선생님이 초등학교 들어가기 전 심리 검사나 상담을 받아보라고 권유하셨는데, 상우는 소아정신과에서 ADHD 진단을 받아 약물 투약을 시작했습니다. 치료는 꽤 효과적이어서 이후로는 유치원에서 문제 되었던 행동이 많이 좋아지고 차분해졌다는 이야기를 들었습니다.

상우의 예처럼 치료를 시작하고 난 후 맞이한 첫 학년이나 새

학기 시작 전 진료실에서 듣는 어머니들의 단골 질문이 있습니다. 바로 "우리 아이가 진단을 받았고, 지금 약을 먹고 있는 것을 선생님께 꼭 말씀드려야 할까요?"입니다. 진단 사실을 섣불리 알렸다가 선생님이 아이에 대한 편견이나 선입견을 가질 수 있고, 어떤 문제가 생겼을 때 치료받는 아이라는 이유로 불합리한 대우를 받을 것 같다는 것입니다.

아이가 처한 상황이나 환경에 따라 예외가 있을 순 있겠지만, 저는 처음부터 알리기보다 시간을 두고 선생님의 성향이나 아이의 학교생활을 조금 지켜보시라고 말씀드립니다. 만약 아이가 어떤 진단을 받았지만 충분한 치료를 받아서 문제 될 만한 행동이나 증상이 없고 어려움 없이 잘 적응하고 있다면, 꼭 선생님께 알려야 하는 건 아닙니다. 아이의 상황, 학교 환경 등을 종합적으로 고려해 신중하게 결정하고 선생님과 꾸준히 소통하며 아이의 학교생활을 점검해야 합니다. 아이가 처한 상황은 시간이 흐르면서 달라질 수 있어 알리거나 알리지 않기로 했던 결정도 바뀔 수 있습니다.

선생님이 진단 사실을 알게 되면 아이가 겪고 있는 어려움이나 행동을 좀더 이해하고 적합한 교육 지원을 제공할 수 있습니다. 예를 들어 수업에 집중하거나 규칙을 따르는 데 어려움을 겪는 ADHD 아이라면, 선생님이 자리를 앞쪽으로 배치하거나 혹은 비슷한 성향의 아이와는 거리를 둬주고, 아이에게는 같은 메시지라도 더 간결하고 명확하게 전해준다거나 하는 방식으로 도울 수 있습니다. ADHD 아이들은 부주의하거나 행동이 과하기 때문에 칭찬받는 경험이 적어서, 잘한 일은 잘했다고 찾아서 칭찬해주는 것도 매우 중요한데요. 이전에 진료실에서 만난 한 ADHD 아이의 어머니가 학부모 상담 때 선생님께 아이의 작은 점이라도 칭찬해주시면 좋겠다고 말씀드렸더니, 선생님이 매일 알림장에 그날의 칭찬할 점을 찾아서 따로 적어주신다고 하셨습니다. 어머니는 이 점을 무척 감사해했고, 저도 선생님의 정성에 크게 감동했던 기억이 있습니다. 이외에도 아이가 약 부작용이나 증상과 관련된 어려움을 겪을 때 선생님이 학교에서 적절한 조치를 취하고, 필요할 때는 학부모에게 연락해 빠르게 대처할 수도 있습니다.

저는 진료실에서 어머니들께 선생님과 아이의 최근 학교생활에 대해 간단하게라도 의견을 나눈 후 진료를 보는 것이 좋다고 말씀드립니다. 특히 첫 진료에서는 학교생활에 관한 선생님의 의견이 진단이나 치료 방향을 결정하는 데 매우 중요한 근거 자료가 됩니다. 대표적인 예로, 초등학교 저학년 학생이 많이 복용하는 ADHD 약물은 작용 시간이 6~8시간으로, 이는 대부분의 아이가 학교에서 보내는 시간에 해당됩니다. 즉, 약물의 효과나 부작용이 가장 뚜렷이 관찰되는 시간대가 아이가 학교에 있는 때이고, 이때 아이의 행동 변화를 가장 가까이서 관찰할 수 있는 분은 바로 선생님입니다. 아이가 복용하는 약물의 효과나 부작용의 정도를 파악할 때도 선생님의 의견이 매우 중요해서, 저는 진료실에서 "선생님이 요즘 ○○이에 대해서 어떻다고 말씀하세요?"라고 묻는 편입니다. 요즘 어떤 선생님들은 아이의 최근 행동이나 학습 태도의 변화에 대해 상세히 기술해서 어머니를 통해 보내오는데요, 그러면 학교에서 아이의 모습이 머릿속에 분명하게 그려지면서 진료실에서의 의사결정 과정도 수월해집니다. 아이를 둘러싼 선생님-의사-학부모의 연결 고리가 더 단단해지고, 각자의 자리에서 아이를 위해 협력하고 있다는 유대감이 크게 느껴지는 순간이기도 합니다.

경호(초5, 남)는 고기능 자폐스펙트럼 장애 진단을 받은 아이였습니다. 경호는 언뜻 보기에 말을 잘하고 학습을 따라가는 데도 큰 문제가 없었지만, 더 깊이 이야기해보면 다른 사람의 감정을 이해하고 공감하는 데 어려움이 있었습니다. 친구들의 표정이나 몸짓, 말투 등을 이해하거나 거기에 반응하는 게 어색했고, 친구들과 대화를 이어가기보다는 자기가 좋아하는 역사나 공룡에 관해서만 끊임없이 이야기하는 편이었습니다. 하루는 몇 명의 반 친구가 보드게임을 하고 있는 모습을 다른 친구들이 둘러싸며 구경하는 일이 있었는데, 경호는 친구가 게임하는 장면을 더 잘 보기 위해 같은 반 여자 친구의 무릎에 앉았습니다. 경호는 다른 성별의 무릎에 앉는 것이 기분 나쁠 수도 있다는 것을 이해하지 못했고, 저학년 때처럼 친구를 사람이 아닌 의자 같은 대상으로 여겨 한 행동이었는데, 그 친구는 경호의 신체 접촉에 기분 나빠하면서 문제를 제기했습니다. 경호는 여자 친구가 기분 나빠하는 이유를 잘 이해하지 못해 건성으로 사과하고 회피하려고만 해 문제는 더 커졌습니다. 경호의 부모님은 아이가 자폐스펙트럼 장애를 진단받은 것을 학교에는 알리지 않았습니다. 이런 문제가 발생할 때마다 말하는 게 좋을지 고민되었지만, 선생님께서 선입견을 갖게 될까봐 두려워 끝내 알리지 않는 쪽을 택했습니다. 하지만 이후 경호는 친구들과의 사이가 멀어지고, 엄마들 사이에서도 '예측할 수 없는 행동을 하는 아이'로 소문나서 점차 학급에서 소외되기 시작했습니다.

경호처럼 고기능 자폐스펙트럼 장애 진단을 받은 아이들은 다른 사람의 입장을 잘 고려하지 못하고 행동의 사회적 의미를 알지 못해 어려움을 겪을 수 있습니다. 만약 선생님이나 친구들이 이런 사실을 모른다면 아이의 행동과 의도를 오해할 우려가 있습니다. 이 같은 문제가 반복되어 점점 친구들로부터 소외된다면 아이가 우울감을 느낄 수 있고, 사회적인 발달에도 좋지 않은 영향을 끼칠 수 있습니다. 반대로 선생님께서 아이의 특징을 잘 이해하고 계시다면 적절한 도움을 줄 수도 있습니다. 예를 들면 선생님이 아이가 또래와 상호작용하는 모습을 세심히 관찰해서 특히 부족한 부분들을 파악하고, 아이의 사회성 기술 향상을 위해 친구들과 함께 있을 때 연습 기회를 제공하기도 하며, 갈등이 있을 때는 다른 친구들과 오해가 깊어지지 않게 하고, 갈등이 확대되지 않도록 중재할 수도 있습니다.

아이들은 학교에서 생활하는 시간이 하루 중 커다란 부분을 차지하고, 선생님은 그 시간 동안 아이들을 보살피며 가르치는 분입니다. 선생님은 아이들의 학습뿐 아니라 사회적, 정서적인 교육과 돌봄도 함께 책임지는 분이므로 선생님을 믿고 아이의 세부적인 환경, 건강 상태, 가정사, 가족의 형태 등에 대해서도 공유하는 것이 좋다고 생각합니다. 이혼이나 사별 가정이라면 선생님이 미리 알고 계실 때 아이의 가족 관련 정서나 감정을 더 세심히 배려해 주시고, 아이가 상처받거나 자극되는 언행 등을 하지 않으려고 노력하실 것입니다.

4.
공개수업

아이가 학교에 입학하고 처음 맞는 학부모 공개수업, 설렘 반 걱정 반으로 기다리시지요? 공개수업은 아이의 학교생활을 직접 눈으로 확인하고, 선생님과 소통하며 교육에도 참여할 수 있는 특별한 경험입니다.

공개수업에서는 아이가 어떤 모습과 태도로 수업에 임하고, 친구들과 어떻게 어울리는지 직접 관찰할 수 있습니다. 모둠 활동에서는 우리 아이가 어떤 역할을 하는지, 발표할 때는 어떤 목소리와 태도인지, 선생님 말씀에 귀를 잘 기울이는지, 친구들하고의 관계는 어떤지를 한눈에 파악할 수 있는 좋은 기회입니다.

또 공개수업에는 선생님의 평소 수업 방식과 교육철학, 가치관이 잘 녹아 있어 수업 유형을 파악하며 우리 아이가 어떻게 적응하고 맞춰갈 수 있을지에 대한 구체적인 고민도 할 수 있습니다.

교실 뒤판이나 칠판 옆 등을 잘 살펴보면 평소 아이들이 만든 작품이나 교실 프로젝트, 모둠별 활동의 결과물이 전시되어 있는데, 거기서도 우리 아이의 흔적을 찾아보는 것은 매우 사랑스럽고 흥미로운 일일 것입니다.

실제로 공개수업 날 학교 전체가 기대로 들썩이는데요. 아이들은 평소보다 깨끗이 자기 책상이나 주변을 정리하고, 엄마가 보는 앞에서 오늘은 꼭 발표를 하겠다고 다짐하면서 즐거워하기도 합니다. 선생님도 부모님들께 좋은 인상과 신뢰감을 주려고 수업 준비에 열성을 다합니다. 옷을 신경 써서 입는 것은 물론이고, 본인이 가장 자신 있어하는 수업 방식과 과목을 선정하며, 아이들이 모둠 활동이나 발표를 원활하게 하도록 많은 장치를 고민하고 준비합니다.

저학년일수록 엄마나 아빠가 학교에 오는 것을 기다리고, 또 저학년 학부모님들은 워낙 아이의 학교생활에 관심이 많다보니 참석률이 높습니다. 부모님이 오지 않으면 서운해하고 속상해서 울거나 하기 때문에 아이가 어릴수록 공개수업에 참석하는 것이 좋습니다.

공개수업 날 시작 10분 전에는 교실에 도착하시도록 권해드립니다. 왜냐하면 아이들은 엄마 아빠가 오는 것을 엄청 기대하고 있기 때문입니다. 실제 공개수업을 진행했을 때 시작 전까지 부모가 온 것을 확인하지 못한 아이들은 내내 출입문과 뒤를 돌아보며 수업에 집중하지 못합니다. 여유 있게 도착해서 우리 아이에게 손과 눈인사도 하고, 오늘 수업 잘하라고 격려도 해주고, '엄마가 너 보러 왔어. 여기 서 있을게'라며 안심시켜주는 과정이 필요합니다.

또 아이들은 부모님의 외모에도 민감한 편이어서 '학교 올 때 예쁘게 하고 오세요'라는 말도 하는데요. 보통은 공개수업 이후에 학부모 총회 등도 진행되므로 너무 캐주얼한 차림에 꾸미지 않은 모습보다는 약간 격식 있는 차림새로 가는 것을 추천합니다. 저학년일수록 본능적으로 친구의 부모와 자기 부모의 외모나 차림새, 꾸밈을 비교하는 경향이 있습니다. 실제로 저는 공개수업에 한 학부모가 너무 신경 쓰지 않고 오셨다가 아이가 '엄마 너무 못생겼다'고 말하고는 사람들 많은 데서 울어 상처받고 속상해하던 분도 본 적이 있습니다.

공개수업을 참관할 때는 아이와 약간 떨어진 곳에 서 있는 것이 좋습니다. 특히 뒷자리에 앉아 있는 아이라면 엄마나 아빠와 너무 가까이 있을 때 계속 쳐다보거나 말을 걸면서 수업에 집중하지 못하기도 합니다.

참관 후에는 엄마나 아빠에게로 달려오는 아이를 안아주고 수업 시간에 잘했던 점을 찾아서 칭찬해주면 좋습니다. "민우는 발표를 아주 씩씩하게 하던데?" "아까 엄마가 보니까 라윤이가 아직 다 못 한 친구를 도와주더라. 너무 멋있었어" "선생님 말씀에 하니가 눈을 반짝거리고 집중하는 걸 보니까 너무 대견하더라" 등의 구체적인 이야기로 우리 아이와의 수업 참관 뒤풀이도 꼭 해보시길 바랍니다. 설령 아이가 수업 시간에 약간 엉뚱한 짓과 수업 분위기를 흐리는 말을 했더라도 그런 걸 지적하기보다 잘한 점을 찾아서 칭찬해주실 때 아이의 뿌듯한 표정을 보실 수 있습니다.

부모님이 두 분 다 사정이 여의치 않을 때는 조부모님 참석을 고려하기도 합니다. 조부모님의 공개수업 참여 여부는 아이와 충분히 상의하고 결정하는 것이 좋습니다. 주양육자처럼 아이와 친밀한 조부모님도 있지만 가끔 얼굴 보며 지내는 사이라면 아이가 부담스러워하거나 어색해할 수 있습니다. 아이가 싫어하는데 억지로 참여하는 것은 오히려 역효과를 낼 수 있으니, 아이에게 사정을 말하고 조부모님이 참석해도 괜찮은지 그 생각을 들어보는 게 필요할 것 같아요.

형제가 같은 날 공개수업을 한다면 부모가 나눠서 가는 것이 좋겠지만, 엄마가 두 아이의 공개수업에 모두 참석해야 할 상황이라면 아이들에게 사정을 미리 설명하는 것이 좋습니다. "엄마가 유진이(초6, 여)랑 세진이(초2, 남) 수업에 모두 가야 해. 끝까지 있으면 좋겠는데 그럴 수 없어서 유진이 교실에 먼저 갔다가 중간에 세진이 교실로 갈게. 너희가 이해해줬으면 좋겠어"라고 말하고, 아이들이 서운해하면 그 마음에도 공감해주세요. 초등학교 고학년이 되면 사춘기 아이들은 자기 모습을 엄마가 지켜보는 게 부담스럽다면서 공개수업에 오지 말라고도 하기 때문에 의외로 이 과정은 수월할 수도 있습니다. 저학년 동생의 수업 태도나 적응 문제가 고학년보다는 더 중요하므로 저학년 아이의 공개수업 참여에 좀 더 비중을 두는 것이 좋습니다. 중간에 나갈 일정이 있다면 출입문 근처에 서 있다가 수업에 방해가 안 되는 시점에 조용히 나가시면 됩니다.

부모님이 공개수업에 참석하는 것만으로도 아이들은 부모님의 관심과 사랑을 느끼고 크게 기뻐할 것입니다. 집에 돌아가서는 아이와 함께 학교에서 봤던 교실 환경이나 주위 친구들 이야기를 하면서 공감대를 형성하고, 아이가 발표한 내용이나 좋았던 태도에 대해 칭찬과 격려를 아끼지 않는다면 모두에게 기억에 남는 하루가 되지 않을까요? 아이는 부모님의 관심과 격려에 힘입어 학교생활에 더 적극적으로 참여하고, 자신감이 커질 것입니다.

5.
학부모 참여 활동

아이가 임원이면 엄마가 학교 일을 적극적으로 해야 할까요?

중, 고학년이 되면 임원 선거를 통해 학급 회장과 부회장을 선출합니다. 학급 대표 어머니는 보통 임원의 어머니가 맡아서 하기에, 우리 아이가 회장이나 부회장이 되었다고 하면 기쁘면서도, 한편으로는 학급 대표 학부모가 되어 뭔가 책임지고 해야 한다는 생각에 부담스러울 수 있습니다. 특히 워킹맘이라면 시간이 자유롭지 못해 학교에 직접 방문해서 도움을 줘야 할 일이 많을까봐 걱정부터 앞섭니다. 연차를 내기가 어려운 워킹맘 학부모들이 학교 봉사 참여 아르바이트를 구하는 일도 요즘에는 흔하다고 하니, 그만큼 참여에 고충이 많으신 것 같아요.[1]

제가 선생님으로 근무하던 10여 년 전만 해도 학급 대표 어머니의 도움을 받아야 할 때가 종종 있었고 연락드려야 할 일도 생겼습니다. 교실 대청소나 아이들 간식 준비 등을 돕기도 하고 운동회나 바자회 같은 행사에는 직접적인 도움을 주기도 했습니다. 그래서 당시에 선생님들 사이에는 알아서 척척 센스 있게 도와주시는 학급 대표 어머니를 만나면 1년이 편안하다는 말도 있었습니다. 그러나 최근에는 학급 대표 어머니에게 도움을 요청하는 일이 거의 없어서 이전보다 부담이 줄었다고 합니다. 그렇더라도 여전히 학부모의 도움이 꼭 필요한 일이 생기면 선생님은 학급 대표 어머니께 가장 먼저 연락하고, 대표 어머니는 선생님과 의논한 것들을 다른 어머니들과 공유하며 전달하게 됩니다. 물론 그 역할은 학교 실정이나 선생님 성향에 따라 조금씩 달라질 수 있습니다.

학급 대표 어머니가 되면 대개 단체 메시지 방을 만들고, 엄마들 모임을 추진하기도 합니다. 최근에는 단체 메시지 방이 꼭 필요한가에 대한 의견이 분분하기도 해 학교마다, 또는 학급마다 다르다고 합니다. 채팅방을 만들거나 모임을 추진하는 것이 의무는 아니고, 안 한다고 해서 불이익이 생기는 것도 아니므로 개인의 상황에 맞춰서 선택하시면 됩니다. 그렇다고 해서 학급 대표 어머니의 역할을 너무 무심하게 여기거나 가볍게 생각하지는 않아야 합니다. 시간이나 상황이 여의치 않더라도 학급 일에 관심 갖고 할 수 있는 일들을 찾아서 하시는 정도의 책임감은 필요합니다.

학급 대표 어머니와는 달리 학부모회는 학급 내 모임이 아니라 학부모회에 가입된 전체 학부모 모임인데, 학교의 다양한 행사나 교육 활동에 적극적으로 도움을 주는 단체입니다. 학급 대표 어머니들도 대부분 소속되어 있지만 학교에 직접 방문해서 여러 행사를 주도하거나 지원하기 때문에 시간 여유가 있는 어머니들이 활동하시는 것이 좋습니다. 여러 가지를 챙겨야 하고 학교에 들러서 직접 해야 할 일이 많지만, 선생님들과 가깝게 교류할 수 있고, 학교 정보를 직접 보고 들을 수 있다는 장점이 있습니다. 같은 관심사를 가진 어머니들과 만나서 친분을 쌓을 수 있고, 아이가 저학년일수록 부모님이 학교 일에 많이 참여하는 것을 자랑스러워하고 뿌듯하게 여기기도 합니다. 각자의 상황과 여건에 따라 학부모 활동을 고려하도록 하며, 도저히 할 수 없는 일은 주위 눈치나 압박 때문에 억지로 하겠다고 결정하지 않아도 괜찮습니다.

학부모의 참여보다 훨씬 더 중요한 것은 아이가 학급 임원으로서 가져야 할 마음가짐이나 태도를 가정에서도 가르치는 일입니다. 임원이라고 해서 다른 친구들에게 명령하거나 지시하는 것이 아니라 모범적인 태도를 보이고, 선생님과 친구들 사이에서 연결다리가 되어주며, 도움을 주는 역할을 앞장서서 하도록 지도해야 합니다. 어려운 친구들이 주위에 있는지 살펴보고 돕기, 궂은일은 앞장서서 하기, 선생님의 심부름을 책임감 있게 하기, 학급 규칙 잘 지키기 등 아이가 학급에서 맡은 역할을 적절히 수행하고 있는지 관심 있게 지켜보고 한 학기 혹은 1년 동안 책임을 다할 수 있도록 격려하는 것이 임원 어머니의 더 중요한 임무라고 할 수 있습니다.

봉사활동은 꼭 해야 할까요?

보통은 공개수업과 학부모 총회가 같은 날 이뤄지고, 총회 때는 선생님의 간단한 소개와 인사 말씀 및 대화가 오간 뒤 학부모 봉사 지원을 받기 시작합니다. 반마다 학부모 인원 수가 할당될 때도 많아서, 순조롭게 여러 학부모님이 지원해주시면 화기애애하게 끝나지만, 아무도 지원하지 않으면 서로 눈치만 보며 어색한 침묵이 감돕니다. 제가 선생님으로 일할 때도 항상 어머니 모집이 어려웠고, 정적을 깨고 '제가 한번 해보겠습니다'라며 손 들어주시는 어머니가 나타나면 얼마나 감사했는지 모릅니다. 우리 반에 지원하는 부모님이 많다면 정해진 봉사활동 횟수가 줄어 부담도 덥니다. 희망하는 부모님만으로 운영하는 것이 불가능하다면 의무로 돌아가면서 봉사하도록 하는 학교도 있고, 요즘에는 시니어 자원봉사자들의 도움을 받기도 합니다. 여러 이유로 부모님이 참여할 수 없는 상황이라면 선생님께 사정을 말씀드리고, 바자회나 운동회 등 다른 기회가 생겼을 때 적극적으로 임하시는 것도 좋습니다.

녹색어머니회 활동을 예로 든다면, 이른 아침이나 오후에 시간 내서 참여하는 게 귀찮고 힘들 수 있지만 이를 통해 얻는 여러 이

점도 있습니다. 먼저, 아이들이 안전하게 등하교하는 모습을 직접 확인하며 안심할 수 있고, 선생님 및 다른 학부모들과 교류하면서 가까워질 수 있습니다. 또 부모님이 봉사하는 모습을 아이에게 직접 보여줌으로써 봉사정신과 책임감의 본보기가 될 수 있습니다. 요즘에는 녹색어머니회에 아버지들의 참여가 늘고 있어서 어머니의 시간이 여의치 않다면 그 방법도 고려해볼 수 있습니다.

6.
학교생활

학교 적응에 어려움 있는 아이, 대안학교가 좋을까요?

가을이(초1, 여)는 ADHD를 진단받은 뒤 약물 복용과 놀이치료 등을 했지만, 학교에서 여전히 많은 문제 행동을 일으켰습니다. 좋아하는 것에는 집중하지만, 그룹 활동 시간에는 일어나서 돌아다녀 선생님께 지적을 많이 받았습니다. 친구들과 어울리고 싶은 마음은 큰데 갈등이 생기면 친구를 손으로 꼬집고 때려서 한 달에 두세 번은 다른 학부모들로부터 연락을 받았습니다. 가을이 어머니는 지금 학급의 인원수가 많은 데다 선생님이 아이 문제에 적극적으로 개입하지 않아서 문제가 반복된다고 생각하고, 작은 시골 학교에 가면 해결될 수 있지 않을까 싶었습니다. 선생님이 아이를 좀더 세밀하게 봐주면 갈등도 민원도 줄어들 테니 아무래도 전학이 답이라고 여겨졌습니다.

가을이처럼 아이가 초등학교 적응에 어려움을 겪고 있을 때 어머니들은 학교 환경을 바꾸는 게 도움이 될지 고민합니다. 학급 수가 적은 시골 학교나 대안학교는 아이의 상황에 따라 좋은 선택지가 될 수도 있지만, 몇 가지 고려해야 할 사항이 있습니다.

첫째로는 아이가 학교생활 중 어떤 부분에 어려움을 느끼는지 자세히 파악하는 것이 중요합니다. 사회성이나 친구관계 문제인지, 학업을 따라가는 게 어려운지, 규칙 준수나 선생님과의 관계가 힘든 것인지를 정확히 알아봐야 합니다.

소규모 학교나 학급에서는 아무래도 선생님의 관심과 개별 지도를 더 많이 받을 수 있고 친구들과 더 가깝게 지낼 수 있습니다. 하지만 다양한 또래집단을 경험하기 어려워 아이의 사회성을 키우는 데 제약이 따를 수 있습니다. 규모가 좀 있다면 한 학년에서 친구관계의 어려움을 경험했다 하더라도 학년이 바뀌면서 새롭게 리셋할 기회가 주어지기도 합니다. 반면 소규모 학교에서는 고정된 인원의 친구들과 선생님이 해가 바뀌어도 이어지곤 해 한번 낙인찍히면 고착화될 가능성이 있습니다.

소규모 학교라 해도 단체 활동에 참여하거나 친구 사이에서 일어날 수 있는 일들이 대규모 학교와 크게 다르지 않습니다. 학교 형태나 환경을 바꾸기보다는 내가 좋아하지 않는 일도 참고 견디며, 선생님의 지시에 따르고, 갈등 상황에서 행동이 아닌 말로 표현하도록 아이를 교육하고 연습시키는 것이 더 중요합니다. 이런 노력이 뒷받침되지 않고 단순히 환경을 바꾸는 것은 경계해야 합니다.

정답이 정해져 있는 것은 아닙니다. 그럼에도 불구하고 환경을 바꾸는 것이 아이에게 필요하다고 생각되면 시골 학교나 대안학교를 직접 방문해 분위기를 살피고, 선생님들과 상담하면서 어떤 부분에 중점을 두어 교육하는지 그 교육관을 파악하는 것이 중요합니다. 아이에게도 어머니가 생각하는 여러 선택지를 알려주고 스스로 장단점을 생각해보게 하며, 아이가 어떤 환경에서 더 잘 지낼 수 있다고 여기는지 그 의견도 귀 기울여 들어야 합니다. 가끔 부모님은 원래 살던 지역에 남아 일하고, 아이만 전학시켜 시골 할머니 댁으로 보내는 사례도 봤는데요. 아이에게 맞는 환경으로 바꾸기 위해 주양육자와 떨어지는 것은 또 다른 정서적 문제를 야기할 수 있습니다. 아이의 문제와 상황에 맞는 최선의 선택지를 고르기 어렵다면, 소아정신과 의사나 양육 관련 전문가의 도움을 받아 예상되는 문제를 충분히 고려한 뒤 신중하게 결정해야 합니다.

학교와 가정, 어떻게 협력해야 할까요?

성민이(초1, 남)는 어릴 때부터 기르기 까다로운 아이였습니다. 자신이 원하는 대로 되지 않으면 소리 지르고 짜증 내고 다른 사람을 때리며 화를 냈고, 그런 패턴이 한 시간 넘도록 계속돼 엄마는 결국 아이가 원하는 대로 해주었습니다. 주변 환경 변화에도 너무 예민해서 아침에 일어나는 상황이나 엄마가 깨우는 목소리가 평소와 조금이라도 다르면 짜증을 냈습니다. 옷도 속옷이랑 겉옷 색깔을 맞춰야 한다든지 특정 티셔츠와 청바지를 꼭 입어야 한다든지 하는 자신만의 룰이 있어서 이걸 못 지키면 엄마나 주변 사람들에게 소리 지르고 화를 냈습니다. 학교에서도 발표 욕구가 강해 자기 차례가 곧바로 오지 않으면 분노를 폭발시켰습니다. 친구들하고의 관계에서도 갈등이 많았습니다. 차례로 줄을 서다가 친구가 성민이 앞으로 지나가기만 해도 새치기했다고 화내며 때리고, 잘 지내다가도 갑자기 기분이 상하면 집에 가겠다며 떼를 쓰고 물건을 집어던졌습니다. 그럴 때면 선생님도 어쩔 도리가 없어 집에 보내주었습니다. 그런 상황에서 성민이 엄마는 좋은 말로 설득하다가도 한계에 다다르면 같이 고함치고 화를 냈습니다. 조부모님들도 성민이 봐주는 것을 버거워했고, 성민이 아빠는 일이 바빠 아이 양육에 참여할 수 없었습니다. 성민이 엄마는 '아이가 이렇게 된 게 나 때문인가' 싶어 너무 우울했고, 이 상황을 도저히 해결할 수 없을 것 같아 절망감이 들었습니다.

성민이는 자기감정과 행동 조절이 어렵고, 학교에서는 문제 행동이 반복되어 소아정신과를 방문했는데요. 진료 후 종합심리평가를 시행하고 과잉행동, 충동성, 예민함 등을 조절하기 위한 약물치료를 시작했습니다. 이후 병원 내 특수교사와 부모님, 선생님이 일관된 훈육과 규칙을 적용하기 위해 서로 의논하고 조언을 구하며 각자의 자리에서 다 함께 노력했습니다.

선생님은 아이의 상황을 잘 이해해주고 학교라는 단체에서도 아이에 맞게 개별화해 교육하고자 애쓰셨습니다. 예측 불가능하고 변화되는 것을 싫어하는 성민이를 위해 미리 규칙을 정하고, '지금 세 명이 손 들었는데 성민이는 두 번째로 발표해보자'라고 하는 등 예상되는 결과는 미리 설명해주었습니다. 친구들에게는 성민이에 대한 이야기를 따로 하는 시간을 갖고, 성민이는 우리가 돕고 배려해줘야 하는 친구임을 알려줘 성민이가 화낼 때 싸우지 말고 선생님에게 도움을 요청하라고 교육했습니다. 성민이에게는 마음대로 되지 않을 때 울고 떼쓰지 않도록 했습니다. 대신 '나 이거 힘들어요, 이거 어려워요' 등의 말로 바꿔서 표현하도록 반복해서 교육했고, 실제로 이렇게 표현했을 때는 '성민이가 화내지 않고 속상한 마음을 말로 표현한 것은 정말 훌륭해'라며 칭찬을 아끼지 않았습니다. 교과 수업도 변경 가능한 부분이 있다면 성민이가 좋아하는 활동을 일과 중 뒤쪽에 배치해 아이가 그 시간을 기다리며 학교에 머무를 수 있게 했습니다. 그럼에도 불구하고 성민이가 진정되지 않을 때는 다른 공간으로 데려가 선생님이 화내지 않고 차분하게 이야기하며 감정을 조절하도록 기다려주었습니다.

병원에서는 부모 교육 시간을 정기적으로 가지고 가정에서도 엄마가 상황마다 잔소리하는 것을 줄이며 큰 시스템 안에서 꼭 필요한 말만 하도록 교육했습니다. 전날 저녁에는 아이가 입고 싶은 옷을 미리 준비해 아침에 짜증내는 상황이 생기지 않도록 했습니다. 한번 안 된다고 한 것은 아이가 어떤 행동을 해도 얻지 못한다는 것을 알려주고, 아이의 감정이 고조되었을 때는 적절히 무시하고 버티는 게 필요하다고 말씀드렸습니다. 지금까지 비일관적인 양육 태도와 위협, 고함으로 아이의 문제 행동을 다뤄왔다는 것을 알려주고, 일관성 있는 규칙하에 학교와 가정에서 문제 행동을 반복적으로 다룬다면 아이의 행동이 변화될 수 있다고 격려했습니다. 이런 변화는 시간이 꽤 걸리는 것이어서 엄마가 중심을 잘 잡아 지치지 않고 견뎌내는 것이 중요하다고 말씀드렸습니다.

성민이 엄마는 병원에서 시행하는 부모 교육에도 열심히 참여하시고, 거기서 배운 내용을 가정에서 지키려고 노력했습니다. 선생님도 교실에서 성민이에게 적용할 부분들을 일관되게 실천하려고 최선을 다하셨습니다. 엄마와 선생님은 가정과 학교에서 일어나는 일을 공유하면서 소통했고, 난관에 부딪힐 때는 병원 특수교사와의 상담을 통해서 잘못하고 있는 부분을 찾아 시정하기도 했습니다.

몇 달이 지나자 성민이가 학교에서 화내면서 사라지거나 집으로 오는 일이 줄었고, 분노 폭발도 이전보다 강도나 횟수가 줄어드는 모습을 보였습니다. 이 같은 변화에 대해 엄마와 선생님이 모두 칭찬하고 인정해주자 아이도 바뀌려고 더 노력했습니다. 성민이 엄마는 '학교 정규 시간을 다 하고 집에 오니 너무 기분이 좋아요. 제가 이런 마음이 되니 아이한테도 훨씬 더 다정하게 말할 힘이 생기는 거 같아요'라고 하셨고, 엄마하고의 관계가 좋아지니 아이도 더더욱 엄마 지시에 잘 따르기 시작했습니다.

이것은 가정과 학교에서 잘 협력해 아이의 문제 행동을 다루었던 좋은 사례입니다. 물론 지금도 아이는 간간이 화내고 소리 지르며 짜증을 내기도 할 겁니다. 아이의 문제 행동이 하나도 없어야만 문제가 해결된 것일까요? 아닙니다. 이전보다 빈도나 강도, 지속 시간이 줄어들고, 이번엔 잘 안 되더라도 다음번에는 다시 해보려 노력하는 것 모두가 아이가 긍정적인 방향으로 변화하고 있다는 증거입니다. 아이는 어른과 달리 끊임없이 성장하고 발달하기 때문에 해가 갈수록 이런 노력과 변화가 모여 스스로의 행동이나 감정을 더 잘 조절하게 될 것입니다. 그리고 이런 변화 뒤에는 선생님과 엄마의 멋진 파트너십이 있었습니다.

이런 이야기가 너무 이상적이라고, 현실에서는 불가능하다고 생각하실지도 모르겠습니다. '어떤 선생님이 저렇게까지 하시나요? 다른 애들 보기도 바쁜데 한 명한테 저렇게 신경 쓸 수 있을까요?'라고 생각할 수도 있을 것 같아요. 하지만 요즘에는 선생님들 사이에서도 아이들의 행동 문제에 관심 있는 분이 늘어나서 연구회나 소모임 등을 자체적으로 진행합니다. 또 어떻게 하면 아이들을 잘 도와줄 수 있을까, 학교라는 사회에서 아이가 잘 적응하며 지낼 수 있게 할까에 대해 공부하는 분이 많다고 합니다. 제게도 아이들 문제에 대한 고민을 상담하거나 자문을 구하는 선생님들이 꽤 있는데요. 개인적인 생각이지만 가까운 미래에는 병원, 학교, 가정이 삼각형의 세 꼭짓점처럼 아이를 안전하게 둘러싸고 협력할 수 있는 시스템이나 의사소통 창구가 지금보다 더 많이 생기고, 제도화될 수 있으면 좋겠습니다.

▲

　아이가 학교라는 작은 사회에서 적응하고 사회성을 키워나가는 모습을 보는 것은 마치 여리고 작은 씨앗이 땅에 잘 뿌려져 자라나는 모습을 보는 것과 비슷합니다. 학교라는 울타리 안에서 아이는 또래 친구들, 선생님과 관계 맺으며 기쁨, 슬픔, 좌절, 성취감 등 다양한 감정을 겪는 가운데 사회성이라는 뿌리를 깊게 내립니다. 이 뿌리가 튼튼해야 아이는 세상이라는 넓은 땅에 나가서도 자신감 있게 살 수 있고, 어떤 어려움과 마주하더라도 흔들림 없이 견딜 힘을 얻습니다.

학교에서 만나는 크고 작은 어려움은 아이를 더 단단하게 성장시키는 자양분이 될 것입니다. 학교에서 아이는 문제 상황을 스스로 해결하고, 다른 사람들과 소통하고 협력하는 방법을 배우며, 타인을 이해하고 배려하는 마음을 키우게 됩니다. 이 과정에서 선생님은 엄마와 아이의 든든한 조력자입니다. 선생님과 멀고도 어려운 관계가 아닌, 아이의 성장을 위해 함께 고민하고 협력하는 파트너로서 존중하고 소통한다면, 아이는 더 안정적인 환경 속에서 사회성을 키워나갈 수 있습니다.

아이의 사회성이라는 씨앗이 학교라는 울타리 안에서 멋진 나무로 자라나도록 믿고 지켜봐주세요. 엄마의 따뜻한 격려와 지지는 아이가 사회성을 키워나가는 데 가장 큰 힘이 될 것입니다.

주

1장

1 Anderson, S. M., & Chen, S.(2002). The relational self: An interpersonal social-cognitive theory. *Psychological Review*, 109(4), 619–645.
2 McClelland, M. M., Morrison, F. J., & Holmes, D. L. (2000). Children at risk for early academic problems: The role of learning-related social skills. *Early childhood research quarterly*, 15(3), 307-329.
3 Waldinger, R., & Schulz, M. S.(2015). *The good life: Lessons from the world's longest study on happiness*. New York, NY: Simon & Schuster.
4 Diener, E., & Biswas-Diener, R. (2008). Unlocking the mysteries of psychological wealth. *Happiness: Wiley-Blackwell*.
5 Dalai Lama(1998). *The art of happiness: A handbook for living*. Riverhead Books.
6 Bandura, A., & Walters, R. H. (1977). *Social learning theory* (Vol. 1, pp. 141-154). Englewood Cliffs, NJ: Prentice hall.

2장

1 Frankel, F., & Myatt, R.(2013). *Children's friendship training*. Routledge.
2 Ladd, G. W., & Parke, R. D.(2021). Themes and theories revisited: Perspectives on processes in family–peer relationships. *Children*, 8(6),507.
3 Frankel, F. (2010). *Friends forever: How parents can help their kids make and

    keep good friends. John Wiley & Sons.
4 윤선생, 「어린이 미디어 이용시간」, 2023년 10월 발표.
5 여성가족부, 「2024 청소년 통계」, 2024년 5월 발표.
6 Dockett, S. (1997, April). *Young children's peer popularity and theories of mind*. In Poster presentation at the biennial meeting of the Society for Research in Child Development, Washington, DC.

3장

1 Markham, L.(2012). *Peaceful parent, happy kids: How to stop yelling and start connecting*. Perigee Books.
2 Piaget, J.(1932). *The moral judgment of the child*. New York, NY: Free Press.
3 Olweus, D.(1993). *Bullying at school: What we know and what we can do*. Malden, MA: Wiley-Blackwell.
4 Warm, T. R. (1997). The role of teasing in development and vice versa. *Journal of Developmental & Behavioral Pediatrics*, 18(2), 97-101.
5 프레드 프랭클·로버트 마이어트, 『초등학생을 위한 어린이 친구 만들기』, 하지혜·박혜숙·이민영 옮김, 시그마프레스, 2015.
6 「학교폭력예방 및 대책에 관한 법률」 제2조.
7 「학교폭력예방 및 대책에 관한 법률」 제13조.
8 「학교폭력예방 및 대책에 관한 법률」 제16조.
9 「학교폭력예방 및 대책에 관한 법률」 제17조.

4장

1 정현수, 「미성년 자녀 둔 워킹맘 62.4% '역대 최대'」, 머니투데이, 2024년 11월 20일, https://news.mt.co.kr/mtview.php?no=2024111923251296715.
2 최혜승, 「"700만원씩은 걷히고 간다"… 엄마들의 데뷔 날 '학부모총회'」, 조선일보, 2023년 3월 19일, https://www.chosun.com/culture-life/culture_general/2023/03/19/YIJERXETCVGOBIRBNBZ2MEBE24/.

5장

1 이슬기, "녹색어머니회 알바 구해요"…워킹맘은 괴롭다", 이데일리, 2017.12.11, https://www.edaily.co.kr/News/Read?newsId=01318566616157536&mediaCodeNo=257&OutLnkChk=Y

우리 아이 사회성 키우기

1판 1쇄	2025년 8월 25일
1판 2쇄	2025년 11월 14일

지은이	김주연 김혜진 김효원 유고은 임연신
펴낸이	강성민 이은혜
마케팅	정민호 박치우 한민아 이민경 박진희 황승현 김경언
브랜딩	함유지 박민재 이송이 박다솔 조다현 김하연 이준희
제작	강신은 김동욱 이순호

펴낸곳	(주)글항아리	출판등록 2009년 1월 19일 제406-2009-000002호

주소	경기도 파주시 문발로 214-12, 4층
전자우편	bookpot@hanmail.net
전화번호	031-955-2689(마케팅) 031-941-5161(편집부)

ISBN	979-11-6909-402-3 03590

이 책의 판권은 지은이와 글항아리에 있습니다.
이 책 내용의 전부 또는 일부를 재사용하려면 반드시 양측의 서면 동의를 받아야 합니다.

잘못된 책은 구입하신 서점에서 교환해드립니다.
기타 교환 문의 031-955-2661, 3580

www.geulhangari.com